UM ATLÂNTICO LIBERAL

UNIVERSIDADE ESTADUAL DE CAMPINAS

Reitor
ANTONIO JOSÉ DE ALMEIDA MEIRELLES

Coordenadora Geral da Universidade
MARIA LUIZA MORETTI

Conselho Editorial

Presidente
EDWIGES MARIA MORATO

CARLOS RAUL ETULAIN – CICERO ROMÃO RESENDE DE ARAUJO
DIRCE DJANIRA PACHECO E ZAN – FREDERICO AUGUSTO GARCIA FERNANDES
IARA BELELI – MARCO AURÉLIO CREMASCO – PEDRO CUNHA DE HOLANDA
SÁVIO MACHADO CAVALCANTE – VERÓNICA ANDREA GONZÁLEZ-LÓPEZ

María Julia Giménez

UM ATLÂNTICO LIBERAL
Think tanks, Vargas Llosa e a ofensiva de direita na América Latina

FICHA CATALOGRÁFICA ELABORADA PELO
SISTEMA DE BIBLIOTECAS DA UNICAMP
DIVISÃO DE TRATAMENTO DA INFORMAÇÃO
BIBLIOTECÁRIA: MARIA LÚCIA NERY DUTRA DE CASTRO – CRB-8ª / 1724

G429a Giménez, María Julia, 1984-.
Um Atlântico liberal : Think tanks, Vargas Llosa e a ofensiva de direita na América Latina / María Julia Giménez. – Campinas, SP : Editora da Unicamp, 2024.

1. Vargas Llosa, Mário, 1936- 2. Neoliberalismo. 3. Institutos de pesquisa – América Latina. 4. América Latina – Política cultural. I. Título.

CDD – 320.51
– 378.8
– 306.2098

ISBN 978-85-268-1658-9

Copyright © María Julia Giménez
Copyright © 2024 by Editora da Unicamp

As opiniões, hipóteses, conclusões e recomendações expressas neste livro são de responsabilidade da autora e não necessariamente refletem a visão da Editora da Unicamp.

Direitos reservados e protegidos pela lei 9.610 de 19.2.1998.
É proibida a reprodução total ou parcial sem autorização, por escrito, dos detentores dos direitos.

Foi feito o depósito legal.

Direitos reservados a

Editora da Unicamp
Rua Sérgio Buarque de Holanda, 421 – 3º andar
Campus Unicamp
CEP 13083-859 – Campinas – SP – Brasil
Tel.: (19) 3521-7718 / 7728
www.editoraunicamp.com.br – vendas@editora.unicamp.br

Em memória do professor Reginaldo C. de Moraes, por sua generosidade, seu compromisso com a ciência, a educação e a comunicação, e por sua entrega militante às lutas e aos processos de organização popular.

AGRADECIMENTOS

Agradeço ao Instituto Nacional de Ciência e Tecnologia para Estudos sobre os Estados Unidos (INCT-INEU) pelo apoio concedido entre os anos de 2017 e 2021, que possibilitou a realização do estudo de doutorado que embasa este livro. Sou grata à Coordenação de Aperfeiçoamento de Pessoal de Nível Superior (Capes) pelas bolsas concedidas para a realização desta pesquisa. Destaco a bolsa Capes Print, para realizar uma estadia no Laboratório Framespa da Université de Toulouse (França), entre novembro de 2019 e abril de 2020. Também sou grata à comunidade que faz o dia a dia e a história da Universidade Estadual de Campinas (Unicamp). Embora tenha me acolhido em tempos turbulentos para a educação e a ciência, os anos na Unicamp reafirmam que a universidade pública latino-americana é trincheira da democracia. Viva a universidade pública!

Dedico este trabalho ao professor Reginaldo C. de Moraes, a quem agradeço pela generosa orientação no início e na estruturação desta pesquisa, proporcionando-me horas de diálogo, leituras, recomendações e piadas inteligentes. Apesar de sua inesperada partida física em 2019, sua orientação deixou marcas importantes na minha formação e no desenvolvimento deste estudo. Também agradeço à sua esposa, Miriam, pelo carinho e pelo acompanhamento.

Agradeço ao professor André Kaysel Velasco e Cruz pelos momentos de discussão e troca que precederam à sua assunção como orientador formal durante o doutorado, após a partida do professor Reginaldo. Desfruto e aprendo ao trabalhar com pessoas que possuem o compromisso e a sensibilidade que caracterizam André.

Igualmente, sou grata ao professor Stéphane Boisard, da Université de Toulouse, que com grande entusiasmo me recebeu e me acompanhou durante a estadia de pesquisa no Laboratório Framespa, na França. A Stéphane e à sua família, estendo do outro lado do Atlântico meus agradecimentos e minhas melhores lembranças. Também agradeço ao professor Ernesto Bohoslavsky (UNGS), que abriu as portas para este e outros encontros.

Expresso meu profundo agradecimento a Flávia Braga Vieira e à sua família pelo carinho e pelo apoio incondicional. Sua orientação, companheirismo e amizade, impregnados de rebeldia internacionalista, têm sido uma bússola nestes anos no Brasil.

Agradeço também aos companheiros e companheiras do Movimento dos Trabalhadores Rurais Sem Terra, especialmente à militância do estado de São Paulo. Uma família gigante, *mi cable a tierra*.[1] E, nesta mesma linha, aos companheiros e companheiras da FM de la Calle e da agrupação Watu, de Bahía Blanca, ambas na Argentina.

Por último, agradeço aos meus pais, Sarita e José Luis, ao meu irmão e à minha irmã, Tato e Josefina, a Álvaro e Pipi (mais do que cunhada, companheira), ao meu sobrinho e à minha sobrinha, León e Lupe. Também a Pelusa e aos meus amigos e amigas da Argentina e do Brasil pela cumplicidade e *el aguante*.[2]

---

[1] *Cable a tierra*: cabo de aterramento.

[2] *Aguante*: torcida; ato ou efeito de torcer.

SUMÁRIO

LISTA DE ABREVIATURAS E SIGLAS 11

INTRODUÇÃO 13

PARTE 1 – Carta náutica 33

I. (Novas) direitas e (velhas) ameaças na América Latina 38

II. *Think tanks*: traficantes de ideias 55

III. Preamar em Nossa América 68

PARTE 2 – Atravessar o Atlântico e caçar Drácula 79

IV. "A internacional neoliberal" e as rotas latino-americanas 85

Na rota de Atlas 110

Notas sobre os *think tanks* em chave espanhola 117

V. A Fundación Internacional para la Libertad e sua tripulação 123

O Patronato 127

Os conselhos 131

Entidades afiliadas 137

VI. A Fundación Internacional para la Libertad à tona:
estratégias privadas e públicas 141

Captação de recursos para a promoção e a consolidação
da entidade 143

Programas de pesquisa 145

Fóruns e seminários 146

Divulgação: livros, *site* e mídias aliadas 152

Não visibilidade: silêncio tático ou circunstancial? 157

VII. Atlantismo em tempos de "maré rosa" 162

VIII. Relacionar, coordenar e "levar a bom porto" 174

PARTE 3 – A Fundación Internacional para la
Libertad em alto-mar.. 187

IX. A agenda em andamento: notas sobre o Seminário
Internacional em Bogotá (2003) 189

X. Velhos/novos inimigos: o antipopulismo e o anticomunismo
como bandeira 207

O III Foro Atlântico (2006) e a definição elástica
do populismo 207

O V Foro Atlântico (2008) e o anticastrismo como questão
de responsabilidade internacional 226

XI. Tripular na tempestade: o III Foro em Lima (2014)
e a projeção de líderes regionais 244

XII. "Bandeira velha honra capitão": o Seminário Internacional
Mario Vargas Llosa (2016) 269

Comentários finais – Navegar é preciso 277

Bibliografia.. 291

Fontes.. 309

Anexos 321

LISTA DE ABREVIATURAS E SIGLAS

Atlas, Atlas Economic Research Foundation ou Atlas Network, Estados Unidos.

Cedice, Centro de Divulgación del Conocimiento Económico para la Libertad, Venezuela.

CEP, Centro de Estudios Públicos, Chile.

Citel, Centro de Investigación y Estudios Legales, Peru.

Eseade, Escuela Superior de Economía y Administración de Empresas, Argentina.

Faes, Fundación para el Análisis y los Estudios Sociales, Espanha.

FIE, Fundación Iberoamérica Europa, Espanha.

FIL, Fundación Internacional para la Libertad, Espanha.

Fulided, Fundación Libertad, Democracia y Desarrollo, Bolívia

Hacer, Hispanic American Center for Economic Research, Estados Unidos.

ICP, Instituto de Ciencia Política, Colômbia.

IEA, Institute of Economic Affairs, Inglaterra.

IEE, Instituto de Estudos Empresariais, Brasil.

Ieep, Instituto Ecuatoriano de Economía Política, Equador.

ILyD, Instituto Libertad y Desarrollo, Chile.

PP, Partido Popular, Espanha.

PSOE, Partido Socialista Obrero Español, Espanha.

Relial, Red Liberal de América Latina, México.

INTRODUÇÃO

No início de 2020 o mundo começava a atravessar uma das maiores crises da história recente, desencadeada pela pandemia de covid-19. Em abril daquele ano, as medidas de quarentena e isolamento social preventivo já estavam sendo tomadas com diferentes intensidades na maioria dos países do mundo, seguindo as indicações da Organização Mundial da Saúde (OMS), ao mesmo tempo em que a urgência sanitária e o aprofundamento da crise econômica voltaram a colocar sob os holofotes as discussões em torno do papel e da centralidade do Estado. O assunto não era novo, parece ressurgir a cada crise do capitalismo, assim como também não o foram as vozes que interromperam com mensagens de alerta a ameaça de estados intervencionistas e o rumo para destinos totalitários.

Em meio às tensões sobre como reduzir a curva de contágio e amenizar a magnitude da crise econômica vindoura, em 20 de abril foi lançado um manifesto com a adesão inicial de 150 personalidades públicas do campo político, cultural, acadêmico e empresarial de 28 países (a maioria latino-americanos, espanhóis e estadunidenses) que, como expresso no título, alertava: "Que a pandemia não seja um pretexto para o autoritarismo". O documento expressava:

> Enquanto funcionários de saúde pública e privada combatem corajosamente o coronavírus, muitos governos tomam medidas que restringem indefinidamente liberdades e direitos básicos. Em vez de algumas restri-

UM ATLÂNTICO LIBERAL

ções compreensíveis à liberdade, em vários países imperam um confinamento com mínimas exceções, a impossibilidade de trabalhar e produzir e a manipulação da informação. [...] Em ambos os lados do Atlântico ressurgem o estatismo, o intervencionismo e o populismo com um ímpeto que faz pensar em uma mudança de modelo afastada da democracia liberal e da economia de mercado. Queremos manifestar energicamente que esta crise não deve ser enfrentada sacrificando os direitos e as liberdades que custaram muito a ser conseguidas. Rejeitamos o falso dilema de que estas circunstâncias obrigam a escolher entre o autoritarismo e a insegurança, entre o Ogro Filantrópico e a morte.[1]

O manifesto foi liderado pelo romancista peruano e Prêmio Nobel de Literatura Mario Vargas Llosa, presidente da organização que convocou a ação coletiva: a Fundación Internacional para la Libertad (FIL). Entre os aderentes à nota estavam os ex-presidentes José María Aznar (Espanha), Mauricio Macri (Argentina), Ernesto Zedillo (México), Vicente Fox Quesada (México), Álvaro Uribe (Colômbia) e Luis Alberto Lacalle (Uruguai), todos eles atentos seguidores do receituário de políticas neoliberais. Também o líder opositor venezuelano Leopoldo López (condenado em 2014 por incitação pública à violência), escritores como Enrique Krauze (México), Fernando Savater (Espanha), Marcos Aguinis (Argentina), Antonio Escohotado (Espanha), Jorge Edwards (Chile) e Loris Zanatta (Itália), os empresários espanhóis Juan Félix Huarte e Andrés Cardó, a jovem influenciadora guatemalteca Gloria Álvarez e seu par chileno Axel Kaiser, os jornalistas anticastristas Carlos Alberto Montaner (Cuba) e Álvaro Vargas Llosa (Peru), o economista Alberto Benegas Lynch Jr. e os *thinktankers* Gerardo Bongiovanni, da Fundación Libertad (Argentina), Helio Beltrão, do Instituto Mises Brasil, Alejandro A. Chafuén, do Acton Institute e Atlas Network (Estados Unidos), para mencionar algumas personalidades que formaram o grupo inicial de assinantes.

---

[1] FIL, 2020 (tradução própria).

INTRODUÇÃO

Como um diagnóstico negativo, o manifesto apontava uma série de sintomas (estatismo, intervencionismo e populismo) que prenunciavam ameaças à democracia liberal e à economia de livre--mercado como valores supremos em aparente risco. E sem falsas insinuações, embora sem dados empíricos, os focos de alerta foram apontados ao já cinquentenário governo cubano, à herança chavista da Venezuela e às aparentes derivações ditatoriais do presidente Nicolás Maduro, seguidas também pelo governo nicaraguense e os governos da Espanha, México e Argentina, os três posicionados à centro-esquerda do espectro político da época.

O manifesto pode parecer insignificante em meio a uma crise humanitária de tal magnitude, mas não é tanto se observarmos sua ampla repercussão. A busca no Google pelo título da nota (entre aspas), para o período de 20 a 30 de abril de 2020, registrou mais de 585 resultados em páginas de notícias na *web*, *sites* institucionais e *blogs*, dos quais 226 se localizavam na Argentina, 79 nos Estados Unidos, 14 no México, 19 na Espanha, para mencionar os mais relevantes.

As notícias daqueles dias indicavam que o recém-assumido presidente argentino Alberto Fernández, vindo das fileiras do kirchnerismo e então líder do Grupo de Puebla,[2] estava buscando renegociar a dívida pública, em mãos de credores privados e sob legislação estrangeira, em torno de US$ 68,8 bilhões, e que seria anunciada uma série de medidas para apoiar empregadores e trabalhadores de pequenas e médias empresas e autônomos. Mas as repercussões da nota pública e as adesões a ela pareceram renovar as agendas tanto dos grandes meios de comunicação quanto das redes

---

[2] Grupo de Puebla é o nome do foro político e acadêmico criado em 2019 para articular ideias, modelos produtivos, programas de desenvolvimento e políticas de Estado de caráter progressista. Participaram do grupo ex-mandatários(as) latino-americanos(as) do chamado ciclo governamental progressista dos anos 2000, como José Mujica (Uruguai), Rafael Correa (Equador), Fernando Lugo (Paraguai) e Dilma Rousseff (Brasil).

15

sociais digitais da Argentina. E embora o foco de atenção não tenha se afastado completamente da questão sanitária, a nota e as personalidades que a ela aderiram (Mauricio Macri, por exemplo, reaparecia após o fracasso eleitoral e meses de silêncio) forneceram um novo conteúdo midiático e uma nítida narrativa em torno da conjuntura: a crítica ao estatismo como o inevitável "caminho para a servidão", parafraseando o economista austríaco Friedrich Hayek, uma das referências intelectuais da FIL e de seus membros. A notícia viralizou nas redes sociais digitais da Argentina e não demorou a aparecer entre as publicações dos setores progressistas e de esquerda com comentários que buscavam refutar a nota e, como também costuma ser recorrente nos repertórios de ação modelados ao padrão Facebook/Twitter (atualmente X), abriu-se a corrida de *memes* e ridicularizações.

Embora seja verdade que o manifesto carecia de argumentos sólidos e que, como produto comunicativo, foi perdendo relevância para o aluvião de notícias cotidianas, passada uma semana da ação promovida pela FIL começou a circular uma série de convocações anônimas para sair às ruas, sob o argumento de que a quarentena decretada pelo governo kirchnerista era um invento do populismo para concentrar o controle da economia. As chamadas ao M7[3] que diziam "Revolução das máscaras, basta de deixar o poder absoluto ao governo", ou "Com máscaras e respeitando a distância, voltamos às ruas: não queremos comunismo", se expandiram nas redes sociais digitais junto à *hashtag* #LaMarchaDeLosBarbijos. "Se isso não é comunismo, o que é?",[4]

---

[3] A sigla foi utilizada para fazer referência ao evento por ter sido convocado para o dia 7 de maio. Cf. "Opositores en Argentina convocan a una insólita marcha para frenar el 'comunismo' de Alberto Fernández", *RT*, 5 maio 2020. Disponível em <https://actualidad.rt.com/actualidad/352197-argentina-insolita-marcha-comunismo-alberto-fernandez>. Acesso em 5/6/2020.

[4] Cf. "Maximiliano Guerra, en contra de la cuarentena: 'La salud de un pueblo es la libertad'", *Clarín*, 24 maio 2020. Disponível em <https://www.clarin.com/fama/maximiliano-guerra-cuarentena-salud-pueblo-libertad-_0_9IL8TGiph.html>. Acesso em 5/6/2020.

INTRODUÇÃO

publicou na conta de Twitter o reconhecido bailarino argentino Maximiliano Guerra, juntando-se a uma série de personalidades públicas que se somavam ao coro anticomunista. Embora esse primeiro chamado às ruas não conseguisse grandes adesões, em meio a uma onda de publicações carregadas de polêmicas, denúncias e ridicularizações, o esquema antiestatista/anticomunista/anti-K (anti-Kirchnerismo) voltou a viralizar nas redes sociais digitais e meios de comunicação tradicionais argentinos. E meses depois, novas convocações e marchas voltaram a ser notícia.

Quais são os vínculos entre os repertórios de protesto descritos até aqui? A irrupção do M7, enlaçada em sequência temporal ao manifesto difundido pela Fundación Internacional para la Libertad, pode nos levar a deduzir vínculos orgânicos onde em princípio não existem, quando se desconhecem episódios locais imediatamente anteriores que foram dando liga ao ciclo de protestos anti-K em contexto de pandemia. No entanto, a correlação entre os argumentos que sustentam ambas as ações de protesto e a semelhança de episódios como o referido em outros países do subcontinente na última década nos levam a pensar que, se não há vínculos explicitamente causais, também não são casuais ou incidentais.

Feita essa advertência, pode-se dizer que, se para o historiador inglês Eric Hobsbawm a "era dos extremos" havia se concluído com a queda do Muro de Berlim e a dissolução da União das Repúblicas Socialistas Soviéticas (URSS), ao abrir-se o novo milênio as gramáticas da Guerra Fria voltaram a ocupar um lugar destacado na definição e no entendimento dos assuntos públicos na América Latina. Parafraseando Atilio Borón e Sabrina González ao refletir sobre as apropriações "pós--marxistas" do legado do filósofo Carl Schmitt em chave amigo--inimigo, "tem alguma utilidade um quadro conceitual que se move em tal nível de generalidade?".[5]

---

[5] Borón & González, 2003 (tradução própria).

O estudo aqui apresentado partiu do princípio de não ridicularizar as direitas atuantes na América Latina e de entender as ideias e os significados mobilizados como uma ação coletiva, séria, coordenada e articulada em redes nacionais e internacionais para incidir nos processos políticos latino-americanos.

Nesse sentido, entendemos que o que parecem ser argumentações infundadas, baseadas em apropriações enviesadas do passado, construções descontextualizadas e vulgarizadas do "perigo vermelho", atreladas às aparentemente superadas narrativas da Guerra Fria, são, mais que isso, parte de um repertório de tradução de linguagens e gramáticas políticas mobilizado pelas direitas liberais desde o início do século XXI, após os desafios abertos pelas crises de fins dos anos 90 e após a abertura do ciclo de governos progressistas na região. Como apontam Alfredo Falero, Charles Quevedo e Lorena Soler,[6] desses processos discursivos emanam modos de perceber e enquadrar a realidade, formas de pensar, apreciar, definir e agir, aberturas ou fechamentos cognitivos, dinâmicas de conformismo, indignação ou protesto. Ou seja, constroem-se imaginários e disputa-se hegemonia.

Como tentamos exemplificar ao nos referirmos ao manifesto em contexto de covid-19 e como pretendemos mostrar ao longo do livro, acreditamos que a Fundación Internacional para la Libertad foi um ator destacado (embora não exclusivo) na criação de amplas coalizões de caráter internacional que nas últimas duas décadas participaram ativamente do retorno da perigosa gramática da Guerra Fria e do rebrotar do anticomunismo/antipopulismo, dando certa homogeneidade às direitas da região.

A pesquisa aqui apresentada se dedicou ao estudo da Fundación Internacional para la Libertad entre os anos 2002 e 2016 e das redes de *think tanks* na defesa do liberalismo na América Latina. Pensando nos

---

[6] Falero; Quevedo & Soler, 2020.

INTRODUÇÃO

think tanks como um tipo de organização política orientada à busca de influência e consensos a partir da produção e da circulação de um tipo de saber especializado dentro e fora do sistema político propriamente dito (sejam estes *policy makers*, legisladores, jornalistas, empresários, acionistas, eleitores, chefes de família ou consumidores, dependendo das circunstâncias concretas e de seus objetivos institucionais), e com foco no papel de agenciamento, geração e circulação de ideias e nas disputas de poder em conjunturas históricas particulares, buscou-se aqui analisar a participação de *think tanks* nas coalizões discursivas construídas diante dos conflitos que pareceram ameaçar ou impugnar o domínio ecológico do neoliberalismo[7] na América Latina.

A ideia que atravessa o livro é a de que a Fundación Internacional para la Libertad responde a uma estratégia defensiva e ofensiva de caráter internacional com o objetivo de articular e unificar as agendas políticas na defesa dos valores e princípios da sociedade de livre-mercado, da democracia limitada e dos direitos individuais, em resposta aos processos regionais não alinhados às diretrizes que orientaram a integração (dependente e subordinada) que marca a história da América Latina e do Caribe.

Nesse sentido, entendemos que a FIL revela um duplo esforço: primeiro, demarcar uma agenda regional baseada na ideia de ameaça aos valores e princípios do liberalismo, considerados por ela universais e fundamentais;[8] segundo, fortalecer o imaginário da aliança atlântica

---

[7] Para Bob Jessop, "dominância ecológica baseia-se na capacidade da ordem econômica capitalista orientada para o lucro e mediada pelo mercado, tomada como um todo – incluindo os seus apoios extraeconômicos –, de moldar outros conjuntos de ações sociais, mais do que afetá-los. Isso inclui o impacto de externalidades positivas e negativas. A dominação ecológica não envolve uma relação de dominação automática e unilateral, na qual a forma e a dinâmica predominantes da economia impõem sempre e em todo o lado, unilateralmente, a sua lógica a outros sistemas". Jessop, 2010, p. 28 (tradução própria).

[8] Para precisar as denominações utilizadas ao correr do texto, seguiremos a categorização feita por Camila Rocha a partir da proposta de Michael Freeden,

e concretizar a ação coordenada entre Estados Unidos, Espanha e América Latina. A composição da FIL como uma rede, proveniente de capacidades e forças dos campos cultural, acadêmico, jornalístico, político e empresarial, lhe garantiu um lugar diferencial na busca por consolidar e coordenar alianças mais amplas. Essas alianças têm como objetivo recompor a aparentemente ameaçada dominação regional e expressamente avançar na batalha de ideias.

Como argumenta Ernesto Bohoslavsky ao analisar a história transnacional das direitas em chave latino-americana, desde a publicação de "As condições sociais da circulação internacional das ideias", de Pierre Bourdieu, em 1990, a dimensão transnacional do capital simbólico ganhou centralidade nas Ciências Sociais e inclusive foi chave no estudo dos *think tanks* na região. No entanto, agrega Bohoslavsky, a primazia de estudos que abordam o caráter transnacional do objeto em si acabou relegando a um segundo plano a observação relacional da difusão de recursos e ideias, assim como dos contextos espaciais e temporais onde a construção de sentidos se põe em jogo. Partindo da pergunta *como atuam*, e com o interesse de contribuir desde uma perspectiva relacional para o entendimento desse tipo de atores nos processos políticos contemporâneos, o objetivo deste trabalho foi estudar as ações de disputa política empreendidas

---

de macroideologias e ideologias modulares. Entenderemos o liberalismo como uma macroideologia política, e o neoliberalismo como uma ideologia modular que eventualmente colide com outras ideologias políticas que também se vinculam à tradição liberal. Assim, quando adjetivarmos um ator (individual ou coletivo) como neoliberal, nós o faremos considerando os adeptos da obra de Hayek, da Escola de Chicago e da Escola da Virginia; com ultraliberalismo e ultraliberal nos referiremos a ideologias políticas pró-mercado mais radicais no entendimento do Estado, como o objetivismo, o minarquismo, o libertário e o anarcocapitalismo; e usaremos pró-mercado quando fizermos referência mais genérica aos atores que fazem ou fizeram parte do grande leque internacional de organizações que defendem o capitalismo de livre-mercado, leque que congrega diversas ideologias modulares. Sobre essas denominações, consulte Rocha, 2019, pp. 48-49.

INTRODUÇÃO

por *think tanks* pró-mercado diante dos desafios abertos pelos processos de impugnação do neoliberalismo e da abertura do ciclo progressista na região, a partir das redes transnacionais atuantes na América Latina.

Os estudos neogramscianos oferecem pelo menos duas leituras complementares acerca dos *think tanks* que contribuíram para estruturar a pesquisa aqui apresentada. Por um lado, estudos como o de Hartwig Pautz[9] ressaltam as discussões em torno dos intelectuais que atravessam a produção gramsciana, enfocando a função organizativa e conectiva (intelectual orgânico) da conformação de amplas coalizões que buscam disputar e dar homogeneidade às concepções de mundo em tempos de crise. Agregando a essa perspectiva a chave transnacional, estudos como os de Karin Fischer e Dieter Plehwe[10] partem do conceito de guerra de posição proposto por Antonio Gramsci e veem nos *think tanks* liberais atuantes na região um tipo de aparelho privado que, fazendo uso da mobilização de ideias e recursos materiais, realiza uma contraofensiva ideológica em nível continental. No nosso entender, uma espécie de *arditismo* [contemporâneo e *soft*], descrito pelo marxista italiano como uma tática que pressupõe organizações privadas de caráter profissional próprias das guerras de assédio modernas, destinadas a "serviço de patrulhas mais extensas e, especialmente, a arte de organizar ataques inesperados e inesperados assaltos com elementos selecionados".[11]

Em diálogo com essas perspectivas e motivados pela pergunta *como atua*, entendemos que a Fundación Internacional para la Libertad mobilizou e articulou uma série de repertórios dirigidos a encenar e traduzir em momentos concretos uma doutrina liberal ofensiva

---

[9] Pautz, 2011.

[10] Fischer & Plehwe, 2013.

[11] Gramsci, 2000b, pp. 128-129. Referimo-nos aos *Cadernos do cárcere 1* (§ 133), numa nota dirigida a destacar a diferença entre a luta política e a luta militar. Sobre "arditismo", também consulte Lacorte, 2017.

UM ATLÂNTICO LIBERAL

sobre os eixos centrais da agenda construída no transcorrer do fim da Guerra Fria, segundo uma série de tópicos que permitiu recolocar os movimentos populares de impugnação ao neoliberalismo como um problema de segurança e responsabilidade internacional, enquanto ameaça ao Estado de Direito, este configurado a partir da garantia de uma institucionalidade democrática regida pelos valores e princípios da sociedade de livre-mercado.

Partindo das reflexões de Antonio Gramsci sobre tradução e tradutibilidade, buscou-se realizar um exercício analítico que incorpora à análise as condições que tornam possível a passagem de ideias de um paradigma cultural nacional, ou de um momento histórico, para outro, ou seja, a tradutibilidade em seu caráter histórico e político.[12] Nesse sentido, entendemos que a recuperação das gramáticas políticas centradas na ideia do perigo da tríade populismo/comunismo/autoritarismo não apenas responde a uma estratégia narrativa que permitiu reciclar imaginários do passado em seu uso presente, mas a um exercício prático de tradutibilidade orientado tanto ao assédio do inimigo quanto à organização e à conectividade atlântica dos defensores do projeto liberal impugnado.

Por que escolher a Fundación Internacional para la Libertad?

Acoplada ao *boom* de novos institutos, centros de pesquisa e redes de *think tanks* que inaugurou o novo milênio, a FIL nasceu em Madrid em outubro de 2002 reunindo escritores, jornalistas, acadêmicos, empresários, *think tanks* e *thinktankers* comprometidos com "a defesa e difusão dos princípios da liberdade individual, a democracia, o governo limitado, o livre-mercado e o império da Lei", segundo seu estatuto. Pouco antes desse surgimento havia sido superado o intento de golpe de Estado na Venezuela contra o presidente Hugo Chávez, o

---

[12] Gramsci, 1999, p. 185. Referimo-nos à nota V dos *Cadernos do cárcere* 11, intitulada "Tradutibilidade das linguagens científicas e filosóficas". Sobre "tradução" e "tradutibilidade", consulte Prestipino, 2017; Boothman, 2017.

INTRODUÇÃO

metalúrgico e líder do Partido dos Trabalhadores, Luis Inácio "Lula" da Silva, havia ganhado as eleições no Brasil e a convulsão social na Bolívia e na Argentina continuavam dando contundentes mostras de impugnação ao modelo neoliberal. Como escreveu o economista espanhol Lorenzo Bernaldo de Quirós poucos dias após o lançamento da fundação, "quando se coloca a necessidade de defender algo é porque esse algo está em perigo".[13] A FIL era "um modesto e ambicioso esforço para defender o elementar perante a irracionalidade que parece ter se apoderado de extensas camadas da opinião pública mundial",[14] acrescentava o madrileno num tom de indignação diante da nova conjuntura.

Como manifestou em repetidas oportunidades o romancista Mario Vargas Llosa, presidente da FIL, a intenção era avançar na relegada batalha cultural servindo "como guarda-chuva, relacionando e coordenando as atividades, na Espanha, nos Estados Unidos e na América Latina, de fundações, institutos e centros que promovem a cultura de livre-mercado".[15] Inscrita no registro de fundações da Espanha, a FIL reuniu mais de 30 organizações, a maioria fundadas nos anos 1980 e 1990, e vários de seus membros fazem parte da histórica Mont Pèlerin Society, considerada um dos principais enclaves europeus de articulação e capilarização do pensamento neoliberal. Embora se projete por seu caráter internacional, as temáticas e ações realizadas tiveram como cenário quase exclusivo o latino-americano.

Nesse sentido, embora a FIL se inscreva na nova geração de institutos liberais que nas últimas duas décadas apresentaram um salto quantitativo e adquiriram maior visibilidade no debate público, essa novidade fica menos nítida quando observamos os atores que a compõem, sua trajetória na defesa dos valores e princípios do

---

[13] Bernaldo de Quirós, 2002 (tradução própria).

[14] *Idem* (tradução própria).

[15] Vargas Llosa, 2003 (tradução própria).

23

liberalismo e o espaço de onde atuam. Da mesma forma, Mario Vargas Llosa, enquanto reconhecido romancista inscrito no *boom* da literatura latino-americana dos anos 1960, se converteu em figura pública referente para os defensores dos valores e princípios do liberalismo do século XXI, e não poupou esforços em apoiar os candidatos de direita nas eleições presidenciais, como Mauricio Macri na Argentina, Sebastián Piñera no Chile, Iván Duque na Colômbia, Guillermo Lasso no Equador, Keiko Fujimori no Peru (filha de seu histórico e execrado rival Alberto Fujimori) e o chileno José Antonio Kast, candidato abertamente nostálgico da ditadura do general Pinochet. No entanto, a militância publicamente anticomunista e liberal de Vargas Llosa é muito anterior à mudança do milênio: remonta aos tempos do Caso Padilla em Cuba,[16] se consolida com sua candidatura à presidência nas eleições peruanas em 1990 e alcança maior difusão internacional a partir das colunas "Toque de Piedra" publicadas quinzenalmente no jornal espanhol *El País*.

Então, não há novidade? Por que insistir em analisar a FIL? Vale reforçar que a pesquisa que aqui apresentamos não é relevante pela originalidade do objeto empírico, mas pela capacidade de articular e ilustrar o processo recente que buscamos compreender. Recuperando as advertências feitas por Stuart Hall sobre o thatcherismo e contra o uso de generalizações, foi proposto um estudo que captasse o *como situado* desse tipo de aparelhos privados de hegemonia, os *think tanks*, entendendo que, mesmo mantendo certas continuidades (de atores e projetos), a FIL expressa um processo de renovação nas

---

[16] Caso Padilla é o nome pelo qual ficou conhecida a prisão do poeta cubano Heberto Padilla, em 1971, acusado de perpetrar atividades contra o governo cubano. O episódio provocou críticas de figuras culturais em nível internacional, como Júlio Cortázar, Susan Sontag, Octavio Paz e Jean-Paul Sartre, e em alguns casos quebrou definitivamente a relação de intelectuais com a revolução cubana, como aconteceu com Mario Vargas Llosa. Para mais informações sobre o caso, consulte Croce, 2006.

INTRODUÇÃO

formas de operar e articular a batalha de ideias, elemento que não é menor se considerarmos a estratégia hegemônica do projeto que defende. É esse complexo emaranhado entre o velho e o novo, entre passados e presentes que buscamos estudar. Quais setores ativaram essa coalizão internacional? Por que envolveu principalmente atores latino-americanos, espanhóis e estadunidenses? De que maneira e em quais circunstâncias a FIL participou dos processos políticos regionais?

Descartando uma abordagem analítica comparativa (seja de países como cenários de ação ou como aparelhos estudados) e sem anular a importância de outras redes que compõem a constelação de institutos liberais atuantes na região, neste trabalho escolheu-se o caso da Fundación Internacional para la Libertad entendido como pivô analítico, ou ponto de referência, a partir do qual mapear em diferentes escalas e temporalidades as ações coordenadas em defesa das ideias e dos valores liberais na América Latina durante o primeiro quindênio do século XXI. Recuperando as propostas de Dieter Plehwe e Bernhard Walpen, entendemos que a análise de redes de *think tanks* com enfoque nas coalizões discursivas permite examinar um alcance mais amplo das relações menos formais entre os atores políticos, por um lado, e os pontos de contato entre a estrutura, a agência e os atores ou as ações concretas, por outro.[17]

Cabe advertir que embora por sua conformação e roupagens a FIL se apresente como um ator internacional que busca a transnacionalização das agendas, isso não deve nos levar a entendê-la como parte de uma nova oligarquia mundializada. A partir da análise da FIL, dos campos que a compõem e da rede da qual participa e que aglomera, buscamos capturar os interesses norte-americanos e espanhóis em ação coordenada com setores latino-americanos alinhados ao desenho de livre-mercado. Nesse sentido, entendemos que nem os

---

[17] Plehwe & Walpen, 2006.

UM ATLÂNTICO LIBERAL

setores empresariais, políticos, acadêmicos ou jornalísticos latino-
-americanos que participaram dessa coalizão são satélites manipulados
pelas metrópoles do Norte global, nem a forma internacionalizada
anula o caráter nacional dos atores, os conflitos sobre os quais atuam
e, muito menos, a disputa e sua preocupação em torno dos estados
latino-americanos e de sua condução.

Isso contorna um problema que nas últimas décadas provocou
e continua provocando numerosos debates em torno das relações
internacionais e das transformações que afetam o funcionamento
dos Estados-nação. Como advertem Plehwe e Walpen, embora
essas redes transnacionais de defesa do pensamento liberal sejam
agentes e estruturas-chave da globalização neoliberal, bem como
da globalização do neoliberalismo, essa ideia levou alguns analistas
a entendê-las como a manifestação da emergência de uma classe
capitalista transnacional enquanto tendência à superação das
coordenadas nacionais, onde se ancorariam as disputas de hegemonia
na etapa atual do capitalismo mundializado.[18] Como também apontam
Fischer e Plehwe, embora seja verdade que a divisão internacional do
trabalho e o poder político resultante da reestruturação globalizante
tenham instaurado mecanismos políticos e jurídicos para manter
uma disciplina transfronteiriça, não se pode ignorar que "sem
respaldo local o quase 'ultra-imperialismo' (Kautsky) da época atual
implodiria em muitos países".[19]

Nesse sentido, como enfatizado por Pautz, embora a maioria das
instituições que são mencionadas ao longo destas páginas disseminem
ideias que reforçam a ordem hegemônica das economias de livre-mercado, não devemos entendê-las como meras "correntes de transmissão".
Pelo contrário, como enfatizam Plehwe e Walpen (2006), essas alianças
estratégicas em rede são componentes centrais de influência nas agen-

---

[18] *Idem*, p. 28.

[19] Fischer & Plehwe, 2013, p. 72 (tradução própria).

INTRODUÇÃO

das políticas, ao mesmo tempo em que se habilitam para operar dentro e além de seus contextos domésticos, individualmente e em coalizão, em momentos concretos.

Desde essa perspectiva, pretendeu-se capturar os elementos tanto materiais quanto discursivos na constituição de estratégias de enfrentamento político e defesa de valores e projetos, e sua incidência na criação de quadros de compreensão dos fenômenos sociais.

Partindo da crítica ao materialismo vulgar realizada por Antonio Gramsci em torno da ideologia em sua concepção pejorativa como "a superestrutura necessária de uma determinada estrutura, como as elucubrações arbitrárias de determinados indivíduos" ou como "pura aparência inútil" distinta da estrutura,[20] entendemos a ideologia como chave organizadora da vida material e imaterial dos indivíduos e da sociedade. Articulada à ideia de visão de mundo, filosofia, senso comum, mas também de religião, linguagem ou ciência, ideologia refere-se ao desenvolvimento de concepções sociais e normas de conduta que se expressam implícita e explicitamente nas manifestações individuais e coletivas da vida.

Nesse sentido, se a ideologia é o "cimento mais íntimo da sociedade civil",[21] a luta pela hegemonia é também luta de ideologias que se articulam em aparelhos privados. Como apontado nos *Cadernos do cárcere 3*, a imprensa é a parte mais dinâmica dessa estrutura ideológica, mas não é exclusiva. "Tudo o que influi ou pode influir sobre a opinião pública, direta ou indiretamente, faz parte dessa estrutura. Dela fazem parte: as bibliotecas, as escolas, os círculos e os clubes de variado tipo, até a arquitetura, a disposição e o nome das ruas."[22] Entre esses variados aparelhos, no contexto atual vale mencionar os *think tanks*.

---

[20] Gramsci, 1999, p. 273.

[21] *Idem*, p. 375.

[22] Gramsci, 2000a, p. 78.

UM ATLÂNTICO LIBERAL

Esta pesquisa pretendeu tomar como objeto analítico o que poderíamos denominar como algumas das "trincheiras e fortificações" do complexo ideológico da classe dominante. Parafraseando o marxista sardo, pretendeu-se realizar um estudo que contribuísse para a compreensão dos aparelhos dedicados à organização material tendente a manter, defender e desenvolver a frente ideológica das direitas liberais na América Latina.[23]

O livro é o produto de um processo de revisão, reescrita e tradução da tese de doutorado defendida em agosto de 2021 na Universidade Estadual de Campinas – Unicamp (São Paulo, Brasil), com orientação do falecido professor Reginaldo C. de Moraes e do professor André Kaysel Velasco e Cruz.[24] A pesquisa dependeu do equilíbrio entre três estratégias analíticas: a primeira, voltada para a reconstrução sócio--histórica das relações e alianças formadas por defensores das ideias e dos valores liberais na América Latina em torno do campo dos *think tanks*; a segunda, centrada na captura de estratégias, recursos, capitais e apoios mobilizados pela Fundación Internacional para la Libertad para intervir nos processos políticos e nos espaços de socialização; e a terceira, colocando nossa atenção na produção intelectual derivada desse campo e de seus participantes, em seus vínculos com outros espaços ou esferas sociais e na geração de coalizões, e em sua relação com formatos de produção como discursos, narrativas, pronunciamentos e intervenções, que aparecem em oposição a outros modos particulares de concepção de mundo.

Para isso, trabalhamos a partir da triangulação de um *corpus* composto de produção acadêmica, fontes produzidas pela FIL e pelas organizações vinculadas, como materiais de divulgação, publicações

---

[23] *Idem.*

[24] A pesquisa foi desenvolvida com o apoio da Coordenação de Aperfeiçoamento de Pessoal de Nível Superior (Capes), do Brasil, destacando-se o benefício do Programa Capes Print para realizar uma pesquisa no Laboratório Framespa da Universidade de Toulouse (França), entre novembro de 2019 e abril de 2020.

INTRODUÇÃO

em páginas na *web*, manifestações institucionais, produções editoriais, fotos, gravações e transcrições de eventos e aparições em meios de comunicação, e por documentação consultada no Registro de Fundaciones do Ministerio de Educación, Cultura y Deporte da Espanha, concernente a prestação de contas anuais, descrição das atividades, ingressos e gastos declarados pela FIL. A fim de melhorar as formas de divulgar a pesquisa, reorganizamos o trabalho em três partes. A primeira é dedicada a contextualizar os leitores e as leitoras, compartilhar os debates e as perguntas que moldaram nosso estudo, com especial atenção ao tema das direitas latino-americanas, do neoliberalismo, dos *think tanks* e das redes internacionalizadas de defesa do pensamento liberal. Apresentados esses elementos, na segunda parte se busca situar em perspectiva histórica o processo de consolidação do campo de *think tanks* liberais no qual a Fundación Internacional para la Libertad se inscreve, participa e renova as disputas políticas latino-americanas, bem como capturar a intrínseca relação entre a batalha de ideias, a função do intelectual e o programa e o projeto neoliberais, sempre colocando o foco em seus vínculos transnacionais. E a partir disso, apresenta-se o levantamento do seu perfil organizacional, levando em conta a missão institucional e sua composição em chave atlântica, e as atividades promovidas pela fundação, voltando seu principal interesse na promoção de seminários, conferências e foros, estratégias de sobrevivência e financiamento. Achamos que é nesse emaranhado de atividades e eventos que se produz a encenação da coalizão em nome do atlantismo, a partir da qual é possível esboçar a rede de apoios, atores envolvidos e principais temas abordados. Dessa forma, buscamos realizar uma cartografia das atividades, assuntos tratados, cenários e atores envolvidos durante o período analisado.

Por último, entendendo que a efetividade de suas ações dependeu da capacidade de traduzir essas ideias para os diferentes contextos históricos e nacionais, e partindo do interesse em compreender o *como*

UM ATLÂNTICO LIBERAL

situado das ações empreendidas pela FIL, na terceira parte propomos uma análise contextual buscando capturar momentos de encenação da coalizão discursiva, de mobilização de significantes e de disputa de imaginários em torno dos processos políticos concretos durante o quindênio estudado.

Como estratégia de aproximação aos processos de tradutibilidade, abordamos uma série de eventos promovidos pela FIL com o objetivo de capturar os recursos discursivos e extradiscursivos que servem de sustento a esse tipo de organização e coalizão em momentos concretos. Recuperando as contribuições de Peter Burke em torno da cultura da tradução,[25] e partindo da proposta de Murray Edelman em torno dos usos da linguagem, dos símbolos e da construção do espetáculo político,[26] buscamos analisar os eventos a partir de uma série de chaves transversais que organizam e dão sentido à ação coletiva, incluindo os sistemas, as normas ou convenções, os fins/as estratégias e os meios/ as táticas subjacentes, a construção das ameaças, dos inimigos, das vítimas, dos desafios, das soluções, dos líderes e heróis.

Por questões de representação temporal e acesso às fontes completas (transcrições e vídeos), concentramo-nos principalmente em cinco eventos: o Seminário Internacional "As ameaças à democracia na América Latina: Terrorismo, neopopulismo e debilidade do Estado de Direito", realizado em Bogotá, em 2003; o III Foro Atlântico, de 2006, e o V Foro Atlântico, de 2008, ambos realizados em Madrid; o Seminário Internacional no Peru (também denominado III Foro de Lima), de 2014; e o Seminário Internacional 80 anos de Mario Vargas Llosa, de 2016. Além desses eventos, ao longo do trabalho nos valemos da reconstrução de uma série de anedotas ou episódios que, esperamos, ajudem a situar os diversos contextos a que faremos referência.

---

[25] Burke, 2007.

[26] Edelman, 1991.

INTRODUÇÃO

Por fim, este livro pretende funcionar como um mapa de rotas que transita pela história contemporânea da América Latina, integrando processos políticos, econômicos, sociais e culturais. Mas também como um caderno de notas com coordenadas teóricas e metodológicas que sirva ao desenvolvimento de outras pesquisas e contribua a desentranhar o nosso conturbado presente.

PARTE 1

CARTA NÁUTICA

Em 13 de maio de 2013, a edição do renomado programa televisivo de entrevistas Roda Viva (TV Cultura, Brasil) contou com a participação do romancista e então Prêmio Nobel de Literatura, Mario Vargas Llosa. Era a segunda vez que o escritor peruano participava da roda de perguntas do programa brasileiro. A primeira tinha acontecido em 10 de setembro de 1995,[1] após a tradução para o português pela editora Companhia das Letras de sua autobiografia intitulada *Peixe na água*.[2] E, como naquela primeira oportunidade, em 2013 os assuntos literários se intercalavam com a referência à política latino-americana. "Como você coloca o Brasil na América Latina? É América Latina? É parecido, é diferente?", perguntou o jornalista brasileiro Mario Sergio Conti durante esta segunda participação na roda de perguntas. O romancista peruano respondeu:

> [O Brasil] é parte da América Latina. É América Latina. É América Latina com um sabor especial, com uma música especial. Mas a problemática é a mesma. Por fim o Brasil acordou, mas acordou ao mesmo tempo em que está acordando a América Latina, não é? É um fenômeno, em que desta

---

[1] Programa transmitido pela TV Cultura em 10 de setembro de 1995, com a participação de Mario Vargas Llosa. Disponível em <https://youtu.be/cMGtA9CnM2U>. Acesso em 20/1/2020.

[2] Vargas Llosa, 1994.

UM ATLÂNTICO LIBERAL

vez o Brasil e o resto da América Latina estamos vivendo a mesma experiência. Por um lado, há um desenvolvimento que é uma realidade. A cultura democrática parece estar criando raízes de verdade, essa é outra realidade, as fronteiras entre nossos países estão se abrindo.[3]

Sendo 2013 um ano marcado na história recente brasileira pelas Jornadas de Junho,[4] a expressão "Brasil acordou" certamente chamará a atenção de leitores familiarizados com as formas como as grandes manifestações acontecidas durante o primeiro mandato da presidenta Dilma Rousseff (PT) foram intituladas pelos meios de comunicação empresariais antipetistas. No entanto, seria forçado estabelecer vínculos orgânicos entre essas manifestações e os pronunciamentos do escritor peruano, um mês antes do início do ciclo de protestos; e mais ainda, imaginar as implicações do lema "O Gigante Acordou" na desestabilização institucional e posterior *impeachment* da presidenta Dilma, em 2016. Contudo, como dito anteriormente, se não há vínculos explicitamente causais, também não são totalmente casuais.

A presença de Vargas Llosa na televisão brasileira deriva de uma viagem realizada com o objetivo de participar do ciclo de conferências promovido por Fronteiras do Pensamento, uma organização criada em Porto Alegre em 2006 com o propósito de analisar assuntos contemporâneos no Brasil, convidar intelectuais e especialistas para dar conferências e se tornar uma referência cultural. Além de ser parte da nova onda de *think tanks* liberais do Brasil, Fronteiras do Pensamento integrava o *corpus* de entidades afiliadas à Fundación Internacional

---

[3] Vargas Llosa, 2013 (tradução própria).

[4] A expressão se refere a um ciclo de protestos nas principais cidades do Brasil, desencadeado em junho de 2013 pelo aumento do custo do transporte público e que resultou em manifestações de indignação coletiva, convocadas principalmente pelas redes sociais digitais e que levaram a ações massivas durante o segundo semestre daquele ano. Sobre os debates e interpretações das Jornadas de Junho, consulte Tatagiba & Galvão, 2019.

para la Libertad e contava com um de seus membros no Patronato, o professor Fernando Schuler.[5]

Ao contrário da primeira participação, em 1995, em que a fervorosa defesa do neoliberalismo provocou intensos debates com alguns dos painelistas, na última entrevista no programa Roda Viva o clima pareceu bastante mais descontraído, embora não tenham sido evitados assuntos relacionados à política e economia regionais Se as Jornadas de Junho eram um acontecimento ainda imprevisível, as recentes eleições na Venezuela, e a apertada vitória de Nicolás Maduro como continuador do falecido Hugo Chávez, foi o assunto mais debatido ao longo da hora e meia de programa.

> Eu acredito que a América Latina está caminhando em direção à democracia. Em alguns casos resignada, e em outros, entusiasta. Acredito que ela descobriu que esse tipo de socialismo, o socialismo estatista, centralista, intervencionista, autoritário, só leva ao fracasso econômico, à ditadura. Como poderiam a Coreia do Norte, Cuba, ser modelos hoje em dia para algum país do mundo que quer sair da pobreza? Que quer deixar para trás a violência? E eu acredito que isso é o que foi jogado nessas eleições na Venezuela. E acredito que os democratas, os governos democráticos da América Latina deveriam se solidarizar com o povo venezuelano que com grande coragem está enfrentando um movimento autoritário que não só está destruindo economicamente a Venezuela, mas também é o Cavalo de Troia da pior forma de coletivismo e estatismo na América Latina. Acredito que é um momento fronteiriço que nesses dias está realmente mudando a história do continente.[6]

Apesar do resultado favorável ao bolivarianismo, a última eleição venezuelana significava "o começo do fim do chavismo", prognosticava Vargas Llosa com otimismo: "acaba toda essa fantasia do socialismo

---

[5] Vargas Llosa, 2013 (tradução própria).

[6] *Idem* (tradução própria).

UM ATLÂNTICO LIBERAL

do século XXI... que continua sendo o socialismo do século XX. Igualzinho".[7] Buscando ligar o vaivém entre literatura e atualidade política regional, a poucos minutos do final, o jornalista João Gabriel Lima, da *Revista Época*, recuperava o livro do escritor espanhol Gabriel Cerca, *Anatomia de um instante* (2009), e perguntava: "Se o senhor fosse escrever um livro sobre um único instante histórico, que instante histórico escolheria? Um momento importante para o seu país, ou para a América Latina...?". Vargas Llosa respondia:

> Neste momento? A derrota de Maduro, o retorno da Venezuela à democracia. Acredito que seria um fato absolutamente fronteiriço na história da América Latina. Adoraria escrever um livro-reportagem. E aquele livro que você citou, me parece um livro belíssimo. Um momento que também explica toda uma época. Está tão bem escrito, a informação é tão sólida! É contado como um romance. É um livro esplêndido. Mas eu acredito que neste momento o que está acontecendo na Venezuela pode decidir o futuro da América Latina.[8]

Aproveitando o gancho aberto por colega, a última pergunta foi da jornalista peruana Verónica Goyzueta, do *Jornal ABC*. "O senhor se define como um liberal, mas sempre é visto por alguns setores como um homem de direita. No entanto, no Peru, apoiou a eleição de Humala, que não é um homem de direita", acrescentou Goyzueta. "Queria que comentasse como está vendo o governo de Humala e alguns outros governos, como o de Dilma Rousseff, aqui no Brasil, e Mujica no Uruguai", indagou a jornalista.

> Olha, Humala está indo muito bem. Ele cumpriu sua promessa. Quando eu o apoiei no segundo turno, nós pedimos a ele, aqueles que o apoiaram, que não o havíamos apoiado no primeiro [turno], que ele renunciasse ao

---

[7] *Idem* (tradução própria).

[8] *Idem* (tradução própria).

CARTA NÁUTICA

seu programa radical, um programa bastante intervencionista, e se comprometesse a respeitar a democracia política, a liberdade de imprensa e a economia de mercado. Ele assinou uma carta na Universidad de San Marcos, comprometendo-se com tudo isso. E ele cumpriu rigorosamente. Hoje em dia, no Peru, eu não diria que a democracia funciona de uma maneira impecável, mas há um esforço para respeitar as instituições democráticas, a economia de mercado está funcionando, os empresários são respeitados, a propriedade privada é respeitada, há um incentivo ao investimento que está trazendo investimentos substanciais para o Peru. Então eu estou muito feliz por ter apoiado Humala.[9]

E seguindo o argumento, mas voltando os olhos para o Brasil e apontando para a Venezuela, agregou:

Olhe, o que eu reprovaria em Humala é o que eu reprovaria no governo brasileiro, por exemplo. Fazer uma política interna que é uma política democrática e liberal e no campo internacional fazer uma política que é a total contradição do que fazem internamente. Não se pode ser democrata e liberal para o Brasil, para o Peru, e ser chavista e fazer os elogios que fizeram, por exemplo, Humala, ou o ex-presidente Lula, a Chávez. Porque há uma contradição aí. Ou seja, somos democratas ou somos chavistas. Não se pode ser democrata e chavista. Não se pode estar com a liberdade e estar com Fidel Castro. Então há muitos governos latino-americanos que são democratas, que fazem uma política interna muito boa. Mas como têm medo da esquerda e das críticas da esquerda, então compensam seu liberalismo e sua democratização com socialismo e populismo em sua política internacional. Temos que combater essas contradições porque isso provoca o descrédito da política. Políticos que fazem uma coisa e dizem outra coisa.[10]

---

[9] *Idem* (tradução própria).

[10] *Idem* (tradução própria).

UM ATLÂNTICO LIBERAL

Ao concluir a resposta, o moderador da roda interrompeu anunciando o fim do programa de TV, não sem antes agradecer aos organizadores do *think tanks* Fronteiras do Pensamento, os quais haviam garantido a segunda visita do romancista peruano, que, com fronteiras móveis (embora não menos nítidas), encerrava sua participação com um claro discurso anticastrista e antichavista, demarcando o campo político latino-americano, quando ainda parecia inadvertido o emaranhado empresarial, midiático, parlamentar e jurídico antipetista que levaria ao último golpe no Brasil.

O estudo que aqui apresentamos não se dedicou à crise política brasileira, mas à ação da FIL enquanto rede internacional de *think tanks*, aos processos de contraofensiva neoliberal em tempos de impugnação e abertura do ciclo de governos progressistas na América Latina, e às direitas atuais na América Latina. Dedicou-se às disputas e às oportunidades construídas no embate político para apresentar agendas, mobilizar enquadramentos e definir as ameaças, inimigos e soluções, como encenado na participação televisiva de Vargas Llosa.

Para começar, nesta primeira parte faremos uma breve apresentação das discussões que moldaram nosso entendimento e nossa aproximação ao objeto de estudo: as direitas, o neoliberalismo e os *think tanks* na América Latina.

I. (NOVAS) DIREITAS E (VELHAS) AMEAÇAS NA AMÉRICA LATINA

Como dissemos na introdução, os recentes acontecimentos e a pergunta *como o neoliberalismo conseguiu se reposicionar na agenda regional após o manifesto fracasso dos anos 90* redirecionaram os olhares sobre os atores desse processo, abrindo novas perguntas dentro e fora do campo acadêmico. Compreendido no campo de estudo das direitas na América Latina, nos últimos anos o assunto se transformou em um

CARTA NÁUTICA

dos temas políticos mais debatidos, dando conta de um importante acúmulo existente em torno do fenômeno em escala regional.

De maneira sintética e recuperando a proposta analítica apresentada por Mónica Nikolajczuk e Florencia Prego,[11] podemos organizar a literatura recente sobre as direitas na América Latina a partir de quatro linhas estruturantes. Em primeiro lugar, os estudos que se concentram na matriz conceitual que, baseando-se na proposta do filósofo italiano Norberto Bobbio,[12] destaca como elemento constitutivo a condição relacional entre direitas e esquerdas a partir da díade igualdade-desigualdade. Em segundo lugar, os estudos focados na análise da composição e da representação das direitas. Em terceiro lugar, os dirigidos a entender a relação entre as direitas e a democracia. E por último, aqueles estudos que buscam captar as novidades das direitas no século XXI.

Embora a historicidade do fenômeno seja um dos eixos que unificam as diversas abordagens e que já era destacado por José Luis Romero em *El pensamiento político de la derecha en América Latina*,[13] as leituras que adotam o esquema proposto por Bobbio problematizam a relação direita-esquerda a partir do caráter dedutivo ancorado em diferentes posturas ideológicas em relação ao princípio da igualdade. Enquanto a direita é definida como uma postura política que se distingue por pensar que as desigualdades entre as pessoas são naturais e, portanto, fora da possibilidade de intervenção social ou ingerência do Estado, a esquerda se caracterizaria por compreender que as desigualdades são efeito dos processos sociais e, por conseguinte, podem ser superadas, por exemplo, através de políticas públicas ou outras formas de intervenção estatal. Como diz Rovira Kaltwasser,[14] trata-se de uma

---

[11] Nikolajczuk & Prego, 2017.

[12] Bobbio, 2014.

[13] Romero, 1970.

[14] Kaltwasser, 2014.

conceituação que é demasiadamente abstrata para analisar diferentes contextos históricos e realidades nacionais, mas que ao mesmo tempo permite plasmá-la em processos como a disputa mercado/Estado, contendas morais e conflitos em relação à soberania nacional. Assim, acrescenta o autor, seja pelos discursos e pelas ideias divulgadas, ou pelas consequências sociais que acarretam, podemos compreender que os defensores do projeto de modernização conservadora (leia-se, neoliberal), em marcha na região a partir das reformas estruturais do final do século XX, se enquadram à direita do espectro político.

Mantendo a importância da díade igualdade-desigualdade para compreender o assunto, mas apontando a necessidade de orientá-la à análise sociológica do conflito de modo que restabeleça o sujeito nos debates contemporâneos sobre as direitas, autores como Waldo Ansaldi, desde o Materialismo Histórico,[15] ou Barry Cannon, retomando a Teoria das Elites,[16] propõem incluir a perspectiva das classes sociais, dado que, segundo Cannon, "cada opção de política tem resultados implícitos e explícitos por favorecer algumas classes sobre outras, e, portanto, a classe e o papel das elites devem ser centrais em qualquer discussão sobre a direita".[17] Esses debates compõem o segundo grupo de estudos, vinculados pelas perguntas sobre *quem* conforma as forças de direita e quais interesses representam.

Como aponta Verónica Giordano,[18] a questão da representação deu origem a várias posturas que reivindicam a perspectiva de classes para o estudo das direitas na América Latina, o que pressupõe destacar o caráter antagônico dos interesses de classe e o conflito como fator inerente a toda relação social. Embora, como já indicava criticamente José Luis Romero, essas leituras corram o risco de transpor o conceito

---

[15] Ansaldi, 2017.

[16] Cannon, 2016.

[17] *Idem*, p. 27 (tradução própria).

[18] Giordano, 2014.

CARTA NÁUTICA

direita ao de burguesia ou classe dominante, Waldo Ansaldi entende que: "a expressão direita(s) não designa um sujeito político, nem primário nem secundário. Refere-se a uma posição política cuja base social historicamente tem se ampliado, ganhando não poucos contingentes das classes subalternas".[19] Contudo, como destaca a professora Virginia Fontes, isso não pode levar a ignorar a intrínseca relação entre a direita no capital-imperialismo e a defesa da grande propriedade, da propriedade do capital concentrado.[20] Como argumenta Giordano, o desafio é explorar quais são as pontes possíveis entre o plano político--ideológico e o econômico-estrutural, em que as relações entre um e outro não são estritamente lineares.

Embora as direitas sejam geralmente associadas ao fascismo ou às ditaduras, o fato é que, juntamente com as transformações ocorridas durante os anos 1980 na América Latina, é possível capturar um processo de ressignificação/reestruturação do conceito de democracia que permitiu às direitas carregá-lo com novos significados e se apropriar dele como bandeira. Sobre esse aspecto, discute o que entendemos como uma terceira linha de pesquisa. Reflexões importantes no tempo presente foram publicadas no número 37 da revista *Nueva Sociedad* do ano 1988, como o clássico artigo de Franz Hinkelammert sobre o uso instrumental da democracia representativa,[21] mas também artigos menos citados, como "Giro a la derecha. Bolivia en el vals regional", de Toranzo Roca,[22] "Adiós conservadurismo; bienvenido liberalismo. La nueva derecha en el Perú", de Mirko Lauer,[23] e "Derechas y grupos empresarios", do venezuelano Samuel Moncada.[24] Essas reflexões são

---

[19] Ansaldi, 2017, p. 31 (tradução própria).

[20] Fontes, 2010b.

[21] Hinkelammert, 1988.

[22] Toranzo Roca, 1988.

[23] Lauer, 1988.

[24] Moncada, 1988.

UM ATLÂNTICO LIBERAL

fundamentais para capturar o espírito das discussões que ocorreram no final dos anos 1980 e no início dos anos 1990. Ao refletir sobre o caso peruano, Lauer afirmava:

> Há cerca de sete anos, vem se desenvolvendo no Peru um núcleo de pensamento e atividade que pode ser percebido como uma direita diferente daquela que até agora ocupou essa porção do espectro político. Seu objetivo é modernizar o capitalismo peruano através do liberalismo, e suas bandeiras são o resgate do tempo perdido na polêmica de ideias com a esquerda e o populismo aprista, a adesão de uma mensagem política ao discurso econômico liberal, e a separação da ideia de direita da de conservadorismo perante a opinião pública. É improvável que essa nova direita desloque a tradicional dos partidos e do empresariado em um futuro próximo, mas é um fato que ela começou a influenciar na formação da imagem global da direita no Peru e a competir com ela dentro e fora do âmbito do direitismo.[25]

Os vínculos das direitas com a democracia e seu novo visual nos levam ao quarto núcleo de pesquisas dedicadas à novidade. Existe uma "nova" direita na América Latina no século XXI, ou estamos falando da mesma "nova" direita dos anos 1980? O retorno das chamadas direitas à liderança dos governos em parte da região após a chamada "maré rosa" provocou um *boom* de discussões em torno do surgimento de novas direitas.[26] Esses estudos, entre os quais também podemos localizar os já mencionados de Rovira Kaltwasser e Barry Cannon, buscaram capturar as novidades do processo a partir da análise de uma série de mecanismos/estratégias de ação (não eleitorais, eleitorais não partidários e partidários, para o primeiro; institucional,

---

[25] Lauer, 1988, p. 134 (tradução própria).

[26] "Maré rosa" foi o nome dado ao período em que predominaram governos do espectro da esquerda na América Latina. O termo foi cunhado inicialmente por Francisco Panizza. Consulte Panizza, 2006.

mobilizativo e semi ou extraconstitucional, propõe o segundo). Nessa linha, também podemos encontrar a tese de doutorado de Camila Rocha que no caso brasileiro aponta o surgimento de uma nova direita produto de um amálgama ultraliberal-conservador cuja base remonta ao uso de novos repertórios digitais e ao surgimento de contrapúblicos na internet durante o apogeu do lulismo (2006-2010); embora, como adverte a pesquisadora, isso não signifique a inexistência de vínculos com as direitas previamente atuantes.[27] Pelo contrário, como mostra sua pesquisa, muitos dos membros desse novo contrapúblico digital (em sua maioria composto de estudantes universitários e profissionais liberais de classe média) começaram a circular em espaços que antes eram reservados a uma pequena elite de empresários e acadêmicos, e aproveitaram para canalizar o apoio dessas organizações mais antigas fundadas nas décadas anteriores, como o Instituto Liberal ou a rede internacional de *think tanks* articulada em torno de *Atlas Network*.

Nesse sentido, embora essa abordagem seja inovadora pelas perguntas e metodologias utilizadas, ao pensar nos processos atuais na região desde uma perspectiva de média duração concordamos com Waldo Ansaldi e Verónica Giordano quando alertam que é preciso evitar nomear as direitas do século XXI ou direitas atuais com o qualificativo "novas", já que a afirmação de qualquer novidade deve considerá-la em referência a um passado: que passado? Como enfatiza Ansaldi em chave gramsciana, parte do desafio dos estudos contemporâneos é saber encontrar a relação justa entre o que é orgânico e o que é conjuntural ou ocasional nos processos sociais em questão. "Assim, não é a mesma coisa dizer as 'novas' direitas, do que o que têm de novo as direitas. Não é um jogo de palavras, é uma distinção fundamental".[28]

---

[27] Rocha, 2019.

[28] Ansaldi, 2017, p. 26 (tradução própria).

UM ATLÂNTICO LIBERAL

Sob esse aviso, vejamos as contribuições dos estudos históricos. Segundo analisam Ernesto Bohoslavsky e Mariana Inés Iglesias Caramés,[29] o desfecho da Segunda Guerra Mundial e a imposição à América Latina da órbita de influência dos Estados Unidos trouxeram impactos diversos às direitas dos países da região. No entanto, destacam os autores ao focar o Cone Sul, um elemento em comum é que as ideologias abertamente inspiradas no fascismo, no integralismo católico ou outras formas de extrema direita encontraram uma recepção menos entusiasta entre as elites do que haviam recebido na década de 1930, ao mesmo tempo em que a promoção do regime democrático encontrou novos adeptos entre atores que, até então, não haviam mostrado simpatia por esse regime. Como estudado por Domenico Losurdo ao propor uma contra-história do liberalismo,[30] no decorrer do fim da Segunda Guerra e início da Guerra Fria foi se desenvolvendo um argumento segundo o qual a democracia liberal constitui o regime historicamente aceito para os países sul-americanos e os inimigos dela são consideradas "fascistas" ou "totalitários". Nesse sentido, como apontam Bohoslavsky e Caramés:

> Essa operação discursiva que resumia o fascismo como antidemocrático permitia denunciar como seguidores do *Duce* todos aqueles que promoviam formas de governo que se afastavam, mais ou menos, do ideal de democracia que professavam. É evidente que selecionar a crítica de antidemocrático ao fascismo, entre todas as outras que lhe eram feitas na época (como estatolatria, imperialismo, racismo etc.), tinha uma vontade clara, como o desejo de denunciar afinidades entre os regimes políticos locais e Berlim (como apontavam aqueles que estavam na oposição na Argentina e no Brasil), ou a tendência a identificar os principais setores de oposição como representantes locais do fascismo e, portanto, como potenciais ameaças totalitárias (no Chile e no Uruguai).

---

[29] Bohoslavsky & Iglesias Caramés, 2014.

[30] Losurdo, 2006.

CARTA NÁUTICA

Nessa defesa da democracia como o único regime possível e desejável para a América do Sul, diferentes atores políticos desses quatro países foram criando, reproduzindo e difundindo um conjunto de imagens heterogêneas do que eram os atores antidemocráticos. Essas representações em alguns casos estavam ligadas à impugnação do personalismo, do nacionalismo, do populismo e/ou do caudilhismo dos políticos e partidos apontados como criptofascistas, comunistas ou totalitários, ou, na maioria das vezes, como uma combinação de todos esses.[31]

Para Bohoslavsky e Iglesias Caramés, se o comunismo e seus correlatos nas ações anticomunistas datam da segunda e da terceira décadas do século XX, foi naquele novo contexto geopolítico que o anticomunismo alcançou novas ondas de intensidade e diversidade na América do Sul; embora, como alertam os autores, menos tributário da atividade real dos comunistas do que da maneira como se haviam produzido os alinhamentos políticos na época. Foi em meio a uma forte campanha contra os governos chamados populistas na região,[32] quando se iniciaram os primeiros esforços para promover as ideias neoliberais, representadas então por reduzidos grupos das elites acadêmicas e empresariais que conseguiram criar uma união pragmática entre os setores conservadores (orientados à proteção do *status quo* com vistas a preservar os costumes e as tradições legados pelas gerações passadas, uma posição que, na maioria dos países da América Latina, estava principalmente relacionada ao tradicionalismo católico) em torno do discurso anticomunista, que acabou sendo sustento ideológico da sequência de golpes de Estado e ditaduras militares que se sucederam na região, entre 1960 e 1980. No entanto, o peso dos setores pró-

---

[31] Bohoslavsky & Iglesias Caramés, 2014, pp. 116-117 (tradução própria).

[32] Referimo-nos, por exemplo, aos governos de Vargas no Brasil, Perón na Argentina ou Ibáñez no Chile.

-mercado entre as outras famílias que compunham a direita de então ainda era relativo.[33]

Segundo aponta Hernán Ramírez,[34] foi ao longo dos processos ditatoriais (principalmente nos assuntos referentes à economia) e com maior força a partir das aberturas das transições à democracia que os setores pró-mercado começaram a ocupar um lugar mais destacado no campo das direitas, provocando uma união mais orgânica com os setores conservadores que haviam perdido o terreno político que lhes garantiam os regimes militares. Dessa forma, como aponta Camila Rocha para o caso brasileiro,[35] Martín Vicente para o argentino,[36] ou Maximiliano Jara Barrera para o chileno,[37] em vários países da região foi se consolidando um amálgama liberal-conservador que pareceu em alguns casos amenizar a centralidade do discurso católico e dos postulados ditatoriais em torno do autoritarismo (mesmo que não os abandonando completamente) e concentrar esforços na defesa da sociedade de livre-mercado e do ideário social empresarial associado à defesa dos princípios e valores da democracia liberal representativa.

Embora a gradual transformação das direitas nessa etapa tenha parecido relegar o discurso anticomunista e antipopulista a um segundo plano como ponto de união pragmático, o interessante para este estudo é que, no início do novo milênio, ambas as bandeiras voltaram a ser hasteadas no mesmo mastro. Entendemos que a Fundación

---

[33] O professor Rodrigo Patto Sá Motta utiliza o termo "famílias de direita" para se referir a três grupos que conviveram no processo pré-ditatorial e ditatorial no Brasil: o católico, o nacionalista e o liberal. Essa proposta acabou sendo referência para os estudos latino-americanos posteriores, muitos dos quais subsidiaram o presente estudo. Sobre o tema, consulte Motta, 2000.

[34] Ramírez, 2013.

[35] Rocha, 2019.

[36] Vicente, 2015.

[37] Jara Barrera, 2019.

CARTA NÁUTICA

Internacional para la Libertad expressa um nítido exemplo desse novo esforço de síntese política.

Os trabalhos orientados a estudar o caráter da Guerra Fria na América Latina tendem a apontar que os mecanismos, as instituições e as narrativas postos em jogo na região não dependeram exclusivamente dos interesses geopolíticos norte-americanos como simples continuidade da Doutrina Monroe,[38] mas encontraram raízes e produção local/regional, que foram fundamentais na construção de práticas e discursos como o Congreso por la Libertad de la Cultura (CLC) logo após o fim da Segunda Guerra Mundial, ou a Confederación Anticomunista Latinoamericana (CAL), surgida em 1972 ao ritmo da Doutrina de Segurança Nacional. Estudos como os de Karina Janello,[39] Julieta Rostica[40] e Marcos Vinicius Ribeiro[41] dão indícios de como essas articulações conseguiram mobilizar agentes da cultura, jornalistas, políticos e agentes de segurança (no caso da CAL), onde circulava uma série de recursos materiais e imateriais que permitiram criar frentes internacionais e fortalecer os processos nacionais de ação anticomunista a partir da mobilização/adaptação temporal e contextual de esquemas de pensamento e atuação política.[42]

---

[38] É o nome que recebem os planos e programas políticos que inspiraram o expansionismo dos Estados Unidos da América, sintetizados na declaração feita pelo presidente James Monroe em sua intervenção em 2 de dezembro de 1823 perante o Congresso americano, após a incorporação de importantes territórios que haviam pertencido ao Reino da Espanha. Sobre a doutrina e sua continuidade, consulte Calloni & Ducrot, 2004; Borón, 2020.

[39] Janello, 2012.

[40] Rostica, 2018.

[41] Ribeiro, 2018.

[42] Cabe ressaltar que, além dos diferentes tipos de atores que foram mobilizados em torno dessas organizações (intelectuais e agentes de segurança), elas representavam, do ponto de vista ideológico, expressões de diferentes formas de manifestação do anticomunismo. Nesse sentido, o CLC representava um espectro do campo político e cultural que incluía tanto setores liberal--conservadores quanto da esquerda não comunista, enquanto a CAL se limitava

UM ATLÂNTICO LIBERAL

Esses estudos, entre os quais também se destacam as análises comparativas de Ernesto Bohoslavsky,[43] Bohoslavsky e Vicente,[44] e o já citado de Bohoslavsky e Iglesias Caramés,[45] alertam que, embora não se deva relegar a segundo plano o caráter local/nacional dos processos onde os esquemas polarizados se enraizaram e se mobilizaram, essas organizações foram cenários diferenciados na construção de "esquemas ideológicos transnacionais" ou "ideias força" aglutinadoras de uma diversidade de atores políticos do subcontinente por meio de uma complexa rede de reciprocidades e exclusões que as diversas direitas tramaram sobre o anticomunismo, rede que ultrapassa as elites políticas transnacionais e nacionais, interpelando inclusive camadas dos setores populares. Segundo apontam Bohoslavsky e Vicente,[46] foi a partir de 1959, após o início da Revolução em Cuba e a criação da Aliança para o Progresso, que o comunismo se tornou um problema de segurança, criando-se concepções sobre as "fronteiras ideológicas" e a centralidade da pauta geopolítica que acabaram transnacionalizando muitas das representações, das agendas e dos recursos das direitas anticomunistas da região.

Ao longo desta pesquisa, notamos que, assim como a Fundación Internacional para la Libertad fez notórios esforços para disseminar os imaginários associados à batalha cultural anticomunista e antipopulista em tempos de "maré rosa", suas ações centradas na encenação de manifestos, encontros e seminários tendiam a aparentes pontos de conexão e/ou continuidade com os repertórios internacionais e latino-americanos desenvolvidos entre os anos 1950 e 1970 por organizações como a CLC e a CAL.

---

ao campo da extrema direita radicalizada, vinculada à World Anti-Communist League (WACL).

[43] Bohoslavky, 2016.

[44] Bohoslavsky & Vicente, 2014.

[45] Bohoslavsky & Iglesias Caramés, 2014.

[46] Bohoslavsky & Vicente, 2014.

CARTA NÁUTICA

Então, é a FIL uma atualização calcada nos repertórios e discursos das direitas unidas pragmaticamente ao calor da Guerra Fria? Embora a FIL possa ser entendida como parte da "indústria do anticomunismo" ainda vigente ou reativada em cenários adversos,[47] ela também torna visível os aparatos que atualizam a cosmovisão política ancorada no que Alejandro Pelfini define como cosmopolitismo limitado ou atlântico,[48] agora abraçado ao projeto e ao regime de verdade neoliberal e centrado na propagação da imagem de globalidade que projetam os países da Europa Ocidental e os Estados Unidos, a partir da difusão dos princípios do liberalismo e do republicanismo aos quais viria enfrentar e fazer desaparecer o que consideram resíduos particularistas e arcaicos no subcontinente, sejam estes por ela caracterizados como indigenismos, caudilhismos, populismos ou tendências ao coletivismo, como os regimes estatistas e/ou comunistas. Nesse sentido, trata-se de um cosmopolitismo limitado, universalista em seus valores, mas que opera segundo critérios de exclusão.

Após o fim da Guerra Fria e o colapso dos chamados "socialismos reais", foi promovida a ideia de uma fase final e um "pensamento único" ("fim da história", segundo Francis Fukuyama), que, nas palavras de Puello-Socarrás,[49] atualizou a ideia-força mais substancial do

---

[47] A expressão "indústria do anticomunismo" foi cunhada pelo professor Rodrigo Patto Sá Motta para se referir à vantajosa exploração do "perigo vermelho". "Os industriais do anticomunismo seriam aqueles manipuladores que tiraram proveito do temor ao comunismo. Normalmente, tal operação implicava supervalorizar a influência real do Partido Comunista e dos supostos objetivos imperialistas da URSS, criando uma imagem propositalmente deformada da realidade. Em certas situações, não se tratava de criar, mas apenas de explorar um medo já existente. O objetivo era aproveitar-se do pavor provocado pelo comunismo, seja convencendo a sociedade da necessidade de determinadas medidas, seja colocando-se na condição de campeão do anticomunismo para daí auferir vantagens". *In*: Motta, 2000, p. 202.

[48] Pelfini, 2013.

[49] Puello-Socarrás, 2013.

UM ATLÂNTICO LIBERAL

capitalismo histórico em torno do progresso e do desenvolvimento como discurso dominante (neoliberal-colonial). Dessa forma, colocando-se como o paradigma geral e específico para a reprodução no capitalismo periférico, conseguiu consolidar grande parte da dependência e da subordinação neocolonial na acumulação assimétrica necessária para o projeto entre o Norte e o Sul global.

Nesse sentido, como argumentou o semiólogo argentino Walter Mignolo,[50] "o neoliberalismo não é apenas uma questão econômica e financeira, mas um novo desenho civilizatório" a partir do constante processo de consolidação do senso comum que se concretiza na relação entre tecnologias de poder e estratégias de governo.

Como mostram os estudos de Stella Calloni e Víctor Ego Ducrot,[51] desde o início da década de 1980 e durante os anos 1990 a América Latina e o Caribe foram cenário de uma série de reconfigurações estratégicas para garantir a inserção da região nas transformações do capitalismo. Associado à divisão geopolítica de repartição de esferas de influência e controle entre os Estados Unidos e a URSS no contexto da Guerra Fria e ao reciclado imaginário da Doutrina Monroe, que alimenta a crença em sua vocação de grandeza e poder sobre a região, o governo estadunidense impulsionou seu papel tutelar das novas democracias, o que garantiu sua esfera de interesse sobre a América Latina.

Mas, se nas décadas anteriores os regimes militares na periferia haviam sido aliados na luta anticomunista dos Estados Unidos e suas políticas nacionais haviam impulsionado as alianças internas necessárias para a expansão do capitalismo, ao longo dos anos 1980, após a administração de Jimmy Carter (1977-1981) e amarrado discursivamente à política de direitos humanos, foi cunhado um novo modelo de consenso liberal que se propagou pela região, criando

---

[50] Mignolo, 2003 (tradução própria).

[51] Calloni & Ducrot, 2004.

50

um núcleo de legitimidade sobre a democracia liberal como valores universais e fundamentais, enquanto eixos centrais que acabaram incorporando o projeto e a filosofia neoliberais como regime de verdade e ordenamento social das democracias tuteladas.

Como aponta María Eugenia Cardinale,[52] pode-se considerar que, concluída a Guerra Fria, aqueles enfoques ampliatórios/expansivos da segurança internacional buscaram um aprofundamento no "objeto referente" que fosse além do Estado, estendendo o conceito para incluir outros setores além do militar, dando a mesma ênfase às ameaças domésticas e transfronteiriças, e permitindo transformar a lógica conflitante da segurança. Nesse contexto, a busca pela difusão internacional das democracias liberais por todos os meios (ainda que mediante o uso da força) impôs-se como orientação estratégica que ganharia espaço com a implementação das agendas de segurança dos governos Reagan e Bush (pai), e cobraria novo impulso no início do novo milênio, após a vitória de Georg W. Bush (filho), alcançando potência expansiva após os atentados de 11 de setembro de 2001.

A partir dessa perspectiva, a passagem de uma *pax americana* para uma *pax democrática*, centrada na ideia de direitos como a capacidade individual de produzir mercado (iniciativa privada, competitividade, propriedade privada) e do regime democrático como garantia de ampliação das esferas da sociedade civil e seus circuitos e redes de competitividade (em oposição à intervenção do Estado), significou também a redefinição das ameaças, dos pontos de conflito, inimigos e soluções. No caso da América Latina e do Caribe, embora não tenha desaparecido completamente a imagem da infiltração comunista (e a persistência de Cuba como regime comunista é um emblema desse destaque), implicou a construção de uma série de novos problemas endógenos responsáveis por corrosão, enfraquecimento institucional e instabilidades.

---

[52] Cardinale, 2018.

O comércio ilícito de drogas, as insurgências armadas (posteriormente denominadas narcoguerrilhas, numa tentativa de combiná-las), a migração ilegal e o estatismo dirigencial/intervencionista na economia, ainda identificados em nível político com o comunismo e em equivalência a regimes autoritários, começaram a ocupar um lugar destacado nas agendas políticas e militares da região como novas percepções das ameaças. Nesse contexto, a região andina adquiriu maior importância para a alocação de recursos no contexto do planejamento estratégico estatal norte-americano, frente à relevância da América Central durante os anos 80, atestando essa mudança na centralidade das políticas de segurança hemisférica para a região, abrindo debates sobre o papel das instituições que haviam servido para conter o comunismo desde a Segunda Guerra Mundial e dando uma nova ênfase à cooperação multilateral.

Embora não exclusivamente, os Documentos de Santa Fe I, II e IV são exemplo dessa virada que sinaliza a construção de uma agenda liberal ofensiva que busca orientar as políticas de segurança para a América Latina desde os anos 1980. Como estudado por Calloni e Ducrot,[53] esses documentos redigidos por um grupo de especialistas americanos em assuntos latino-americanos (o Grupo Santa Fe), com vínculos orgânicos com o complexo militar-industrial americano e membros do Center for Hemispheric Studies, do American Enterprise Institute, e da Heritage Foundation, buscaram sistematizar e propor os lineamentos centrais da política externa para a América Latina, política impregnada pela lógica universalista da defesa da democracia e valores liberais, hoje dominantes.

Argumentando que "com conter a União Soviética não é suficiente" e que apenas os Estados Unidos como parceiros podem "proteger as nações independentes da América Latina da conquista comunista e ajudar a preservar a cultura hispano-americana frente à esterilização

---

[53] Calloni & Ducrot, 2004.

do materialismo marxista internacional",[54] Lynn Bouchey, Roger W. Fontaine, David C. Jardan e o general Gordon Sumner (os mesmos que sete anos depois, junto com Lewis Tambs, redigiriam o Documento de Santa Fe II) aconselhavam:

> que os Estados Unidos iniciem uma campanha ideológica e econômica, desenvolvendo um plano energético para o continente americano, aliviando a carga da dívida latino-americana por meio do estímulo à formação de capital hispano-americano, ajudando a indústria e a agricultura ibero-americanas por meio do comércio e da tecnologia e, sobretudo, proporcionando o ideal que se encontra por trás do instrumento da política externa, por meio de programas de educação projetados para ganhar as mentes dos homens. As ideias que estão por trás da política são essenciais para a vitória.[55]

Como é desenvolvido no ponto referente à educação: "O objetivo da guerra são as mentes da humanidade". No entanto, alertando para os limites da tradução literal e reforçando a necessidade de criar imagens e vínculos compreensíveis à realidade regional,[56] acrescentavam:

> Os Estados Unidos não deveriam tentar impor sua própria imagem à Iberoamérica. Nem o pluralismo liberal nem a democracia wilsoniana foram exportados com sucesso. No entanto, deveríamos exportar ideias e imagens que encorajem a liberdade individual, a responsabilidade política e o respeito à propriedade privada. Deve-se iniciar uma campanha para capturar a elite intelectual ibero-americana por meio de meios de comunicação como rádio, televisão, livros, artigos e folhetos, e também se deve incentivar a concessão de bolsas e prêmios. Como

---

[54] Bouchey *et al.*, 1981 (tradução própria).

[55] *Idem* (tradução própria).

[56] Essa mesma ideia é apresentada na Proposta n. 2, referente ao dever dos Estados Unidos de estimular acordos de segurança em chave regional, na primeira parte, intitulada "Ameaça militar externa". Consulte Bouchey *et al.*, 1981.

UM ATLÂNTICO LIBERAL

consideração e reconhecimento são o que os intelectuais mais desejam, tal programa os atrairia.[57]

Assim como o primeiro documento estabelece as condições para a democratização liberal no subcontinente, o segundo se concentrou no avanço da economia de mercado, impregnado pela forte crise econômica e pelo endividamento que impactava grande parte da região. Nesse sentido, como apontam Calloni e Ducrot,[58] o Documento Santa Fe II orientava a resolver a dívida externa latino-americana a partir de uma série de medidas tendentes à liberalização da economia com o escambo de dívida por ações ou com a possibilidade, para os credores, de comprarem empresas estatais em troca de papéis de dívida desvalorizados. No entanto, o próprio documento apontava que não basta "propor planos para que as nações devedoras paguem os juros da dívida; é necessário traçar estratégias que lhes permitam sair do endividamento e gerar poupança e crescimento reais".[59]

Isso significava condenar o estatismo, os aparelhos burocráticos e as nacionalizações, e fomentar os mercados nacionais de capitais, a supressão de controles e a privatização das empresas públicas. Nesse sentido, a tarefa a ser assumida era a de dupla via e voltaria a ser ratificada em Santa Fe IV, ao começar o governo de George W. Bush (filho). Por um lado, a instauração de medidas técnicas orientadas à liberalização das economias regionais; por outro, a criação de um ambiente "moral" favorável ao novo modelo dominante.[60]

Visto dessa perspectiva, o neoliberalismo como gestão do capitalismo e construtor de uma racionalidade adota diversos formatos levando em conta os momentos históricos e conjunturas políticas e

---

[57] Bouchey et al., 1981 (tradução própria).

[58] Calloni & Ducrot, 2004.

[59] Bouchey et al., 1989 (tradução própria).

[60] Lucier et al., 2003.

CARTA NÁUTICA

gera diversos dispositivos vinculados aos modos nacionais, regionais e aos elos internacionais. Como apontou o professor Reginaldo C. de Moraes,[61] o sucesso político do neoliberalismo não deve ser entendido apenas como o desmantelamento do precário Estado de bem-estar social, o enfraquecimento dos sindicatos e as consequentes desregulamentação e flexibilização trabalhistas. Ele é produto de um manifesto esforço de disputa e difusão de ideias que se expandiu não apenas aos setores empresariais, tecnocráticos e políticos (sejam eles militares ou civis), mas também aos setores subalternos que o incorporaram como senso comum.

Esses processos de produção de representações sociais e senso comum neoliberal têm um caráter marcadamente mundial porque, como também argumenta Daniel Mato,[62] desde o fim da Segunda Guerra Mundial certos atores sociais vêm promovendo essas ideias muito ativa e eficazmente em escala global através de suas próprias atividades, cuja formação e reprodução têm estimulado. Como apontam Plehwe e Walpen,[63] atribuímos parte dessa força contínua do paradigma neoliberal (embora não pouco questionada ou desafiada) a redes profundamente enraizadas de intelectuais e *think tanks* dispostos à batalha de ideias.

II. *THINK TANKS*: TRAFICANTES DE IDEIAS

Em um estudo anterior desenvolvido durante o mestrado em Ciências Sociais na Universidade Federal Rural do Rio de Janeiro dedicado a estudar a atuação do Instituto Millenium no conflito pela sanção do III Programa Nacional de Direitos Humanos, durante o

---

[61] Moraes, 2001.

[62] Mato, 2005, p. 138.

[63] Plehwe & Walpen, 2006.

UM ATLÂNTICO LIBERAL

último ano do segundo mandato do presidente Luiz Inácio "Lula" da Silva, concluíamos duas ideias que apoiaram a pesquisa que deu forma a este livro: 1) o trabalho de defesa de ideias desenvolvido por esse tipo de instituto não é um caso isolado, mas deve ser concebido como uma rede de *think tanks*, meios de comunicação, agentes da cultura, empresários, acadêmicos, partidos políticos que garante a ação coordenada e a circulação de recursos e ideias; 2) a ação coordenada se estende em escala nacional, regional/latino-americana e internacional, mobilizando diferentes setores da sociedade civil e política, e recursos materiais na batalha de ideias.[64] Nesse sentido, em concordância com os estudos de Diane Stone,[65] dizíamos que embora o domínio político nacional continue sendo o mais relevante, ao estudá-los como organizações independentes seus papéis só podem ser entendidos parcialmente. É a partir da participação em amplas coalizões de defesa transnacional, diz Stone, que esse tipo de organização consegue dar forma ao clima de debate e influência pública tanto doméstica quanto internacional.

Retomando as reflexões de Susan Strange em torno da economia política internacional, Dieter Plehwe e Bernhard Walpen observam que embora o poder derivado da estrutura do conhecimento não seja menos importante que as outras três fontes de poder estrutural (militar, produtivo, financeiro), esse tem sido muitas vezes subestimado. Para essa abordagem, hoje sem dúvida potencializada pela difusão do conceito de *soft power*,[66] compreender o que se acredita e as conclusões

---

[64] Giménez, 2015.

[65] Stone, 2008.

[66] O conceito de *soft power* refere-se à capacidade de alcançar um objetivo ou dominação política sem o uso de coerção. O poder da coerção seria a ostentação militar e sanções econômicas (*hard power*), enquanto a identidade cultural, ideológica e política conformaria o *soft power*. O termo *soft power*, cunhado pelo americano Joseph Nye no final dos anos 1980 em seu livro *Bound to lead – the changing nature of American power*, vem sendo amplamente utilizado no âmbito

CARTA NÁUTICA

e os princípios morais derivados dessas crenças, o que se conhece e se percebe como entendido e os canais pelos quais as crenças, as ideias e o conhecimento são comunicados (incluindo alguns setores e excluindo outros) tem impactos sobre as outras estruturas de poder.[67]

A Fundación Internacional para la Libertad é uma organização guarda-chuva que congrega uma série de *think tanks, thinktankers*,[68] escritores, políticos, acadêmicos, jornalistas e empresários liberais tanto da Espanha quanto dos Estados Unidos e, sobretudo, da América Latina. Uma rede de "tanques de ideias" (na tradução literal) ou, como categorizado por María José Alvarez-Rivadulla, John Markoff e Verónica Montecinos, um *think tank* de segunda ordem dedicado a patrocinar outras entidades na rede e cujo objetivo não é simplesmente participar do movimento de defesa de ideias, mas fomentá-lo: "incubam, conectam, transferem informações e dão influência aos *think tanks* individuais ou de primeira ordem".[69] No entanto, o que é um *think tank*?

Não existe uma definição exata do que é um *think tank* ou um único acordo sobre quando foi criado. Porém, nos últimos 30 anos, associado à proliferação desse tipo de instituição tanto em países do Norte quanto do Sul global, foi construindo-se um campo de estudos com pretensões de delimitar os *think tanks* como objeto empírico. Genericamente são entendidos como centros de pesquisa, produção e articulação do conhecimento que buscam influenciar o debate político

---

político, dos meios de comunicação e acadêmico, especialmente após os atentados de 11 de setembro de 2001. No livro intitulado *The paradox of American power*, Nye apresenta vários argumentos para demonstrar que o *soft power* é uma ferramenta chave para sustentar a liderança internacional dos Estados Unidos. Consulte Nye, 2002.

[67] Plehwe & Walpen, 2006.

[68] Expressão utilizada por Juliana Hauck para se referir aos especialistas na gestão ou CEOs de *think tanks*. Consulte Hauck, 2019.

[69] Álvarez-Rivadulla; Markoff & Montecinos, 2010, p. 195 (tradução própria).

UM ATLÂNTICO LIBERAL

por meio de publicações de estudos, da participação de seus membros em universidades ou meios de comunicação, estabelecendo novas relações entre conhecimento e poder.

Como aponta Antonio Camou,[70] a história desse tipo de organização se inscreve em um novo tipo de relação entre o conhecimento especializado (*expertise*) e a política pública, aberto após a crise dos anos 1930 e que encontra um marco chave nos anos 1970, frente à crise e à reconfiguração das relações estruturais entre Estado, mercado e sociedade civil no âmbito da chamada globalização. Uma pergunta ineludível é: o que os distingue de outras formas de relação entre conhecimento e poder?

Partindo da historicidade e colocando centralidade no caso estadunidense, diferentes autores concordam em apontar três grandes momentos ou gerações de *think tanks*. Seguindo a organização exposta por Donald Abelson,[71] uma primeira geração ocorre entre o final do século XIX e as primeiras décadas do XX, ligada a um movimento orientado a profissionalizar o governo e melhorar a administração. Também chamados por Medvetz como "proto *think tanks*",[72] os exemplos mais mencionados são o Institute for Government Research de 1916, antecessor do Brookings Institute de 1927, ou o Hoover Institute de 1919. Um segundo momento ou geração se abre após o fim da Segunda Guerra, quando lentamente começa a ser empregada a expressão *think tanks*. Na maioria das vezes são centros de pesquisa que se orientam fortemente a analisar a agenda internacional no âmbito da Guerra Fria e os desafios da liderança mundial americana (o exemplo mais citado dessa geração é a Rand Corporation de 1948, vinculada à Força Aérea americana), mas é também nessa etapa que, associado ou não ao aparato governamental, começa a surgir a figura do especialista,

---

[70] Camou, 2007.

[71] Abelson, 2002.

[72] Medvetz, 2012.

CARTA NÁUTICA

com destaque sobre os problemas públicos, e a ter maior difusão em nível mundial.

Finalmente, uma terceira onda corresponde aos anos 70, quando se observa um salto tanto quantitativo em nível mundial quanto qualitativo em suas funções, associadas tanto à defesa de causas, ideias, valores ou partidos quanto à pesquisa, buscando gerar aconselhamento que possa competir num mercado de ideias e influenciar as decisões sobre políticas. O caso da Heritage Foundation é o mais mencionado para ilustrar essa inovação, mas não por isso se deve pensar que esse tipo de organização era ou é exclusiva do campo político conservador. Pelo contrário, o mencionado salto qualitativo também se refere à ampliação do espectro político que começou a desenvolver essa forma organizativa, embora não de maneira idêntica ou homogênea.

Estudos pioneiros, como o de Kent Weaver, buscaram construir tipologias dessas formas políticas. Em diálogo com os cortes de ordem geracional, Weaver inicialmente distinguiu três tipos de *think tanks*: *universities without student, contract research organizations* e *advocacy tanks*.[73] Embora esquemáticas e ampliadas por contribuições

---

[73] Sintetizando as classificações estabelecidas no artigo clássico intitulado "The changing world of think tanks", o pesquisador define: 1) *universities without student*: instituições orientadas a realizar pesquisas acadêmicas baseadas na rigorosidade metodológica como garantia de qualidade, mas que, ao contrário dos centros universitários, não têm como função a formação de estudantes, e sim a formulação de pesquisas diretamente orientadas ao debate político, com uma abordagem prática, sendo financiadas por corporações, indivíduos ou fundações; 2) *contract research organizations*: este tipo de instituição também é baseado na rigorosidade metodológica, mas se diferencia das anteriores por sua fonte de financiamento (contratos pontuais) e pelo caráter específico de sua participação na cena pública para a qual foram contratados. Nesse sentido, suas pesquisas são fortemente influenciadas pelos interesses de quem os contratou; 3) *advocacy tanks*: ao contrário dos tipos anteriores, sua função não é gerar pesquisas originais com rigor metodológico, mas sim influenciar o debate público a partir do uso dos aparelhos publicitários. Seu interesse é atuar como formador de decisões políticas e, com suas produções, convencer/interpelar o público/consumidores dos meios de comunicação. Consulte Weaver, 1989.

59

UM ATLÂNTICO LIBERAL

posteriores, essas tipologias foram base de uma série de definições que estruturaram o campo de estudo. James G. McGann, diretor do já mencionado Think Tanks and Civil Societies Program, da Universidade da Pensilvânia, por exemplo, define os *think tanks* como "organizações de pesquisa, análise e implementação de políticas públicas que geram recomendações sobre questões nacionais e internacionais que, por sua vez, facilitam aos atores políticos e à sociedade em geral tomar decisões informadas sobre questões de políticas públicas".[74] Diane Stone os define como "institutos de pesquisa independentes cujo principal objetivo é a pesquisa de políticas públicas, [...] organizações não governamentais sem fins lucrativos, independentes do governo, partidos políticos e grupos de interesse".[75] Para Donald Abelson, são "institutos orientados para a pesquisa, sem fins lucrativos e não partidários (o que não significa que não sejam ideológicos) cujo principal objetivo é influenciar a opinião pública e as políticas públicas".[76]

Assim, o crescimento e a diversificação dessa forma política abriram numerosos debates sobre a utilidade dessas categorizações. Se para Thomas Medvetz "o dilema da definição nunca foi realmente resolvido",[77] para Hartwig Pautz "a definição do que realmente constitui um *think tank*, como ele faz o que faz e qual é o seu papel chegou a um impasse".[78]

Como também aponta José Victor Regadas Luiz, ao analisar a literatura norte-americana que lidera o campo de estudos dos *think tanks*, é possível distinguir dois enfoques predominantes.[79] O primeiro, vinculado à tradição pluralista, os concebe como um dos muitos

---

[74] McGann, 2015 (tradução própria).

[75] Stone, 1996, p. 16 (tradução própria).

[76] Abelson, 2002, p. 54 (tradução própria).

[77] Medvetz, 2008, p. 11.

[78] Pautz, 2011, p. 2

[79] Regadas Luiz, 2015.

grupos que participam e competem em um mercado de ideias aberto e plural. Colocando centralidade no caráter independente/privado/ não governamental desse tipo de instituto, os seguidores desse enfoque atribuem aos *think tanks* não apenas a função de educadores do debate público, informando cidadãos e políticos comuns sobre temas complexos, mas também como reguladores do debate e garantidores do equilíbrio entre interesses em conflito. Os estudos desenvolvidos por Weaver e McGann são o exemplo mais claro dessa linha.

Em oposição a essa visão, os estudos de enfoques instrumentalistas e elitistas apontam a existência de uma poderosa elite situada no topo das esferas econômicas, políticas e militares, em condições privilegiadas para fazer valer seus interesses e com poder de veto sobre iniciativas contrárias. Nessa linha, cabe mencionar os estudos de William Domhoff sobre as redes de planejamento de políticas norte-americanas e os interesses da classe dominante e seu poder na construção de consensos.[80] Mas também a pesquisa desenvolvida por René Dreifuss em torno do Instituto de Pesquisa e Estudos Sociais (Ipes) e do Instituto Brasileiro de Ação Democrática (Ibad), em seus estudos sobre o golpe de Estado de 1964 no Brasil.[81]

Embora seja verdade que essa perspectiva conseguiu superar as definições "botânicas" e autorreferenciais, colocando atenção nos interesses que abraçam o funcionamento desse tipo de instituição, como aponta Regadas Luiz,[82] pouco se desenvolveu sobre as práticas que esses *think tanks* levam adiante, reforçando o caráter meramente instrumental desse tipo de organização. Em resumo, embora esses enfoques tenham sido centrais para o processo de formação do campo de estudos voltados aos *think tanks*, a chave colocada sobre o debate independência/dependência se apresenta insuficiente para

---

[80] Domhoff, 1975.

[81] Dreifuss, 1981.

[82] Regadas Luiz, 2015.

UM ATLÂNTICO LIBERAL

compreender o fenômeno em contextos não anglo-saxões e reconhecer a diversidade histórica e situada.

Como questionado nos trabalhos de Hartwig Pautz, Jesper Dahl Kelstrup e Juliana Hauck, o que significa independência/autonomia/ sem fins lucrativos? Refere-se ao sustento material e financeiro da instituição, ou à representação e à defesa de projetos políticos? Como e que tipo de conhecimento produzem? Influenciam quem, com que propósito e como? Segundo Kelstrup,[83] responder a essas perguntas implica captar o caráter estratégico e contextual dessas formas de organização destinadas à incidência política. Nesse sentido, como também argumenta Juliana Hauck,[84] o avanço desse campo de estudos depende de novas perspectivas analíticas menos centradas nas tipologias abstratas e mais próximas às experiências concretas e variáveis desse tipo de organização. A seguir apresentamos dois enfoques que, mesmo partindo de escolas sociológicas diferentes, deram forma ao nosso entendimento desse tipo de ator e forma política, e às dimensões analíticas observadas nesta pesquisa.

Para compreender sua estrutura organizacional, mas fugindo da rigidez dos esquemas de classificação que estabeleceram as bases desses estudos, Thomas Medvetz propõe observar as condições sociais em que os *think tanks* se desenvolvem a partir de sua localização distintiva na estrutura social, de acordo com as concepções de espaço social, campo de poder e capital derivadas da Teoria dos Campos da obra do sociólogo francês Pierre Bourdieu.[85] Dessa forma, Medvetz se afasta do enfoque tanto pluralista quanto elitista/instrumentalista (embora também não negue sua possível instrumentalização) e busca colocar atenção em como esses aparelhos constroem as condições para produzir e se reproduzir a partir de um jogo de aproximações e distanciamentos

---

[83] Kelstrup, 2014.

[84] Hauck, 2017.

[85] Medvetz, 2008.

dos diferentes campos, e captar o conjunto de demandas concretas que fazem sua dinâmica de influência: a necessidade de construir e manter a autoridade intelectual, a inserção política, a publicidade e o sustento financeiro.

Segundo aponta Medvetz a partir de suas pesquisas sobre os *think tanks* americanos, eles existem em uma relação simbólica de dependência com outras instituições das quais tomam emprestado e incorporam seus "idiomas": formas, estratégias e procedimentos estabelecidos do idioma acadêmico, do assessor político, do empresário e do especialista em mídia. No argumento do autor, os *think tanks* e aqueles que os integram compartilham assim uma "ética profissional" baseada no objetivo de dominar e "fazer malabarismos" entre os quatro idiomas. Nesse processo, acabam desenvolvendo propriedades típicas de seu próprio campo, um campo intersticial, uma rede semiestruturada de organizações que cruza, conecta e acumula as diversas esferas.[86]

Situados entre o campo da política, o dos meios de comunicação, o empresarial e o campo acadêmico, Medvetz propõe identificá-los como organizações que conectam fronteiras, situadas em pontos de união estratégicos, tanto dentro da própria organização quanto no ponto de encontro com outro tipo de organizações. Nessas condições, o autor sustenta que os *think tanks* se desenvolvem não como membros de um campo determinado, mas nos espaços entre campos, o que representa sua capacidade para suspender as questões convencionais de identidade, estabelecer novas formas e combinações e reivindicar para si mesmos uma espécie de papel mediador na estrutura social. Propondo uma alternativa de caráter "topológico", o autor contempla suas características intersticiais (não é uma universidade, não é um partido político, nem uma corporação ou movimento social, nem um meio de comunicação) e o fato de agir na mistura desse *modus operandi*. É essa série de oposições que guia a dinâmica interna dos *think tanks*.

---

[86] Medvetz, 2010.

UM ATLÂNTICO LIBERAL

Como coloca Regadas Luiz, ao ressaltar a autonomia relativa dos *think tanks* em relação aos outros campos de poder já constituídos, Medvetz realiza um deslocamento epistemológico que abre caminho para que a teoria crítica do Estado possa ser integrada ao estudo dos *think tanks*. No entanto, adverte Dieter Plehwe, essa perspectiva analítica seria ainda mais poderosa se além de focar no espaço intersticial também se dedicasse à compreensão dos múltiplos grupos de interesse e coalizões discursivas dentro das quais os *think tanks* são parte da agência social; ou seja, "não precisamos saber mais sobre a economia política dos *think tanks* contemporâneos e o panorama da experiência além da sua identidade formal?", pergunta Plehwe ao revisar criticamente a obra de Medvetz.[87]

Buscando uma alternativa tanto às perspectivas pluralistas predominantes nos estudos dos *think tanks* quanto às elitistas (embora por vezes não consiga evitar superposições com esta última), e apontando, como Medvetz, para o caráter pouco nítido desse tipo de aparelho, Hartwig Pautz argumenta que a maioria da literatura de *think tanks* combina a função com a forma organizativa e, portanto, limita sua própria capacidade de apreciar a pluralidade de sua manifestação organizativa; Pautz propõe analisar a função dos *think tanks*, "como fazem o que fazem", a partir do enfoque neogramsciano, como ele mesmo denomina.[88]

Centrado na análise da direita conservadora na Grã-Bretanha e tomando como disparador as análises de Peter Hall em torno das mudanças de paradigma de políticas como batalha entre ideias, Pautz propõe analisar os *think tanks* como um dos agentes externos do Estado propriamente dito, capazes de fornecer recursos auxiliares nas mudanças de "terceira ordem" (mudanças de modelos), servindo com "discursos de legitimação" para dar curso a certas políticas. Entendendo

---

[87] Plehwe, 2013, p. 473.

[88] Pautz, 2011.

que as relações sociedade-Estado não podem ser adequadamente compreendidas em termos das "pressões" que cada um exerce sobre o outro, Pautz recorre aos conceitos de Estado ampliado, hegemonia e intelectuais, do marxista italiano Antonio Gramsci, e propõe entender os *think tanks* na sociedade capitalista tardia como "aparelhos privados", integrados na esfera da sociedade civil onde se reproduzem, defendem, confrontam e remodelam os consentimentos em torno da ordem social existente. Esse enfoque considera que as forças materiais, assim como a subjetividade política, são construídas em e através das práticas ideológicas.

Segundo Pautz, desde o advento do "gerencialismo" e sua ênfase na exploração das "ferramentas de gestão financeira para um governo eficiente", os *think tanks* adquiriram um alto perfil como agentes externos ao governo, mas não à governabilidade. Eles fazem isso produzindo discursos legitimadores da ordem hegemônica ou buscando a hegemonia. Assim, a grande variedade de *think tanks* e suas opiniões frequentemente conflitantes sobre os problemas políticos e as diferentes sugestões políticas permitem que se articule uma variedade de interesses sobre os quais podem surgir consensos; produzir "senso comum".

Colocando centralidade nas agências e entendendo que cada classe social cria, juntamente consigo, organicamente, um ou mais estratos de intelectuais que lhe dão homogeneidade e uma consciência de sua própria função política, Pautz analisa os *think tanks* e seus membros como parte da rede de "intelectuais orgânicos" que, nas palavras do autor, "não 'nascem' simplesmente de forma espontânea em cada cérebro individual, mas precisam de lugares onde sejam produzidos e de onde possam se difundir como forças na luta política pelo equilíbrio hegemônico".[89]

---

[89] *Idem*, p. 7 (tradução própria).

Sendo a *expertise* um recurso diferenciador entre especialistas e não especialistas, os *think tanks* e *thinktankers* atuam como "persuasores permanentes" desempenhando um importante papel de mediação nos processos de tradução e inserção de ideias no debate público, na medida em que as mesmas ideias não adquirem significado semelhante em todos os contextos. Por isso mesmo, diz Pautz, também não são meras "correntes de transmissão" da classe, mas intelectuais orgânicos que dão homogeneidade e certa consciência da própria função não apenas no campo econômico, mas também no social e político, em seu horizonte de incorporar seus esquemas de percepção particulares como gerais. Se, parafraseando Gramsci, o empresário capitalista criou consigo o técnico industrial, o especialista em economia política, o organizador de uma nova cultura, de um novo sistema legal, é possível entender os *think tanks* como uma nova forma que o intelectual adota na nova fase do capitalismo, em que o mercado das ideias é tão importante quanto sua gestão?

Como também apontou Reginaldo C. de Moraes, os *think tanks* não se limitam a modular políticas: "o que pretendem, podemos dizer, é definir o quadro em que se formam as percepções da realidade, de modo a induzir as 'escolhas' e 'preferências'".[90] Nessa linha, a definição proposta por Fischer e Plehwe entende os *think tanks* como unidades que combinam módulos de conhecimento especializado com base na capacidade de desenvolver roteiros argumentativos que esboçam explicações fáceis de comunicar, segundo seus fins institucionais, e que substituem os modelos ascendentes de formação de opinião e preferências por meio de sua capacidade para enquadrar esses problemas, apresentando novas formas de intervir na política que diferem da competição tradicional, como a dos partidos políticos, incursionando na organização de redes de *expertise* tanto em nível local quanto internacional.[91]

---

[90] Moraes, 2015, p. 232.

[91] Fischer & Plehwe, 2013, p. 72

Embora não sejam exclusivos nem excludentes, os enfoques neogramscianos em torno dos *think tanks* costumam ser associados a modelos centrados em redes de políticas, definindo-os como atores dentro das comunidades epistêmicas, coalizões discursivas, coalizões de defesa ou comunidades de políticas, que tomam o discurso como aspecto principal, embora não exclusivo, da observação analítica. Em termos gerais, os conceitos de redes de políticas fornecem um enfoque da governança que contribui para a compreensão da mudança e da continuidade das políticas contemporâneas ao supor que as redes afetam os resultados das políticas e limitam as agendas políticas através das lutas entre os atores interessados.

Colocando atenção nos processos políticos das medidas de austeridade na Grã-Bretanha, Pautz mobiliza o conceito de coalizão discursiva proposto por Hajer, com o objetivo de capturar as formas em que as interações dos agentes e das instituições existentes criam um contexto através do qual os interesses e valores são definidos e os agentes e as instituições são modificados. Para Hajer, uma coalizão discursiva é um conjunto formado por grupos de linhas argumentativas, os atores que as pronunciam e as práticas que se ajustam a esses argumentos, tudo organizado em torno de um discurso, "um tipo de narrativa geradora que permite aos atores recorrer a várias categorias discursivas para dar significado a fenômenos específicos ou sociais".[92] Nesse sentido, uma coalizão discursiva se mantém unida pela crença compartilhada de seus membros em uma interpretação de uma ameaça, uma crise ou um evento que constrói a natureza do problema político sob consideração.[93]

Enquanto "persuasores permanentes", diz Pautz,[94] é através de sua integração a coalizões discursivas que os *think tanks* podem se tornar "aparelhos ideológicos" contribuindo com o discurso na disputa política,

---

[92] Hajer, 1995, p 56 (tradução própria).

[93] *Idem.*

[94] Pautz, 2011.

canalizando o acesso a processos de tomada de decisões, facilitando a consulta ou troca de informações, a negociação, a coordenação e a cooperação na formulação e na legitimação de políticas, e criando quadros de percepção com incidência no debate público. É nesse dar homogeneidade e disputar sentidos que a construção de narrativas é entendida como uma luta argumentativa com o objetivo de construir hegemonia discursiva sobre algum assunto. Nesse sentido, sentencia Pautz, o neoliberalismo e os *think tanks* que o defendem ilustram que é a coalizão entre a variedade de "neoliberalismos" que o tornou um projeto bem-sucedido (e resiliente), compartilhado por um bloco histórico de diferentes facções e diferentes grupos sociais. Continuando a proposta de Pautz, é a "corrida das construções discursivas" que interessa a esse enfoque e que forneceu importantes diretrizes à nossa pesquisa.

III. PREAMAR EM NOSSA AMÉRICA

No início do novo milênio, o programa de reformas neoliberais implementado pela maioria dos governos latino-americanos (ditatoriais e democráticos) durante as décadas de 1980 e 1990 encontrou sérios obstáculos para continuar marcando o ritmo das agendas governamentais e dos projetos de livre comércio no bloco regional. Os discursos que reivindicavam a superioridade dos mecanismos de mercado e dos processos de desenvolvimento capitalista impulsionados pela competição sobre os impulsionados pelo Estado, e que defendiam a limitação do governo, a proteção dos direitos individuais, especialmente os direitos de propriedade, a privatização das empresas estatais e a liberalização dos mercados foram questionados em diferentes arenas nacionais e internacionais. O aumento de processos contestatórios em países como Argentina, Bolívia e Equador e suas repercussões no resto do subcontinente deixaram evidente a gravidade da crise

CARTA NÁUTICA

política, econômica e social em que a região estava imersa, atualizando em alguns casos as tradições anti-imperialistas e reintroduzindo o horizonte socialista em alguns países latino-americanos.

Nesse mesmo contexto, uma série de vitórias eleitorais, como a de Hugo Chávez na Venezuela (1998), Luiz Inácio "Lula" da Silva no Brasil (2002), Néstor Kirchner na Argentina (2003), Tabaré Vázquez (2004) e Pepe Mujica (2010) no Uruguai, Evo Morales na Bolívia (2006) e Rafael Correa no Equador (2007), deu indícios da abertura de um novo ciclo político progressista, pelas mãos de governos democráticos que (embora com diferenças) não se apresentavam completamente dóceis aos receituários do Norte, canalizando programas com perspectivas de conciliação de classes, desenvolvimento nacional e integração regional, enfrentando pressões nacionais e internacionais interessadas na manutenção e no aprofundamento do desenho de livre-mercado e abrindo-se para um processo de transformações políticas, sociais e econômicas que foi entendido por alguns analistas mais otimistas como a abertura de um cenário pós-neoliberal.[95]

Após 30 anos de aparente monólogo livre-cambista, ao longo da primeira década do século XXI o cenário político latino-americano

---

[95] Em consonância com os argumentos apresentados por Mabel Thwaites Rey e Hernán Ouviña, preferimos nos referir a esse processo como parte de um ciclo de impugnação ao neoliberalismo visto que, nas palavras dos autores, "embora os povos tenham conseguido que os estados internalizassem parte de suas demandas, a ativação política não foi suficiente para comover profundamente as estruturas econômicas e sociais dominantes. Instalar governos com agendas progressistas não resultou em mudanças radicais, nem mesmo na conjuntura favorável da existência de vários processos políticos simultâneos que tentaram acordos regionais. A profunda hegemonia das classes dominantes como condutoras do processo de produção e reprodução social, enraizada em sentidos comuns tão difusos quanto resistentes, mostrou sua persistência ao embate popular contra as consequências das políticas neoliberais. Por isso falamos de 'momento de disputa', de impugnação, de conflito, e não de superação da supremacia capitalista em sua fase neoliberal em escala global". *In*: Thwaites Rey & Ouviña, 2019, p. 55 (tradução própria).

se diversificou, abrindo novas acomodações da ordem social, política e econômica, e criando-se, como aponta Claudio Katz,[96] certa correspondência entre tipos de governo e blocos regionais. Seguindo essa leitura, no início do novo milênio foi possível caracterizar a coexistência de três blocos de governo associados a projetos tanto de caráter nacional quanto regional: o bloco liberal de direita, comprometido com o projeto de Tratados de Livre Comércio (TLC), que tentou se atualizar parcialmente na Aliança do Pacífico com Chile, Peru, Colômbia e México; o bloco de centro-esquerda, associado ao projeto neodesenvolvimentista e abraçado ao pouco dinamizado Mercado Comum do Sul (Mercosul), com Brasil e Argentina como os maiores referentes; e o bloco socialista, vinculado desde 2004 pela Aliança Bolivariana para os Povos de Nossa América (Alba), com Venezuela, Cuba, Bolívia e Equador como marechais desse novo projeto.

E embora a presença estrangeira, principalmente americana e espanhola (fortemente beneficiada pelas privatizações promovidas na década anterior), não tenha diminuído no aspecto econômico e menos ainda no aspecto diplomático e militar, ela se viu desafiada diante da nova conjuntura.[97] A vigência da especialização primário-exportadora que há séculos caracteriza a economia do subcontinente não impediu que, com vacilações desde o bloco de centro-esquerda e abertamente desde o "bloco socialista", fossem evidenciados os questionamentos à ingerência internacional sobre o território, dando lugar a novas negociações de cooperação e construção regional, criando-se, por exemplo, a União das Nações Sul-Americanas (Unasul) e a Comunidade dos Estados Latino-Americanos e Caribenhos (Celac), sendo esta

---

[96] Katz, 2016b.

[97] Segundo Katz, até o ano de 2012 os Estados Unidos permaneciam no topo do *ranking* de investidores externos da região, alcançando resultados cinco vezes superiores aos do quindênio anterior e se colocando como os principais receptores das exportações regionais. Sobre esse assunto, consulte Katz, 2016a; Bruckmann, 2011; Borón, 2020.

CARTA NÁUTICA

última a primeira organização supranacional latino-americana que reunia todos os países soberanos da América Latina e do Caribe, sem a participação dos Estados Unidos e países europeus.

E mesmo que o quadro político regional fosse bastante mais complexo e heterogêneo do que o exposto, a disputa política na esfera da opinião pública latino-americana e internacional pareceu tomar a forma ainda mais simplificada de uma *grieta* ("rachadura", em português),[98] que buscou representar a sociedade dividida em dois: os anti e os prós. Petistas/antipetistas no Brasil, chavistas/antichavistas na Venezuela, kirchneristas/antikirchneristas na Argentina são alguns exemplos nacionais da reemergência do jogo de oposição democracia/ liberdade de mercado *versus* estatismo/comunismo/autoritarismo, que parecia relegado ao esquecimento após o fim da Guerra Fria e os tropeçados processos de democratização que atravessou a maioria dos países do subcontinente.

As representações do ex-presidente boliviano Evo Morales como um tirano ou ditador, da ex-presidente brasileira Dilma Rousseff como a ex-guerrilheira que buscava vingança após a derrota imposta pela ditadura, do presidente venezuelano Hugo Chávez e, após sua morte, de Nicolás Maduro como substitutos de Fidel Castro e continuadores do plano de expandir o comunismo e ameaçar a democracia liberal na região ou as manifestações de um dos candidatos às eleições presidenciais de 2018 no Brasil alertando sobre a existência de um suposto "plano Ursal" derivado das ideias do Foro de São Paulo[99] são

---

[98] Termo utilizado e difundido pelo jornalista argentino Eduardo Lanata, abertamente antikirchnerista.

[99] A sigla refere-se à União das Repúblicas Socialistas da América Latina. Essa ideia buscou denunciar um suposto plano conspiratório apropriado e ressignificado em 2006 por Olavo de Carvalho, referência da direita conservadora contemporânea do Brasil (falecido em janeiro de 2022). Sobre esse suposto plano, consulte: Olavo de Carvalho. "Os inventores do mundo futuro", 1º de maio de 2006. Disponível em <http://olavodecarvalho.org/os-inventores-do-mundo-futuro/>. Acesso em 16/5/2021.

UM ATLÂNTICO LIBERAL

alguns dos imaginários que ao longo da primeira década do século XXI impregnaram redes sociais digitais e meios de comunicação de grande circulação nacional e internacional, associados à ideia da ameaça aos valores ocidentais que, segundo repetiu insistentemente o escritor peruano Mario Vargas Llosa, se expandia como uma "epidemia viral". Como nos anos 1960 e 1970, os esquemas polarizados e alarmistas voltaram a tingir grande parte do discurso político, ao mesmo tempo em que a região retomou o caminho da instabilidade governamental.

Passados dez anos do famoso *"Alca, Alca, al carajo!"* pronunciado pelo então presidente venezuelano Hugo Chávez durante o ato político que precedeu a Cúpula das Américas em Mar del Plata (Argentina), em novembro de 2005, simbolizando a rejeição regional ao projeto da Área de Livre Comércio das Américas (Alca) impulsionado desde 1994 pelos Estados Unidos, a região começou a assistir à recuperação dos setores liberal-conservadores e a seu retorno à condução dos poderes executivos nacionais, seja pela via eleitoral ou por golpes de Estado. Os golpes de Estado no Haiti em 2004, em Honduras em 2009, no Paraguai em 2012, no Brasil em 2016 e na Bolívia em 2019[100] e a eleição de Sebastián Piñera no Chile em 2014, de Mauricio Macri na Argentina em 2015, de Iván Duque na Colômbia e de Jair Bolsonaro no Brasil em 2018 são alguns episódios da política institucional que sinalizaram essa nova mudança de rumo, ou envergamento neoliberal. Nesse novo cenário, os demorados projetos de integração latino-americana com pretensões de superar os marcos de negociação e cooperação impostos sob a lógica de integração subordinada ao livre-mercado internacional pareceram ficar novamente obstruídos.

---

[100] Embora sejam processos políticos com ritmos históricos e particularidades próprias do cenário nacional, caracterizamos todos esses processos de destituição como "golpes", sejam eles entendidos por diversos autores como "golpes brandos", "golpes suaves" ou "golpes institucionais" devido ao protagonismo parcial ou secundário assumido pelas Forças Armadas em comparação com os golpes de Estado que caracterizaram o período 1930-1980. Sobre esse assunto, consulte Gentili; Santa María & Trotta, 2016.

Assim como o chamado Consenso de Washington desencadeou amplos debates em torno dos impactos no mundo do trabalho, nas reformas do próprio Estado, nos níveis de pobreza e exclusão na América Latina, os então recentes acontecimentos e a pergunta *como o neoliberalismo conseguiu se reposicionar na agenda regional* após o manifesto fracasso dos anos 90 redirecionaram os olhares para os atores e as estratégias desse processo. Identificado como uma contraofensiva ou avanço de uma "nova direita", caracterizado como o fim de um ciclo ou crise de hegemonia, o assunto tem motivado recentes reflexões e contribuições dentro e fora do campo acadêmico, que buscam dar respostas e oferecer elementos parciais que ajudem a compreender o fenômeno como um todo.

Se por um lado esse processo requer analisar criticamente a ambivalência dos diferentes governos progressistas em suas relações com os interesses do capital nacional e internacional e a continuidade da dominação ecológica neoliberal que manteve os países da região em sua condição de dependência, por outro, como argumenta Cristóbal Rovira Kaltwasser, a crescente politização da desigualdade por parte de vários atores de esquerda que integraram os governos progressistas colocou em xeque as ideias e o projeto de modernização conservadora vitorioso durante as décadas de 1980 e 1990. Conscientes do "déficit de consenso", diz Rovira Kaltwasser, as direitas latino-americanas conseguiram desenvolver uma série de estratégias dentro e fora do próprio sistema político para se adaptar e disputar a condução do Estado.[101]

Voltando nosso interesse para a segunda questão, cabe perguntar: quais agentes foram empreendedores dessa contraofensiva neoliberal em tempos de impugnação? Que relação se pode encontrar entre a reativação do esquema amigo-inimigo e dos imaginários da Guerra Fria, o "déficit de consenso" neoliberal e a ofensiva das direitas na

---

[101] Rovira Kaltwasser, 2014, p. 42.

América Latina? Como e onde esses discursos e práticas conseguiram atualizar, fazer resistir e fortalecer o discurso neoliberal? Quais novidades existem no processo atual? Obviamente, essas perguntas não têm uma única resposta, o que nos impôs a necessidade de realizar um recorte factível de análise.

Segundo argumenta o professor Hernán Ramírez ao analisar o âmbito latino-americano durante os anos 1980 e 1990, o neoliberalismo desbancou o modelo de industrialização baseado em um frágil acordo social e o substituiu por outro tipo de aliança entre atores empresariais, tecnocráticos e políticos (sejam civis ou militares) que o incorporaram como principal horizonte seguindo o desenho do thatcherismo britânico e do reaganismo americano. E embora não se possa descartar o uso da violência militar, policial e parapolicial, isso também não significa que se tratou de uma mera imposição. A chegada e o enraizamento dessa agenda liberal ofensiva na América Latina foram muito mais complexos, às vezes difusos, e ela dependeu de processos locais e da capacidade de certos atores nacionais e internacionais para ser institucionalizada.[102] Como já havia mostrado Stuart Hall em suas primeiras análises, contemporâneas ao surgimento do thatcherismo,[103] os estudos de Ramírez apontam para a importante atuação de uma série de especialistas nucleados em *think tanks*, defensores do "novo" programa e da filosofia pró-mercado, que de dentro e de fora da estrutura estatal conseguiram incorporar o desenho neoliberal como horizonte na região.

Os estudos com foco na América Latina indicam que a história dos *think tanks* na região segue de forma subordinada o ritmo marcado pelos países do Norte. Embora esse aspecto seja mais bem abordado na segunda seção, vale ressaltar que, tendo feito sua primeira aparição no

---

[102] Ramírez, 2013.

[103] Hall, 1979.

CARTA NÁUTICA

cenário político regional entre os anos 1950 e 1960,[104] a consolidação dos *think tanks* como forma política data do início dos anos 1980, associada ao processo de transição democrática, tecnificação do Estado e consolidação do modelo neoliberal. Da mesma forma que acontece nos países do Norte, se as primeiras gerações apresentavam um perfil mais condizente com centros de pesquisa, vinculados ou não ao aparato estatal, orientados à produção de políticas públicas, os *think tanks* da etapa seguinte adotaram um caráter "militante" e de defesa de interesses privados. E embora apresentem diversos formatos e mobilizem ideias de campos ideológicos e tradições distintos, os dados evidenciam que os defensores da sociedade de livre-mercado têm sido eficientes no desenvolvimento e na consolidação desse tipo de aparelho de ideias, tanto nos países do Norte quanto nos do Sul.

Segundo o trabalho realizado pelo reconhecido programa The Global Go To Think Tank, dirigido por James G. McGann, da Universidade da Pensilvânia, em 2015 foi registrado o funcionamento de 6.846 *think tanks* em todo o mundo, distribuídos da seguinte forma: 28% na América do Norte; 26% na Europa; 18% na Ásia; 11% na América Latina e Caribe; 9% no centro-sul da África; 6% no Oriente Médio e norte da África; 1% na Oceania. Com 774 *think tanks*, a América Central e a América do Sul assumiam o quarto lugar entre as regiões com maior concentração de *think tanks*, estando a Argentina em primeiro lugar (138), seguida pelo Brasil (89), Bolívia (58) e Chile (44).[105] No entanto, enquanto os estudos mostravam um estancamento global na criação de novos *think tanks*, durante o primeiro quindênio do século XXI os dados regionais parecem indicar que a América Latina assistiu a uma nova expansão tão ou mais significativa que a

---

[104] A Fundação Getulio Vargas (FGV) e posteriormente o Centro Brasileiro de Análise e Planejamento (Cebrap), no Brasil, e a Corporación de Estudios para Latinoamérica (Cieplan), no Chile, são exemplos recorrentemente citados para essa primeira etapa na região.

[105] McGann, 2015.

ocorrida na década de 80. Se, como dizíamos anteriormente, o *boom* dos anos 80 foi associado às transições democráticas e às reformas estruturais de Estado, a que se deve o crescimento registrado na região ao abrir-se o novo milênio?

Segundo apontam Karin Fischer e Dieter Plehwe,[106] a forma política *think tank* adquire particular relevância em tempos de crise, pois essas organizações se encarregam de criar as diretrizes sobre futuras estratégias. Assim, enquanto o modelo crise/batalha de ideias marca uma possível forma de compreender o *boom* atual de *think tanks*, os dados sobre a diversidade de instituições de pensamento que compõem o mapa regional apontam um elemento significativo para caracterizar o fenômeno atual e o tipo de crise ao qual responde: de um total aproximado de 700 organizações em funcionamento em 2015, 81 estavam vinculadas à Atlas Network, uma das maiores redes transnacionais com sede nos Estados Unidos que promovem e defendem os valores e princípios do liberalismo no mundo.[107] Cifra alcançada, vale ressaltar, após conseguir duplicar o número de instituições afiliadas entre 2005 e 2015.

Então, existe alguma relação entre o novo *boom* desse tipo de organizações, a impugnação ao neoliberalismo e sua resiliência? Para Fischer e Plehwe, associado à crise do final dos anos 90, o crescimento desse tipo de instituições em nível regional responde a "uma estratégia deliberada de caráter transnacional que tem garantido fortes vínculos com os setores liberal-conservadores locais que estão levando adiante uma contraofensiva no plano continental, ou guerra de posição".[108]

---

[106] Fischer & Plehwe, 2013.

[107] Durante os primeiros anos de vida, o nome da fundação era Atlas Economic Research Foundation. Em meados da década de 1990 foi rebatizada como Atlas Network. Daqui em diante nos referiremos a ela como Atlas Network, ou simplesmente Atlas.

[108] Fischer & Plehwe, 2013, p. 7.

CARTA NÁUTICA

Os estudos de Fischer e Plehwe mostram que, junto ao crescimento de institutos defensores do liberalismo que se registra em diversos países latino-americanos no começo do século XXI, também foram surgindo novas e se fortalecendo antigas instituições de caráter mais amplo que têm garantido a articulação e a circulação de recursos materiais e simbólicos entre os diferentes *think tanks* da região e do mundo.[109] O caso mais conhecido e estudado é a já mencionada Atlas Network, criada em 1981 nos Estados Unidos, porém não é a única. Como também aponta o trabalho de Anthony Andurand e Stéphane Boisard realizado a partir das relações expressas nas redes sociais digitais,[110] ao correr da primeira década do novo milênio era possível capturar outros quatro grandes *hubs* que nucleavam a maioria dos *think tanks* liberais da região: o Hispanic American Center For Economic Research (Hacer), fundado em 1996 a partir da iniciativa da Atlas, com sede em Washington; a Rede Liberal de América Latina (Relial), fundada em 2005 por iniciativa da Friedrich Naumann Foundation, da Alemanha; a rede Latinoamérica Libre, que reúne os seguidores e as instituições de apoio da Unión de Partidos Latinomericanos (Upla); e a própria Fundación Internacional para la Libertad. Somadas, em 2015 essas redes estabeleciam relações entre 108 *think tanks* defensores do liberalismo na América Latina.

Como apontam Plehwe e Walpen, acreditamos que, embora os discursos pró-mercado possam ter sido desafiados pelos novos atores sociais que, ao iniciar o novo milênio, se opuseram ao neoliberalismo ou o questionaram, os aspectos centrais de seu domínio ecológico continuaram vigentes. Insistindo nas advertências do professor Reginaldo C. Moraes, é possível atribuir essa força contínua do paradigma neoliberal em particular (embora não exclusivamente) a redes bem desenvolvidas e enraizadas de formação e difusão do

---

[109] Fischer & Plehwe, 2019.

[110] Andurand & Boisard, 2017.

liberalismo, intelectuais e *think tanks*.[111] Nesse sentido, dizem Plehwe e Walpen, essas organizações "constituem uma característica destacada na análise de agentes e estruturas do neoliberalismo globalizado, assim como a globalização do neoliberalismo".[112] Resta entender *como* essas redes participaram da recente contraofensiva das direitas na região.

---

[111] Moraes, 2001.

[112] Plehwe & Walpen, 2006, p. 43 (tradução própria).

PARTE 2

ATRAVESSAR O ATLÂNTICO
E CAÇAR DRÁCULA

Em 15 de outubro de 2002, o jornal madrilense *El País* intitulava em sua edição impressa "Vargas Llosa apresenta uma fundação para estreitar vínculos entre Espanha e as Américas". Segundo a descrição realizada na nota, durante um evento ocorrido no dia anterior (14/10/2002), convocado sob o nome "Iberoamérica: crise e perspectivas. O papel das ideias nas transformações políticas e econômicas", na Casa de América (Madrid), o escritor peruano anunciava o lançamento da Fundación Internacional para la Libertad (FIL) "com o objetivo de estreitar as relações políticas, culturais e econômicas entre Espanha, América Latina e Estados Unidos sob o signo da liberdade". Nesse mesmo dia, o jornal *La Razón*, também madrileno, publicou uma nota que anunciava o nascimento da FIL no âmbito de um evento que reunia um coro heterogêneo para discutir os rumos do liberalismo em "um momento importante onde as ideias não estão claras", contextualizava o veículo de imprensa ao citar Juan Iranzo, do Instituto de Estudios Económicos da Espanha. Reflexões sobre o suposto medo dos cidadãos da liberdade, críticas às formas como foram aplicadas as reformas neoliberais durante os anos 90, análises da falta de confiança cidadã nas instituições e do descrédito no funcionamento das burocracias estatais e alertas sobre uma possível onda de novas ditaduras na América Latina associadas aos chamados neopopulismos (conceito guarda-chuva que englobava os governos de centro-esquerda e esquerda então emergentes na região)

UM ATLÂNTICO LIBERAL

foram os conteúdos de uma jornada que se encerrou com o lançamento da FIL como "um instrumento poderoso para ganhar a batalha do liberalismo no mundo", dizia o jornal.

O evento começou às 10 horas com a apresentação do economista Alejandro Chafuén (como já mencionamos, presidente da Atlas Network), de Pablo Izquierdo Juárez (deputado do Partido Popular/ PP da Espanha entre 1994 e 2004, ex-chefe de imprensa durante o mandato de José María Aznar e presidente da Fundación Ibero- -América Europa), e da única mulher que participou das mesas do evento, María Asunción Ansorena (diplomata espanhola e diretora- -geral da Casa de América). Segundo o anúncio, a jornada continuou com três mesas de debate (duas pela manhã e uma pela tarde) dirigidas a discutir sobre: 1) "O papel das universidades na geração de ideias para as políticas públicas", com professores como Jesús Huerta de Soto, da Universidad Juan Carlos I da Espanha, e Giancarlo Ibarguren, da Universidad Francisco Marroquín, da Guatemala; 2) "Os Institutos de Políticas Públicas e sua influência nas reformas econômicas, políticas e sociais", com a presença do economista argentino Ricardo López Murphy, do engenheiro chileno Hernán Buchi, considerado o pai das privatizações pela sua atuação durante a ditadura pinochetista, do escritor e jornalista cubano Carlos Montaner, do economista espanhol José Luis Feito, do economista brasileiro Paulo Rabello de Castro, do empresário mexicano Roberto Salinas León e do espanhol Lorenzo Bernaldo de Quirós; e 3) "Iberoamérica entre a modernidade e o neopopulismo", com a participação do economista chileno Cristián Larroulet, do economista americano John C. Goodman, de Fred Smith, do já citado Juan Iranzo, e com a moderação de René Scull, da Atlas.[1]

Segundo a programação, às 19h30 teve lugar o lançamento da Fundación Internacional para la Libertad, com uma conferência intitulada "Iberoamérica: Novos desafios à liberdade", a cargo de Mario

---

[1] FIL, 2002.

80

ATRAVESSAR O ATLÂNTICO E CAÇAR DRÁCULA

Vargas Llosa. "Por que nossas tentativas de modernização fracassam uma e outra vez?",[2] perguntava-se o escritor peruano ao abrir o espaço com palavras carregadas de anedotas pessoais, observações e opiniões construídas em sua trajetória cosmopolita, como é usual em suas intervenções. A ideia de um fracasso associado à implementação das reformas estruturais na região durante as décadas de 1980 e 1990, à crise das instituições e da representação e à impugnação das ideias liberais davam estrutura argumentativa ao discurso, que sinteticamente buscava justificar a colocação em marcha da nova articulação atlântica em defesa do liberalismo.

"Acredito que a ideia do desenvolvimento, do progresso da civilização tem que ser simultaneamente econômica, política e cultural, e aqui emprego uma palavra que vai levantar as orelhas de muitos: ética ou moral", afirmou Vargas Llosa ao apontar um aspecto para ele negligenciado por seus pares. Para o escritor peruano, o desprestígio que os liberais atravessavam na América Latina e as ameaças às quais estava sujeita a região era o resultado de uma série de crises produto das reformas liberais que, salvo a experiência chilena iniciada em ditadura, falharam, foram implementadas pela metade ou sofreram desvios imorais de personagens oportunistas. "Uma reforma mal feita é muitas vezes pior do que uma falta total de reformas, e nesse sentido, o caso do Peru é exemplar", disse ao insistir na ferida ainda aberta causada após a derrota eleitoral de 1990 que deu a presidência do Peru a Alberto Fujimori. "Essas reformas no fundo não eram liberais, eram uma caricatura das reformas liberais", afirmou ao tentar marcar diferenças inclusive com aqueles liberais que questionavam o conteúdo das reformas. O problema estava nos gestores, apontava

---

[2] A conferência foi reproduzida por escrito no *site* da FIL sob o título "¿Por qué fracasa América Latina?". Disponível em <https://web.archive.org/web/20030401200625/http://www.fundacionfil.org:2500/articulos/americalatina.htm>. Acesso em 13/12/2019.

Vargas Llosa. "É preciso decência na política", disse parafraseando o cubano anticastrista Carlos Montaner, presente na sala.

Precisamos na América Latina não apenas de bons economistas que digam quais são as reformas que precisam ser feitas. Precisamos de pessoas decentes como o senhor Cristiani, empresários, profissionais, que decidam entrar na política para honrar essa atividade fundamentalmente suja, imoral, corrompida, como infelizmente tem sido entre nós a política.[3]

A partir dessa perspectiva, a ideia era a de que fracasso e descrédito institucional poderiam encontrar uma saída na figura do empresário, supostamente alheio aos desvios da "política"; por outro lado, era urgente avançar em ações culturais que defendessem a política da "demagogia" e "contra o terrível equívoco de escolher mal em uma eleição",[4] dizia Vargas Llosa dias antes do sindicalista brasileiro Luiz Inácio "Lula" da Silva sair vitorioso na disputa presidencial.

Nesse campo infelizmente não se faz quase nada, e talvez eu deva dizer com um sentido de autocrítica que não fazemos quase nada, inclusive nós. Esses institutos liberais tão úteis, tão idealistas, e, no entanto, a cultura é a menor de suas prioridades. Esse é um erro, um gravíssimo erro. A cultura é fundamental, porque a cultura ajuda a criar esses consensos que permitiram, por exemplo, os casos muitas vezes exemplares da Espanha e do Chile.[5]

Espanha era o exemplo de uma transição democrática "feliz", e o Chile em tempos de Pinochet era "um acidente benfeitor", dizia Vargas Llosa. E embora não tenha deixado de advertir que "para um liberal em nenhum caso uma ditadura é justificável", para o peruano "a sorte

---

[3] Vargas Llosa, 2002 (tradução própria); Alfredo Cristiani, ex-presidente de El Salvador entre 1989-1994.

[4] *Idem* (tradução própria).

[5] *Idem* (tradução própria).

ATRAVESSAR O ATLÂNTICO E CAÇAR DRÁCULA

para o Chile" era que a ditadura militar "permitiu que uns economistas liberais fizessem umas reformas bem concebidas e que funcionassem".[6] Sob essa lógica, para o romancista as instituições fracassam porque "há uma falta total de confiança da imensa maioria dos latino-americanos", e o surgimento de figuras carismáticas como Lula no Brasil ou Hugo Chávez na Venezuela era o resultado ameaçador desse descrédito e desse desgosto generalizados. Agregava:

> Como podem os peruanos acreditar em nós quando lhes dizemos que a privatização é indispensável para que um país se desenvolva se a privatização para os peruanos significou que os ministros do senhor Fujimori enriqueceram extraordinariamente, que as empresas dos ministros e associados do senhor Fujimori foram as únicas empresas que tiveram extraordinários benefícios nesses anos da ditadura? Por isso, quando os demagogos dizem "a catástrofe do Peru, a catástrofe da América Latina são os neoliberais", essas pessoas arrasadas, enganadas, creem neles e como precisam de um bode expiatório, alguém para responsabilizar pelo mal que lhes ocorre, então odeiam a nós, os neoliberais.[7]

Deixando em aberto uma discussão que continuou em ensaios e discursos posteriores, Vargas Llosa distanciava-se do prefixo "neo" e lamentava que o liberalismo tivesse passado a ser "sinônimo do explorador, do ganancioso, do indiferente ou do cínico frente à especulação da miséria, da discriminação".[8] Em tempos em que, como ele mesmo dizia, "curiosamente o liberalismo é vítima de muitos mal-entendidos" e em que "o progresso e a civilização estão ameaçados",[9] o escritor peruano convocava a coordenar ações e trocar informações. Com essas palavras, nascia a Fundación Internacional para la Libertad.

---

[6] *Idem* (tradução própria).

[7] *Idem* (tradução própria).

[8] *Idem* (tradução própria).

[9] *Idem* (tradução própria).

UM ATLÂNTICO LIBERAL

Fazendo eco às discussões do evento na Casa de América num artigo publicado em 17 de outubro na página da *web* do Cato Institute, o espanhol Lorenzo Bernaldo de Quirós advertia: "A onda neopopulista que começa a crescer no continente ibero-americano constitui uma séria ameaça para a consolidação da democracia e o alcance da prosperidade".[10] E, seguindo esse argumento, o cubano Carlos Montaner se somava à série de artigos em torno do lançamento da FIL, afirmando: "Drácula saiu da tumba e temos que ir caçá-lo".[11]

Nesta segunda parte, nosso objetivo é apresentar o Abraham Van Helsing desta história. Para isso, resulta fundamental partir da reconstrução do espaço histórico em que os *think tanks* liberais se inscrevem, se renovam e participam das disputas políticas latino--americanas. Estabelecendo diálogos com a literatura que aborda o assunto de perspectivas internacional, regional e nacional, buscamos esboçar os contextos de criação e consolidação desse tipo de organização política associado à defesa dos valores e princípios da sociedade de livre-mercado e capturar a relação intrínseca entre a batalha das ideias, intelectual, os *think tanks* e a difusão do neoliberalismo na América Latina. Também apresentamos uma sistematização dos dados referentes à composição da FIL, com foco nos atores tanto individuais quanto coletivos e nas atividades desenvolvidas entre 2002 e 2016.

Ratificando a forte presença espanhola e estadunidense na rede, procuramos esboçar alguns elementos que podem ajudar a explicar o porquê desse novo repertório atlântico desenvolvido pelos defensores dos valores e princípios do livre-mercado na e para a América Latina, no início do século XXI.

---

[10] Bernaldo de Quirós, 2002 (tradução própria).

[11] Montaner, 2002 (tradução própria).

ATRAVESSAR O ATLÂNTICO E CAÇAR DRÁCULA

IV. "A INTERNACIONAL NEOLIBERAL" E AS ROTAS LATINO-AMERICANAS

Em 1974, após ser reconhecido com o Prêmio Nobel de Economia, Friedrich Hayek voltou a se tornar uma figura intelectual com destaque dentro e fora do meio acadêmico. Contam os biógrafos que após o sucesso retumbante de seu livro *The road to serfdom*, publicado pela primeira vez 1944,[12] e as numerosas turnês expondo suas ideias, em 1969, o economista austríaco se mudou da Universidade de Freiburg, na Alemanha Ocidental, para a Universidade de Salzburgo, na Áustria, onde passaria anos com pouca participação na vida pública. Foi depois de receber o Nobel que o membro fundador da Mont Pèlerin Society voltou a se tornar um ator relevante na articulação dos defensores do ideário liberal renovado no contexto pós-guerra. Além de participar de conferências, receber convites de várias universidades, conceder entrevistas para revistas e rádios, Hayek participava ativamente do debate, escrevendo regularmente cartas para *The Times* em Londres e *Frankfurter Allgemeine Zeitung* na Alemanha, e foi durante esses anos que concluiu sua trilogia *Law, legislation and liberty*,[13] na qual procurou realizar uma síntese de sua teoria a partir da filosofia política.

Nessa segunda etapa de sua carreira, que acabaria por consagrá-lo como uma das referências do neoliberalismo no mundo, Hayek fez visitas a vários países da América do Sul. Duas delas tiveram o Chile como destino: a primeira em novembro de 1977 e a segunda em abril de 1981, ambas no contexto do regime militar liderado pelo general Augusto Pinochet. De acordo com a reconstrução feita por Bruce

---

[12] Hayek, 1944.

[13] Hayek, 1982. Vale mencionar que *Law, legislation and liberty* foi publicado num único volume em 1982, mas foi escrito em três volumes, entre 1973 e 1979: vol. 1, *Rules and order first*; vol. 2, *The mirage of social justice first*; vol. 3, *The political order of a free people*.

85

Caldwell e Leonidas Montes a partir do estudo da correspondência do arquivo pessoal,[14] Hayek recebeu o primeiro convite para visitar o Chile em maio de 1977. Foi enviado para Freiburg e em seguida encaminhado para The Hoover Institution, na University of Stanford, onde Hayek estava fazendo uma estadia de verão, e o economista Milton Friedman, que acabara de se aposentar como professor de Chicago, atuava como *senior fellow*. Era de conhecimento público que a visita de Friedman ao Chile em 1975 havia sido objeto de críticas, com manifestações na universidade e em alguns ousados meios de comunicação que já apontavam o violento plano de reformas estruturais do Estado e as graves violações dos direitos humanos cometidas pelo regime de Pinochet.[15] E embora Hayek não desconhecesse esses fatos, ele aceitou o convite.

A visita do economista austríaco foi realizada em terreno já preparado. Desde 1955, anos após Santiago do Chile se tornar sede da Comissão Econômica para a América Latina e o Caribe (Cepal), a Faculdade de Economia da Pontifícia Universidade Católica de Chile assinou um acordo com a United States Agency for International Development (Usaid) para estabelecer um vínculo acadêmico com sua homóloga de Chicago. Em razão desse acordo havia se formado um grupo de pensamento econômico no Chile conhecido posteriormente como os *Chicago boys,* cujos membros logo se instalaram em

---

[14] Caldwell & Montes, 2015 (tradução própria).

[15] Vale lembrar aqui o chileno Orlando Letelier, que, do exílio, se tornou uma das vozes mais ativas na denúncia do regime militar chileno. Em agosto de 1976, foi brutalmente assassinado em Washington, junto com sua colega norte-americana Ronni Moffitt, após escrever uma coluna em *The Nation* na qual acusava Friedman de ser "o arquiteto intelectual e conselheiro não oficial do grupo de economistas que gerenciavam a economia chilena" e de aconselhar Pinochet a impor o "programa de recuperação econômica". O assassinato fez com que o texto de Letelier conseguisse ampla repercussão e difusão. No entanto, em 14 de outubro de 1976, apenas três semanas depois, foi anunciado que Friedman receberia o Prêmio Nobel de Economia.

ATRAVESSAR O ATLÂNTICO E CAÇAR DRÁCULA

importantes espaços de elaboração e difusão intelectual do país, como na direção da Faculdade de Economia da Universidad Católica, em participações no jornal *El Mercurio* e na revista *Qué Pasa* e em altos cargos de diferentes repartições governamentais durante a ditadura.[16] Mesmo avançado o regime militar, os esforços para difundir as ideias pró-mercado não perderam importância.

Caldwell e Montes contam que o convite formal dirigido a Hayek para dar uma aula magna e receber um título honorífico chegou por meio de uma carta oficial feita pelo reitor da Universidad Técnica Federico Santa María, Juan Naylor, que especificou que a Escuela de Negócios de Valparaíso e a Fundación Adolfo Ibáñez cuidariam de todos os detalhes da visita.[17] Esse convite foi reenviado dez dias depois junto com uma carta de Pedro Ibáñez Ojeda, senador da República desde 1961 e primeiro membro chileno da Mont Pèlerin Society, desde 1969, que também atuava como presidente da Fundación Adolfo Ibáñez, da qual dependia a Escuela de Negócios de Valparaíso que posteriormente se transformaria na Universidad Adolfo Ibáñez (UAI). Em sua carta, Pedro Ibáñez lembrou a Hayek que seu amigo comum, o guatemalteco Manuel F. Ayau, membro da Mont Pèlerin Society desde 1965 e fundador da Universidad Francisco Marroquín, já havia mencionado o convite e esperava pela aceitação.

Para afinar os detalhes do que seria a primeira visita ao Chile, Hayek recebeu uma carta de Carlos Cáceres, então decano da Escuela de Negócios de Valparaíso e posteriormente presidente do Banco

---

[16] Entre esse grupo de economistas, encontram-se De Castro, Baraona e Bardón, encarregados de elaborar *El Ladrillo* [*O Tijolo*, em português], como ficou conhecido o documento que deu origem ao programa intitulado Bases da Política Econômica, do governo militar chileno. Logo após o início do golpe, De Castro assumiu como assessor do Ministério da Economia, e outros *Chicago boys* ocuparam cargos-chave na estrutura ministerial do regime militar comandado por Augusto Pinochet. *El Ladrillo* foi publicado em 1992 sob a forma de livro, com prólogo de Sergio de Castro, pelo Centro de Estudios Públicos do Chile.

[17] Caldwell & Montes, 2015.

Central, ministro da fazenda e ministro do interior de Pinochet. Tanto Cáceres quanto Ibáñez Ojeda, que acompanharam grande parte da visita, eram membros do Conselho de Estado, órgão criado por Pinochet em 1976 que revisou e corrigiu o rascunho da constituição que lhe fora enviado pela Comisión Ortúzar. Embora o itinerário combinado tenha sofrido algumas modificações, ao chegar ao Chile Hayek foi direto para Viña del Mar, onde recebeu o título de Doutor Honoris Causa da Universidad Técnica Federico Santa María e deu uma conferência e uma coletiva de imprensa. No dia seguinte, reuniu-se com membros da Escuela de Negócios de Valparaíso, e no terceiro dia teve como evento principal a reunião com Augusto Pinochet, que foi precedida por uma nova coletiva de imprensa, reuniões com membros de diversas escolas de economia e empresários, uma visita ao campo de Pedro Ibáñez localizado no Vale do Aconcágua, até finalmente embarcar para seu próximo destino, Buenos Aires, onde o aguardava Alberto Benegas Lynch (pai), fundador do *think tank* liberal Centro de Estudios sobre la Libertad (Cesl) em 1957, promotor da visita e conferência de Ludwig von Mises na Universidad de Buenos Aires em 1959, que daria conteúdo ao livro póstumo *Economic policy: Thoughts for today and tomorrow*, publicado 20 anos mais tarde; Benegas Lynch também foi criador, com seu filho, da Escuela Superior de Economia y Administración de Empresas (Eseade) em 1978. Como no Chile, Benegas Lynch também garantiu na agenda de Hayek um encontro com membros da Junta Militar do regime ditatorial vigente no país.[18]

Segundo uma entrevista realizada por Caldwell e Montes, Cáceres lembra pouco da reunião entre Pinochet e o economista austríaco, exceto que foi um encontro breve, de cerca de 20 minutos, e que o que quer que tenha sido discutido não foi relevante devido aos problemas de idioma, já que não havia tradutores para facilitar o diálogo. No entanto, suas declarações antes e depois do encontro com o ditador

---

[18] Sobre a trajetória de Alberto Benegas Lynch, consulte Vicente, 2015.

chileno não foram ignoradas pela imprensa da época. As declarações de Hayek, embora moderadas no início e mais enérgicas depois, manifestavam a convicção de que no Chile estavam sendo realizadas as reformas de mercado que ele valorizava como "o caminho certo", que a situação era melhor do que esperava e que as críticas reproduzidas na imprensa internacional não estavam dando conta dessa realidade.[19]

A segunda viagem de Hayek ao Chile foi em abril de 1981, meses antes de Viña del Mar sediar a Conferência Regional da Mont Pèlerin Society. Embora o Chile ainda estivesse sob ditadura, a situação não era completamente a mesma: à leve contenção da inflação, somava-se a sanção da nova Constituição de 1980, que, embora ratificasse Pinochet por mais oito anos, vislumbrava uma possível abertura democrática com chamado para eleições em 1988. Em uma carta enviada a Hayek em 26 de março de 1980, Jorge Cauas, que já tinha sido vice-presidente do Banco Central entre 1967 e 1970, ministro da economia de Pinochet entre 1975 e 1977, embaixador nos Estados Unidos entre 1977 e 1978 e então atuava como presidente do Banco de Santiago, dizia:

> A economia continuou a melhorar cada vez mais baseada no livre-mercado. No entanto, estamos cientes da importância de complementar este panorama econômico com uma análise dos aspectos que formam, em suas palavras, a base de uma ordem política em uma sociedade livre.[20]

Para isso, com base em suas contribuições, um grupo de empresários estava formando um centro dedicado ao estudo da filosofia política, economia política e assuntos públicos, então parecia natural buscar apoio e conselhos do "líder intelectual" desta iniciativa, continuava dizendo Cauas na correspondência.[21] Se a primeira viagem de Hayek

---

[19] Caldwell & Montes, 2015, p. 98.

[20] Cauas *apud* Caldwell & Montes, 2015, p. 115 (tradução própria).

[21] Caldwell & Montes, 2015, p. 115.

pode ser lida como uma ação orientada a legitimar as reformas econômicas que estavam sendo realizadas pelo regime militar chileno, nesta segunda ocasião o convite também buscava o aval do então nascente Centro de Estudios Públicos (CEP).

Como a anterior, a viagem tinha perspectiva sul-americana e foi organizada pelo economista Hernán Cortés Douglas (diretor do CEP), por Jorge Cauas e Carlos Cáceres, do Chile, pelo empresário brasileiro Henry Maksoud (membro da Mont Pèlerin Society e dono da revista *Visão*, voltada para a divulgação do ideário liberal) e pelo já mencionado economista Alberto Benegas Lynch, da Argentina. Embora com uma agenda menos intensa do que na primeira viagem, Hayek participou de reuniões com os membros do CEP, visitou a Pontifícia Universidad Católica de Chile, manteve reuniões com políticos, entre eles Jaime Guzmán (um dos principais responsáveis pela redação da Constituição de 1980), deu entrevistas em meios de comunicação, participou da reunião preparatória em Viña del Mar para a Conferência Regional da Mont Pèlerin Society e ministrou aulas para um grupo de estudantes da Escuela de Negócios de Valparaíso.[22] O *tour* continuou em Buenos Aires e de lá partiu para São Paulo.[23]

---

[22] A conferência finalmente foi realizada entre 15 e 19 de novembro de 1981, em Viña del Mar. E contou com a presença de Rose e Milton Friedman, Arnold Harberger, James Buchanan e Gordon Tullock, entre outros. As principais apresentações da conferência regional da Mont Pèlerin Society em Viña del Mar, juntamente com um ensaio de Hayek intitulado "Os princípios de uma ordem social liberal", foram publicadas na revista do CEP, *Estudios Públicos*, no segundo trimestre de 1982. Consulte Caldwell & Montes, 2015.

[23] Foi ao retornar que a primeira-ministra Margaret Thatcher lhe devolveu uma famosa carta com comentários sobre sua visita ao Chile, onde, entre elogios ao processo chileno, manifestava: "Fui consciente do notável sucesso da economia chilena na redução substancial da participação dos gastos governamentais durante a década de 1970. A progressão do socialismo de Allende para a economia capitalista de livre iniciativa da década de 1980 é um exemplo surpreendente de reforma econômica da qual podemos aprender muitas lições. No entanto, tenho certeza de que concordará que, na Grã-Bretanha, com nossas instituições

O aceite de Hayek em se tornar o presidente honorário do Centro de Estudios Públicos foi o pontapé inicial que ainda mantém o CEP ativo como *think tank* participando dos processos políticos no Chile. No entanto, como tentamos mostrar a partir do relato das viagens, isso dependeu da ativação de uma rede de pessoas e instituições que excedeu o âmbito especificamente chileno, antecedeu o regime ditatorial e ainda se mantém viva e mais bem estruturada. Vinte anos depois, tanto o CEP quanto a Universidad Francisco Marroquín e a Eseade (para citar algumas das instituições mencionadas no anedotário das viagens de Hayek) fizeram parte do processo inaugural da Fundación Internacional para la Libertad.

Por outro lado, como apontamos na introdução, isso não deve nos levar a pensar que até então as ideias difundidas pelo economista austríaco eram amplamente consensuais entre os setores dominantes da região. Como advertem Caldwell e Montes, a criação do CEP e a publicação de sua revista *Estudios Políticos* também marcaram uma inflexão na difusão das ideias do economista austríaco, que até então se reduzia a pequenos círculos de intelectuais e empresários do já montado laboratório neoliberal chileno.

Como aponta o professor Hernán Ramírez, entender como o neoliberalismo conquistou uma posição consensual entre os setores dominantes e governantes na América Latina requer levar em conta o auxílio de alguns importantes meios e ações que o propagaram e a particular vinculação de interesses econômicos e políticos concretos, materializados na constituição de sólidas entidades que os abrigaram ou no redirecionamento em favor de outras, sejam elas de âmbitos

---

democráticas e a necessidade de um alto grau de consentimento, algumas das medidas adotadas no Chile são bastante inaceitáveis. Nossa reforma deve estar em linha com nossas tradições e nossa Constituição. Às vezes o processo pode parecer dolorosamente lento. Mas tenho certeza de que alcançaremos nossas reformas à nossa maneira e em nosso tempo. Então elas durarão. Meus melhores desejos". *In*: Thatcher, 1982 (tradução própria).

estatal ou privado, nacional ou internacional. Diferente de experiências que usaram estruturas mais tradicionais, como as corporações empresariais/patronais, diz Ramírez, os defensores do neoliberalismo também criaram instituições mais maleáveis, como fundações, fóruns, universidades privadas e *think tanks* que se entrelaçaram em uma intrincada e sofisticada rede que operou dentro e fora das fronteiras nacionais.[24]

É sobre a história dessas redes que nos dedicaremos neste capítulo.

Segundo aponta Walpen, o termo neoliberalismo começou a ser usado em meados da década de 1920 para englobar uma série de doutrinas de competição e empreendedorismo individual, em rejeição ao avanço das ideias socialistas e à revolução bolchevique. Foi principalmente na Viena entreguerras que certas ideias de "renovação" do liberalismo e estruturas organizativas que anteciparam a Mont Pèlerin Society começaram a ser formuladas e a circular, da mão do então secretário da Câmara de Comércio de Viena, Ludwig von Mises, que promoveu os primeiros *privat seminars* que incorporaram Friedrich Hayek e Fritz Machlup já na fase inaugural.[25] No entanto, acrescenta Plehwe, o neoliberalismo foi, de fato, produto da Grande Depressão e da crise econômica e política iniciada no período entreguerras.[26]

A discussão mais ampla ocorreu em Paris no final da década de 1930, quando um grupo de intelectuais liberais (principalmente acadêmicos: economistas, filósofos e sociólogos) preocupados com a "politização da economia" e diante do que entendiam como a necessidade de "organizar o individualismo" se reuniu para discutir o livro do jornalista Walter Lippmann, *The good society*, publicado em 1937. Um total de 26 intelectuais (entre eles Raymond Aron, Louis

---

[24] Ramírez, 2013, p. 322.

[25] Walpen, 2004.

[26] Plehwe, 2009.

Baudin, Friedrich Hayek, Ludwig von Mises, Michael Polanyi, Wilhelm Röpke e Alexander Rüstow) participaram deste primeiro esforço, conhecido como o Colóquio de Lippmann,[27] criando um quadro para a renovação do liberalismo. Quinze deles participariam na criação da Mont Pèlerin Society, nove anos depois, em 1947.[28]

A mensagem central de Lippmann era uma declaração de princípios sobre a superioridade da economia de mercado sobre a intervenção do Estado, que antecipava as ideias promovidas por Hayek em *The road of serfdom*, no qual a oposição binária da economia "de mercado" contra a economia "planejada" foi introduzida para alertar sobre uma sociedade sob controle total; assim como também antecipou a estratégia de longo prazo de Hayek: o trabalho firme, paciente e cientificamente rigoroso de revisão da teoria liberal como uma estratégia promissora para vencer o chamado totalitarismo. No contexto das discussões promovidas no Colóquio, o termo neoliberalismo triunfou contra sugestões como *néo-capitalisme, libéralisme positif, libéralisme social* ou *libéralisme de gauche* para definir a renovação de ideias baseadas em: prioridade do mecanismo de preços, livre iniciativa, sistema de competição e Estado forte em termos de garantia das leis e imparcialidade.[29] Os participantes lançaram uma agenda de ação do programa primordial de ideias neoliberais: a criação da revista *Cahiers du Libéralisme* e de um grupo de especialistas (ou proto-*think tank*), o Centre International d'Études pour la Rénovation du Libéralisme, com sede em Paris.[30] No entanto, o estouro da Segunda Guerra Mundial interrompeu essa iniciativa de organizar a renovação do liberalismo.

---

[27] Sobre o Colóquio de Lippmann, consulte: Foucault, 2010; Denord, 2009; Dardot & Laval, 2016.

[28] Walpen, 2004.

[29] *Idem*, p. 60.

[30] Sobre o Centre International d'Études pour la Rénovation du Libéralisme, consulte François Denord, 2009.

Em 1947, esses esforços voltaram a ganhar força sob a liderança de Albert Hunold e Friedrich Hayek, após reunir em Mont Pèlerin (Suíça) um grupo de intelectuais que deu origem à sociedade que leva esse nome. Segundo os estudos de Plehwe e Walpen,[31] o documento-chave para entender a iniciativa pós-guerra havia sido escrito pelo próprio Hayek em seu artigo "The intellectuals and socialism", publicado em 1949. Em primeiro lugar, ele refina a análise geral da ameaça à liberdade e à democracia resultante da "revolta das massas" de Ortega y Gasset, e da ameaça de controle da elite e do capitalismo como um todo resultante da "politização da economia". E em segundo, ao enfatizar especificamente o papel dos intelectuais como *second-hand dealers in ideas*, Hayek enxerga um fenômeno relativamente novo, produto da educação das classes não proprietárias.

> Em todos os países que se moveram em direção ao Socialismo, a fase do desenvolvimento em que o Socialismo se torna uma influência determinante na política foi precedida por um período durante o qual os ideais socialistas governaram o pensamento dos intelectuais mais ativos. [...] A experiência sugere que, uma vez que essa fase tenha sido alcançada, é apenas uma questão de tempo até que o ponto de vista então em poder dos intelectuais se torne a força diretora da política. [...] O caráter do processo pelo qual as opiniões dos intelectuais influenciam as políticas do amanhã é, portanto, muito mais do que um interesse acadêmico. Seja simplesmente desejando prever ou tentando influenciar o curso dos acontecimentos, é um fator de muito maior importância do que geralmente se entende. O que para um observador contemporâneo aparece como uma luta de interesses contraditórios na verdade muitas vezes já foi decidido muito antes, em um choque de ideias limitado a círculos restritos.[32]

---

[31] Plehwe & Walpen, 2006.

[32] Hayek, 1949, pp. 417-418 (tradução própria).

No entanto, apontam Plehwe e Walpen, afastado de uma leitura idealista, para Hayek a força motriz da história não estava nas grandes ideias nem nos grandes intelectuais, mas nas instituições, redes e organizações. Reforçando a importância da organização a partir de princípios práticos, ele argumenta que o papel tradicional dos cientistas e especialistas foi substituído pela influência onipresente de outro tipo de intelectuais, traficantes ou intermediadores de ideias, como jornalistas, professores, ministros religiosos, publicitários, comentaristas de rádio, escritores, cantores, artistas etc.

> Isso significa que a liberdade é valorizada apenas quando perdida, que o mundo deve em todos os lugares passar por uma fase de escuridão do totalitarismo socialista antes que as forças da liberdade possam ganhar força novamente? Talvez seja assim, mas espero que não precise ser. No entanto, enquanto as pessoas que durante longos períodos determinam a opinião pública continuam sendo atraídas pelos ideais do socialismo, a tendência continuará. Se quisermos evitar esse desenvolvimento, devemos ser capazes de oferecer um novo programa liberal que apele à imaginação. Devemos fazer com que a construção de uma sociedade livre seja novamente uma aventura intelectual, um ato de coragem. O que nos falta é uma utopia liberal, um programa que não pareça nem uma mera defesa das coisas como são nem uma espécie diluída de socialismo, mas um verdadeiro radicalismo liberal que não perdoe as suscetibilidades dos poderosos (incluindo os sindicatos), que não seja muito severamente prático e que não se limite ao que parece hoje politicamente possível. Precisamos de líderes intelectuais dispostos a trabalhar por um ideal, por menores que sejam as perspectivas de sua rápida realização. Eles devem ser homens dispostos a aderir aos princípios e a lutar por sua plena realização, por mais remota que seja. Os compromissos práticos, eles devem deixar para os políticos.[33]

---

[33] *Idem*, p. 432.

UM ATLÂNTICO LIBERAL

Foi sob esta motivação que foi criada a Mont Pèlerin Society, sem estabelecer um programa acadêmico ou mesmo político concreto, mas um conjunto de princípios básicos registrado como "declaração de objetivos". Os seis princípios básicos eram: 1) a análise e a explicação da natureza da crise atual para fazer compreender suas origens morais e econômicas essenciais; 2) a redefinição das funções do Estado para distinguir mais claramente entre a ordem totalitária e a ordem liberal; 3) métodos para restabelecer o Estado de Direito e assegurar o seu desenvolvimento de tal forma que os indivíduos e grupos não estejam em posição de usurpar a liberdade dos outros, e os direitos privados não possam tornar-se base para um poder predatório; 4) a possibilidade de estabelecer normas mínimas por meios que não sejam contrários à iniciativa e ao funcionamento do mercado; 5) métodos de combater o uso indevido da História para promover ações hostis à liberdade; 6) criação de uma ordem internacional que favoreça a salvaguarda da paz e da liberdade e permita o estabelecimento de relações econômicas internacionais harmoniosas.[34]

Ao iniciar a década de 1960, a Mont Pèlerin Society já contava com membros em todos os continentes, embora sempre mantendo o predomínio inicial de homens europeus e estadunidenses. Como será tratado na continuação, Argentina e México foram os primeiros países latino-americanos com membros, enquanto a participação guatemalteca remonta a 1966, e em 1970 se somariam as filiações venezuelanas, brasileiras, chilenas e costarriquense.

Desde o início, a sociedade organizou conferências anuais, fossem elas de caráter regional ou internacional/global. Os dados apresentados por Plehwe e Walpen sobre os principais campos de ocupação dos membros da Mont Pèlerin Society permitem distinguir o campo acadêmico, o dos *think tanks*, o dos negócios, o do governo ou da política, o dos meios de comunicação e o das organizações

---

[34] Hartwell *apud* Plehwe & Walpen, 2006, p. 59-60.

internacionais, como o Banco Mundial e o Fundo Monetário Internacional. Embora houvesse algumas iniciativas para transformá--la em um ator propriamente político de caráter público, elas foram bloqueadas por uma aliança liderada por Hayek. Assim, o princípio de participar apenas no debate intelectual foi preservado até o presente. A única publicidade para a Sociedade em si foi e é lançada pelos membros que trabalham nos principais jornais, como *Frankfurter Allgemeine Zeitung, Le Monde, Neue Zürcher Zeitung* e *Financial Times*. Contudo, como apontam Plehwe e Walpen, esse suposto abstencionismo político não deve ser mal entendido.

> Desde o início estava claro para Hayek e seus colegas que a tarefa de traduzir a experiência neoliberal em conhecimentos utilizáveis (como propostas de políticas) deveria estar bem organizada. [...] Não foi uma estratégia de "infiltração" nas instituições existentes que rendeu este grupo considerável de "negociantes de ideias de segunda mão" neoliberais e filtradores de conhecimento, mas sim um esforço consciente para construir capacidades "independentes". Muitos membros da Mont Pèlerin Society encontraram, na prática, apoio financeiro de pessoas para organizar um exército ainda crescente de *think tanks* em defesa do neoliberalismo.[35]

Nesse sentido, Reginaldo C. de Moraes referiu-se a elas como a "Internacional dos neoliberais". Segundo Plehwe e Walpen, Hayek chegou a duas conclusões que guiaram os empreendimentos posteriores de organização, trabalho em rede e institucionalização neoliberal: 1) a falta de intelectuais, cientistas e especialistas capazes de igualar e combater o avanço das ideias estatistas e socialistas; e 2) a primazia de um posicionamento crítico ao liberalismo em instituições de difusão do conhecimento, como universidades, institutos, fundações,

---

[35] Plehwe & Walpen, 2006, pp. 59-60 (tradução própria).

UM ATLÂNTICO LIBERAL

revistas e meios de comunicação, e a necessidade de combatê-la a partir do estabelecimento de centros de conhecimento capazes de filtrar, processar e disseminar eficazmente o pensamento liberal em reformulação.

Nesse sentido, se a primeira tarefa foi assumida pela Mont Pèlerin Society, a segunda dependeria de um trabalho contínuo de criação e apoio a grupos de pesquisa, meios de divulgação e, embora prematura como forma política, *think tanks* de defesa (*advocacy tanks*). Sem dúvida, o trabalho desenvolvido por Antony Fisher representa o produto mais bem elaborado desse esforço.

Como já foi mencionado, o primeiro proto-*think tank* neoliberal, organizado no final da década de 1930, após o Colóquio de Lippmann, não conseguiu sobreviver à Segunda Guerra Mundial. Esse esforço foi renovado nos anos 1950, quando Antony Fisher, um homem de negócios do setor avícola contrário às políticas implementadas pelo governo trabalhista de Clement Richard Attlee (1945-1951), se colocou a necessidade de participar na vida política da Inglaterra. Contam os biógrafos que o acesso à versão *The Reader's Digest* que continha uma edição resumida do já citado *The road to serfdom* de Hayek foi a porta de entrada para discussões que enquadrariam suas concepções políticas na defesa da liberdade de mercado.[36]

Segundo essa mesma versão, iniciada a década de 1950, Fisher decidiu estabelecer contato com o professor austríaco, que estava dando aulas na London School of Economics, e o consultou sobre o que poderia fazer para trabalhar em prol dos valores e princípios defendidos. A ideia de criar um partido liberal para enfrentar o trabalhismo se apresentava como uma possibilidade que Hayek se encarregou de descartar. Coerente com sua visão negativa da democracia, o professor austríaco via os partidos submetidos aos ditames da opinião pública, e seus conselhos abriram caminho para uma proposta diferente: criar

---

[36] Frost, 2002.

ATRAVESSAR O ATLÂNTICO E CAÇAR DRÁCULA

institutos de pensamento para defender ideias.[37] Atento às indicações de Hayek, em 1955 Fisher criou em Londres o primeiro instituto de ideias defensor do liberalismo e pró-mercado, o Institute of Economic Affairs (IEA), inscrevendo-o no que a literatura específica denomina a segunda geração de *think tanks* no mundo, embora marcando os primeiros passos de um tipo de *think tank* ativista que adquiriria maior relevância a partir dos anos 70 e ao longo dos anos 80 (a chamada terceira geração).

Embora em países europeus como Alemanha, Holanda e posteriormente Espanha, muitas fundações ou institutos vinculados a partidos políticos tenham realizado atividades de pesquisa, educativas e *lobby* de ideias e políticas, foi principalmente nos Estados Unidos que o protomodelo de *advocacy tank* criado por Fisher teve maior sucesso, sendo o caso mais emblemático a Heritage Foundation, criada em 1973. Como aponta Tatiana Teixeira Silva, o contexto do surgimento da categoria de *think tanks* que tem na Heritage seu principal paradigma foi na década de 1970, como uma reação conservadora à corrente liberal principal e após a percepção de que a "guerra das ideias" estava sendo perdida. Além de dar uma guinada no jogo não só na política, mas na sociedade americana como um todo, esse novo grupo revolucionou o que até então se considerava um *think tank*,

---

[37] Fazendo eco a seu mestre, em 1956 Fisher enviou uma carta a quem foi o cofundador do IEA, Oliver Smedley. Nela explicava: "O dinheiro gasto em política tem um efeito muito pequeno nas ações da pessoa média. A maioria das pessoas está muito ocupada com seus próprios assuntos para se envolver com o dia a dia da política. É necessário, é claro, ter uma máquina política, mas, se quisermos aumentar o número de pessoas preparadas para votar inteligentemente, precisamos começar colocando as ideias diante delas em uma idade precoce. No meu próprio caso, parece que o melhor método é investir dinheiro no instituto [...]. Portanto, o Institute of Economic Affairs foi formado para propagar a ideia de uma economia forte e saudável tanto nas universidades quanto nos demais estabelecimentos educacionais onde seja possível fazê-lo. É claro que há várias oportunidades para nós. Tudo depende da quantidade de dinheiro disponível". *In*: Fisher *apud* Frost, 2002, p. 61 (tradução própria).

UM ATLÂNTICO LIBERAL

consolidando seu espaço de atuação e aumentando sua visibilidade na década seguinte, com a vitória presidencial do republicano Ronald Reagan nos Estados Unidos.[38]

Embora desde o final dos anos 1940 existissem organizações desse tipo, como a Foundation of Economic Education, esses novos *think tanks* ativistas, entre os quais também cabe destacar Cato Institute, Manhattan Institute for Policy Research e Pacific Institute for Public Policy (estas duas últimas fundadas pelo próprio Antony Fisher após se mudar para os Estados Unidos), começaram a atuar politicamente com o objetivo primordial de influenciar mais amplamente o "clima político" e facilitar a proposição ou aprovação de certas políticas públicas com a formulação e a disseminação de análises conjunturais, materiais, de *marketing* e outras estratégias de comunicação, dirigidas a grupos políticos específicos, aos principais meios de comunicação e à opinião pública.

Se, como Fisher afirmou numa carta enviada ao economista Ralph Harris em 1956,[39] a diferença do IEA em relação a outras formas de organização é que "não estamos em dívida com a política";[40] após duas décadas essa afirmação não caberia no sentido inverso. Ao começar o ano de 1980, Antony Fisher estava em condições de se sentir um empreendedor bem-sucedido e era objeto de numerosos elogios provenientes do campo liberal-conservador que, após a vitória de Thatcher na Inglaterra, conseguia se projetar no mundo como o novo bloco dominante. Em correspondência datada de 1º de janeiro daquele ano, o economista austríaco Friedrich Hayek lhe manifestava:

---

[38] Silva, 2007.

[39] Harris tornou-se diretor-geral do IEA em 1957 e permaneceu nesse cargo até 1988, quando renunciou para se tornar seu presidente, após a morte de Fisher. Harris foi secretário da Mont Pèlerin Society desde 1967 e presidente entre 1982 e 1984. Em 1979, poucos meses antes de Thatcher assumir como primeira--ministra, foi-lhe concedido o título de Barão Harris de High Cross, de Tottenham.

[40] Fisher *apud* Frost, 2002, p. 60.

ATRAVESSAR O ATLÂNTICO E CAÇAR DRÁCULA

Chegou o momento, e quase poderia se dizer o dever, de estender uma rede de institutos como o Institute of Economic Affairs [...]. O futuro da civilização realmente depende da forma como fazemos nossas ideias chegarem à maior parte das próximas gerações de intelectuais ao redor do mundo. E estou mais convencido do que nunca de que o método implementado no IEA é o único que promete resultados reais.[41]

E em fevereiro de 1980, a recém-eleita primeira-ministra da Grã-Bretanha Margaret Thatcher lhe enviaria outra correspondência dizendo:

Gostaria de expressar minha admiração por tudo o que o IEA tem feito ao longo desses anos para uma melhor compreensão dos requisitos necessários para alcançar uma sociedade livre. [...] As publicações do instituto não só nos permitiram iniciar o desenvolvimento e a criação de políticas econômicas, mas também ajudaram a criar um clima intelectual dentro das universidades e dos meios de comunicação. [...] Aplaudo sua ideia de difundir o sucesso do IEA e construir o exemplo na Europa, América e outros territórios.[42]

Naquele novo contexto, não faltaram estímulos simbólicos nem materiais para que o empresário inglês embarcasse no novo desafio, e, em 1981, ano da vitória de Reagan,[43] fundou na Virgínia a já mencionada Atlas Economic Research Foundation (posteriormente batizada como Atlas Network), a maior rede internacional de fomento e articulação de *think tanks* defensores do liberalismo até o presente, juntando-se à tendência da terceira geração de *think tanks*, os quais deram o salto

---

[41] Hayek, 1980 (tradução própria).

[42] Thatcher, 1980 (tradução própria).

[43] Como mencionado anteriormente, o governo Reagan (1981-1989), alinhado com as concepções ultraliberais, contribuiu significativamente para o fortalecimento da direita estadunidense, não apenas por sua política econômica, mas também pela retomada da corrida armamentista e do discurso anticomunista.

101

quantitativo e qualitativo que os incorporou definitivamente como atores políticos na sociedade contemporânea.

Segundo sua página na *web*, a Atlas se propõe a "alcançar uma sociedade de indivíduos livres e responsáveis, baseada nos direitos de propriedade privada, governo limitado, sob o respeito às leis e à ordem do mercado", e para isso a sua missão é "aumentar a prosperidade mundial fortalecendo uma rede de organizações associadas independentes que promovam a liberdade individual e estejam comprometidas com a identificação e a eliminação dos obstáculos ao florescimento humano".[44] Entre as modalidades de trabalho, destacam-se: incentivar esses intelectuais e institutos a se dedicarem a temas de políticas públicas que reforcem a visão dessa fundação; apoiar a disseminação de seus trabalhos para líderes atuais e potenciais da opinião pública; estimular e fornecer apoio aos líderes e ao pessoal desses institutos para desenvolver habilidades gerenciais, de liderança e captação de recursos; alertar esses institutos sobre oportunidades de captação de recursos; e informá-los sobre o trabalho de seus pares, através de redes, publicações e eventos. Como apontou o historiador britânico Richard Cockett (1995), o trabalho era encher o mundo de *think tanks* que defendessem o livre-mercado.

Já em 1994, três anos após o economista argentino Alejandro Chafuén assumir a presidência, a Atlas celebrava a chegada à marca de 100 institutos assistidos. Atualmente, após 40 anos de atividade, está vinculada a 95 países em todo o mundo através de 445 organizações parceiras (99 latino-americanas), que em sua maioria foram inicialmente receptoras de assessorias e apoio financeiro derivado da rede estadunidense. Ao revisar o boletim oficial *Highlights*, publicado desde o final dos anos 80, é possível perceber o importante esforço da Atlas em comunicar o surgimento e o treinamento de *think tanks* em todo o mundo, evidenciando não apenas o dinamismo dos institutos ameri-

---

[44] Disponível em <www.atlasusa.org/V2/main>. Acesso em 15/1/2020.

ATRAVESSAR O ATLÂNTICO E CAÇAR DRÁCULA

canos, mas também a forte atenção dada aos países da América Latina, bem como do Leste Europeu, Rússia, Hong Kong, Índia e Gana, para mencionar os mais visíveis. Segundo o livro *Antony Fisher: Champion of liberty*, entre as 42 instituições que fora dos Estados Unidos receberam apoio durante os primeiros 20 anos de atividade, 5 são canadenses, 11 da Europa Ocidental, 7 da Europa Oriental, 5 da Ásia, 4 da África subsaariana, uma de Israel, uma da Austrália, uma da Islândia, uma das Bahamas e 16 da América Latina, número este que se triplicaria no decorrer da primeira década do século XXI.

De acordo com Adolfo Garcé, o surgimento e o desenvolvimento de *think tanks* na América Latina podem ser divididos em três grandes momentos. O primeiro abrange o período entre a Segunda Guerra Mundial e a década de 1960. Durante essas décadas, foram criados centros de pesquisa em políticas públicas nas faculdades de ciências sociais e ciências econômicas de universidades públicas e privadas, e foram instaladas agências de planejamento de políticas fora e dentro do Estado. O caso da Fundação Getulio Vargas, no Brasil, é talvez a experiência latino-americana mais bem-sucedida. O segundo momento corresponde às ditaduras das décadas de 1960 e 1970, quando as políticas repressivas e de perseguição ideológica obrigaram muitos acadêmicos a abandonar as cátedras universitárias. Nesse contexto, se o exílio foi uma dinâmica adotada pela maioria, outros optaram por permanecer em seus próprios países e fundar centros privados de pesquisa. Para Garcé, a atividade desses centros permitiu manter o crescimento no campo das ciências sociais iniciado durante os anos 1950, diagnosticar problemas sociais e esboçar alternativas às políticas vigentes e à instabilidade política, como foi a criação do Cebrap no Brasil ou do Cieplan no Chile. E o terceiro momento corresponde aos anos 80 e 90, associado a dois fenômenos interconectados: por um lado, surgem fundações e institutos de ideias ligados ao mundo empresarial, para apoiar e promover a modernização conservadora do Estado e as políticas de liberalização; por outro lado, desenvolvem-se as ONGs como resposta ao desmantelamento das funções do Estado de bem-estar.[45]

No entanto, não deve ser entendido que a mobilização do ideário neoliberal no subcontinente começou com a institucionalização da forma política *think tank* na região. Como mencionado no início desta seção, o processo de difusão do ideário neoliberal no Chile foi anterior ao golpe liderado por Augusto Pinochet e à implementação do laboratório de políticas econômicas planejadas pelos *Chicago boys*. Algo semelhante aconteceria do outro lado da fronteira andina. Como apontam os estudos de Hernán Ramírez e Dieter Plehwe, na Argentina surgiram organizações neoliberais muito antes do Consenso de Washington. Em 1957, dois anos após a derrubada de Juan Domingo Perón, o já mencionado economista Alberto Benegas Lynch (pai), então presidente da Câmara Argentina do Comércio, criou o Cesl, marcando a primeira geração de neoliberais argentinos, que desde o início faziam parte da Mont Pèlerin Society. Inspirado na Foundation for Economic Education e sendo um enclave de oposição aos paradigmas de desenvolvimento pós-guerra, na Argentina, o Cesl organizou conferências e seminários aos quais convidava figuras estrangeiras (como Mises em 1959), publicou livros e revistas que superavam os 3.000 leitores, tinha um programa acadêmico e concedeu mais de 20 bolsas de estudo para formar jovens na teoria econômica (austríaca) nos Estados Unidos.[46]

Ao longo da década de 1960, no contexto da Guerra Fria, a criação de centros de pensamento encarregados de difundir a retórica sobre a superioridade do livre-mercado tanto na Argentina quanto no Brasil foi ganhando espaço em meio a uma forte campanha contra a esquerda, que uniu pragmaticamente conservadores e defensores do capitalismo de livre-mercado em torno do discurso anticomunista,

---

[45] Garcé & Úña, 2006, p. 35.

[46] Plehwe, 2015.

dando sustentação ideológica à sucessão de golpes na região. A criação do Instituto de Economia Social de Mercado, liderado pelo engenheiro Álvaro Alsogaray, da Fundación de Investigaciones Económicas Latinoamericana (Fiel), circunscrita aos grupos internacionalmente competitivos provenientes do mundo financeiro e corporativo, e da Comisión de Estudios Económicos y Sociais (Cees), por parte da Asociación de Industriales de la Província de Córdoba, em 1969, corre em paralelo à história do Instituto de Pesquisas e Estudos Sociais (Ipes) e do Instituto Brasileiro de Ação Democrática (Ibad), fundados em 1959 e 1961, respectivamente, no Brasil, e que desempenharam um papel fundamental na desestabilização do governo de João Goulart e durante os primeiros anos do último regime ditatorial brasileiro (1964--1985), como foi estudado por René A. Dreifuss.

Segundo Camila Rocha,[47] a difusão da ideologia pró-mercado centrada nos trabalhos de Mises, Hayek e Friedman começou no Brasil em 1946, quando *The road to serfdom*, de Hayek, foi traduzido para o português e publicado no país, com o apoio do engenheiro e empresário Adolpho Lindenberg.[48] Ele, junto com seu primo Plinio Corrêa de Oliveira, foi um dos principais fundadores da Sociedade Brasileira de Defesa da Tradição, Família e Propriedade (TFP) em 1960. A intenção ao estabelecer contato com Hayek e ao patrocinar a tradução e a publicação do livro foi conter o avanço da esquerda católica e suas principais agendas, como a reforma agrária. Desde então, entre os anos 1950 e 1960, as ideias formuladas principalmente por economistas como Hayek, Mises e Milton Friedman circularam entre certos empresários e intelectuais, entre os quais se podem destacar o economista Eugênio Gudin, que participou da 9ª reunião promovida pela Mont Pèlerin Society, em New Jersey, em 1958, e o empresário Paulo Ayres Filho, que também teve contatos com a Foundation for Economic

---

[47] Rocha, 2019.

[48] Em 2006, fundou o Instituto Plinio Corrêa de Oliveira.

UM ATLÂNTICO LIBERAL

Education, desde 1959, e pouco tempo depois se tornou membro da Mont Pèlerin Society. Ambos participaram e apoiaram, junto com outros empresários, intelectuais, políticos e militares, os esforços para deter o avanço da esquerda e os processos de desestabilização que desencadeariam o golpe civil-militar de 1964, a partir do "complexo Ipes/Ibad", como René Dreifuss o denominou.[49]

No entanto, embora naquela época a ideologia pró-mercado fosse defendida por algumas pessoas que transitavam nos circuitos das elites brasileiras e que chegaram a participar diretamente no governo do general Humberto Castelo Branco (1964-1967), como Roberto Campos, que dirigiu o Ministério do Planejamento, ou Octávio Gouveia de Bulhões, que se tornou ministro da Fazenda, também é certo que ainda estava circunscrita a reduzidos circuitos das elites empresariais, acadêmicas e militares que tinham um alto grau de proximidade entre si (às vezes até mesmo familiar, aponta Camila Rocha), como uma dinâmica que continuou durante o processo de redemocratização. Mas não foi apenas no Brasil.

Ao longo da década de 1970, juntamente com o surgimento de novos institutos voltados para a difusão do pensamento liberal que forneceram importantes quadros aos regimes militares e aos governos de transição, a criação de universidades privadas e a promoção editorial ampliaram o leque de repertórios para divulgar o ideário pró-mercado. Como diz Plehwe, uma das carreiras mais destacadas entre os membros dos primeiros círculos neoliberais na Argentina é a de Alberto Benegas Lynch Jr., filho do fundador do Cesl. Benegas Lynch Jr. foi fundador da Eseade em 1977 e hoje é considerado o herói intelectual do presidente anarcocapitalista Javier Milei. No entanto, esse empreendimento foi inspirado na universidade guatemalteca Francisco Marroquín, criada em 1971, a partir de uma aliança neoliberal de empresários e acadêmicos liderada por Manuel F. Ayau, que foi um dos primeiros

---

[49] Dreifuss, 1981.

membros latino-americanos da Mont Pèlerin Society e primeiro presidente latino-americano da instituição, entre 1978 e 1980. Até hoje, a Universidad Francisco Marroquín, onde Benegas Lynch Jr. participou como instrutor estrangeiro, e a Eseade ocupam lugar destacado na formação e na divulgação do pensamento neoliberal, dentro e fora das fronteiras nacionais.

Assim como no México com a revista *Plural* (1971-1976), de Octavio Paz, e a revista *Vuelta* (1976-1998),[50] também dirigida por Paz e posteriormente pelo historiador Enrique Krauze, a difusão da ideologia pró-mercado no Brasil para um público mais amplo ganhou maior impulso a partir da atuação do empresário Henry Maksoud e da revista *Visão*. Nela, publicavam-se entrevistas e ensaios inéditos de intelectuais neoliberais e ultraliberais como Hayek, Milton Friedman e Murray Rothbard, num esforço para se contrapor à imprensa da época, que estaria dominada por um consenso socialdemocrata.

Como aponta Rocha, em paralelo à divulgação realizada através da revista, Maksoud também publicou vários livros de autoria pessoal pela Editora Visão, além de ter financiado a primeira tradução para o português do livro *The constitution of liberty*, de Hayek, que, como foi abordado na introdução desta seção, também ministrou palestras em território brasileiro, por convite de empresários nacionais.

Segundo afirma Camila Rocha em diálogo com os estudos desenvolvidos pelo professor Álvaro Bianchi sobre a criação de corporações empresariais, as iniciativas de Maksoud relacionadas à difusão da ideologia pró-mercado naquele momento estavam alinhadas com o espírito de um grupo de empresários insatisfeitos com o governo de Ernesto Geisel (1974-1979) e contrários às políticas de nacionalização. De acordo com Bianchi,[51] a preocupação de alguns empresários com a limitação das atividades do Estado começou no

---

[50] Sobre esse assunto, consulte Saferstein, 2020.

[51] Bianchi, 2007, p. 107.

final dos anos 70 devido à crise econômica que estava atingindo o país e à ausência de canais diretos de comunicação com as altas esferas dos governos, deixando rastros de uma nova atitude empresarial, como associações setoriais, organizações multissetoriais ou centros de pesquisa e difusão de ideias.

No caso brasileiro, nesse contexto, alguns economistas que haviam realizado seus estudos na University of Chicago começaram a retornar ao Brasil, como Paulo Rabello de Castro, comprometendo-se com a difusão das reformas liberais. A partir da iniciativa de Rabello de Castro, foi fundada em 1980 a Câmara de Estudos e Debates Econômicos e Sociais (Cedes), com o objetivo de "unir a comunidade empresarial para demonstrar que o neoliberalismo não é um capitalismo selvagem, um criador de miséria, mas uma alavanca de desenvolvimento social, como mostra o exemplo norte-americano".[52] Dois anos depois, a partir da insistência de José Stelle, o principal tradutor brasileiro das obras de Hayek, e do empresário Donald Stewart Jr., um dos homens mais ricos do Rio de Janeiro na época e proprietário da construtora Ecisa, juntos eles criaram o Instituto Liberal, ao qual também se juntaria o professor Og Leme, que havia sido aluno de Hayek e Friedman e trabalhado junto com Roberto Campos no governo de Castelo Branco. Em 1984, após a fundação do Instituto Liberal, no Rio de Janeiro, os empresários e irmãos William e Winston Ling,[53] que faziam parte do conselho diretor do instituto carioca, decidiram fundar um segundo grupo de especialistas pró-mercado no Rio Grande do Sul, com o objetivo de promover uma educação liberal para uma nova geração de empresários, o Instituto de Estudos Empresariais (IEE). O impulso para

---

[52] Dreifuss, 1989, p. 52.

[53] O pai de William e Winston, Sheun Ming Ling, foi pioneiro no desenvolvimento da soja no Brasil desde o início da década de 1950, mas com o tempo o negócio familiar começou a atuar em outras áreas de atividade, que deram origem à Holding Petropar, renomeada nos últimos anos e rebatizada como Évora. Sobre esse assunto, consulte Rocha, 2019.

criar novos institutos nas diferentes regiões e capitais mais importantes do país continuou ao longo da década em São Paulo, Minas Gerais, Pernambuco, Ceará, Bahia, Brasília e Paraná.

Se até então as experiências chilena e argentina pudessem parecer relativamente excepcionais quando se observa a historicidade desse tipo de organização na região, a expansão brasileira a partir de 1980 encontra paralelos em outros países do subcontinente. Como já foi dito, essa década foi um marco chave ao dar certa homogeneidade ou cobertura mais ampla à atuação desse tipo de aparelho na América Latina.

Como também aponta Camila Rocha, a Atlas desempenhou um papel fundamental na região, ajudando a fundar novas organizações, criadas por elites locais, formadas por grupos de empresários nacionais e estrangeiros, dando certo grau de homogeneidade aos discursos e às práticas dos centros de pensamento liberal latino-americanos, que logo começaram atividades semelhantes às realizadas pela IEA na Inglaterra ou pelos centros de estudo "ativistas" dos Estados Unidos. Entre eles, o Instituto para la Libertad y la Democracia de Hernando de Soto, criado no Peru em 1981, o Centro de Estudios en Economía y Educación (Ceee), fundado no início dos anos 1980 no México, o Centro de Divulgación del Conocimiento Económico para la Libertad (Cedice), surgido em 1984 na Venezuela, o Instituto de Ciencia Política, em 1986, e a Fundación Libertad (Argentina) e o Centro de Investigación y Estudios Legales (Citel Peru), ambos fundados em 1989. Também Libertad y Desarrollo (ILyD, Chile) e o Instituto Ecuatoriano de Economía Política (Ieep, Equador), referenciado em Dora Ampuero, conhecida por ter participado do processo de dolarização do país andino no ano 2000, para mencionar alguns dos institutos liberais que duas décadas depois se juntaram à rede criada em torno da Fundación Internacional para la Libertad.

2.1.1 - Na rota de Atlas

O primeiro *workshop* da Atlas Network com perspectiva latino-americana ocorreu em 1987, em Montego Bay, Jamaica. De acordo com o registro feito pelo próprio Alejandro Chafuén, então encarregado de conduzir o processo de formação na região, foi um "*workshop* para incentivar e apoiar os institutos de pesquisa de políticas públicas nos países da América Latina e do Caribe".[54] Segundo Chafuén, embora a Atlas não tivesse um aliado forte naquele país, a atividade atraiu um grupo por ele considerado "campeões" da sociedade livre, como Arturo Fontaine, do CEP (Chile), Eduardo Marty, que mais tarde se tornou membro da Atlas e fundador da Junior Achievement, na Argentina, Lucy Martínez Mont, da Guatemala, membro da Universidad Francisco Marroquín, Alberto Benegas Lynch Jr., da Eseade (Argentina), o professor Rolando Espinosa, do México, Jesús Eduardo Rodríguez (cofundador do Cedice na Venezuela), Marcos Victorica, da Argentina, Nancy Truitt, que na época era membro do ILD de Hernando de Soto (Peru), Donald Stewart Jr., do Instituto Liberal (Brasil), uma delegação da Colômbia (Tito Livio Caldas e Hernán Echavarría Olózaga, que pouco depois fundaram o Instituto de Ciencia Política (ICP) em Bogotá) e um grupo representando a Fundación Salvadoreña para el Desarrollo Econômico y Social, criada em 1983 (El Salvador). Entre os palestrantes estavam Michael Walker (*Fraser*), Howard Wallack, do Center for International Private Enterprise (Cipe), vinculado à Câmara de Comércio dos Estados Unidos, e Chafuén, que se encarregou de promover o uso da internet a partir dos programas IBM que já eram usados na Casa Branca e em outros órgãos governamentais estadunidenses.[55]

---

[54] Cf. "Atlas workshop in Jamaica", s/d. Disponível em <http://www.chafuen.com/atlas-economic-research-foundation-early-history/atlas-workshop-in-jamaica>. Acesso em 7/7/2020.

[55] De acordo com Chafuén: "Arthur Shenfield, que na época era o professor distinguido de Economia John M. Olin da Escola de Minas do Colorado, fez uma

ATRAVESSAR O ATLÂNTICO E CAÇAR DRÁCULA

Como Chafuén expressou em suas memórias do *workshop* na Jamaica, tendo chegado os anos 2000 a Atlas ainda colhia frutos daquele primeiro encontro, desempenhando um papel importante na criação de institutos latino-americanos que se agregaram à rede no decorrer da primeira metade dos anos 90. E, vale acrescentar, que germinaram o *boom* dos anos 2000.

Das sete instituições representadas no Patronato da FIL no momento de seu lançamento, todas foram fundadas entre 1984 e 1996, intervalo que se amplia se incluirmos as entidades afiliadas. As mais antigas são as já mencionadas Universidad Francisco Marroquín e a Fundación de Investigaciones Económicas Latinoamericanas; a fundação de instituições continua com as experiências desenvolvidas em tempos de ditadura na Argentina e no Chile, como a Eseade, a Fundación Carlos Pellegrini e o CEP em 1980; e o resto das 16 instituições latino-americanas que compuseram o núcleo inicial da FIL foram criadas entre 1984 e 1993, com exceção da Fundación Atlas (Argentina), de 1998.

A partir do acesso ao acervo digital do boletim institucional da Atlas intitulado *Highlights,* em um estudo preliminar orientado pela pergunta sobre a novidade da FIL, propusemo-nos a rastrear as relações pré-existentes entre os *think tanks* que em 2002 participaram da criação da rede internacional presidida por Mario Vargas Llosa.[56]

---

previsão correta: "Tendo a pensar que o trabalho [de criação de um centro de estudos na Jamaica] não pode ser feito até que a América do Norte e do Sul estejam tão avançadas nas linhas corretas que sua influência intelectual se estenda ao Caribe. Durante quase 50 anos, os antilhanos aprenderam, primeiro com os funcionários britânicos e depois com seus sucessores, que o governo tem a chave para todos os problemas". Disponível em <http://www.chafuen.com/atlas-economic-research-foundation-early-history/atlas-workshop-in-jamaica>. Acesso em 7/7/2020.

[56] O boletim *Highlights* (sobre o qual não foram encontrados estudos acadêmicos) surge em meados da década de 1980 com a intenção de informar sobre as atividades realizadas pela Atlas, por instituições apoiadas e por personagens

UM ATLÂNTICO LIBERAL

Embora tenha sido uma amostragem limitada, visto que reflete apenas os vínculos entre organizações mediadas pela Atlas, construímos um universo de *think tanks* a partir das entidades afiliadas de origem latino-americana e buscamos nos boletins notas referentes à América Latina, menções aos institutos e, quando se tratava de atividades conjuntas, aos atores envolvidos. No total, conseguimos consultar 41 revistas correspondentes ao período 1987-2002.[57] Entre *workshops*, conferências, artigos e colunas de opinião, traduções e premiações, contabilizou-se um total de 87 notas que têm como referência a América Latina, distribuídas da seguinte forma: 27 entre 1987 e 1992; 13 entre 1993 e 1995; 26 entre 1996 e 1999; e 21 entre os anos 2000 e 2002.

Nos boletins consultados encontramos menções a todas as instituições afiliadas à FIL em 2002 (exceto à Fundación Carlos Pellegrini, da

---

relevantes na promoção e na defesa do liberalismo. Para o período estudado, pode-se observar uma evolução no uso de técnicas gráficas, e, com isso, o aumento das páginas e conteúdo (no início era 6, chegando a cerca de 12 páginas em 2002). Com média de duas notas por página, nelas se mostra o interesse em registrar a avultada agenda de atividades pelo mundo, sempre acompanhada por fotografias dos eventos. E embora muitas das imagens mostrem membros do *establishment* político, são escassas as menções aos processos político-eleitorais desses países (uma exceção foi uma nota em tom de celebração após a vitória de Miguel Ángel Rodríguez à presidência da Costa Rica em 1998). Além da seção Institutes News, com breves resenhas de atividades (passadas ou futuras), também se destaca a continuidade da seção New Publications e New Translation, que mostra a vocação editorial desse tipo de instituto e sua preocupação em ampliar a constelação epistêmica com a tradução de textos considerados relevantes para a difusão do pensamento pró-mercado. Aqui é importante destacar a publicidade dada no início dos anos 90 ao livro *El otro sendero*, dos peruanos Hernando de Soto, Enrique Ghersi e Mario Ghibellini, amplamente recomendado, beneficiado com prêmios e até traduzido para o inglês; assim como o compromisso do Instituto Liberal do Rio de Janeiro na tradução de obras para o português. Apesar de as revistas não estarem numeradas, a lógica de publicação trimestral evidencia que se trata de um acervo incompleto, visto que para alguns anos encontramos apenas dois exemplares.

[57] O recorte começa em 1987 porque é o primeiro número digitalizado e disponível no acervo (embora o documento indique que se trata da sexta edição) e termina em 2002, ano de lançamento da FIL.

Argentina) e à participação ativa de outras também latino-americanas que inicialmente deixamos fora do nosso universo analítico por não participarem da criação da FIL, como a Fundación República da Argentina, o Centro de Estudios en Economía y Educación e o Instituto Cultural Ludwig von Mises, ambos do México, e a outras entidades brasileiras também batizadas como Instituto Liberal, mas de Curitiba, São Paulo, Belo Horizonte e Brasília. De acordo com os dados levantados, entre os anos 1987 e 2002 o *think tank* latino-americano com maior número de menções é o ILyD do Chile (24), seguido pela Fundación Libertad da Argentina (22), o Instituto Liberal do Rio de Janeiro (20), o Citel do Peru (15) e o Cedice (13).

Contudo, ao examinar o número de menções e relações entre *think tanks* latino-americanos de forma segmentada durante os períodos 1987-1992 (Gráfico 1), 1993-1995 (Gráfico 2), 1996-1999 (Gráfico 3) e 2000-2002 (Gráfico 4), pode-se verificar a continuidade da atenção dada à região, com uma progressiva diversificação dos vínculos entre organizações ativas na rede e países representados. Ao observar o fluxo de relações para o período 1987-1995 (Gráficos 1 e 2) e 1996-2002 (Gráficos 3 e 4), nota-se que a concentração inicial de vínculos com o CEP do Chile e com o Instituto Liberal do Rio de Janeiro se dispersa progressivamente, ganhando maior destaque o Instituto Libertad y Desarrollo do Chile, o Cedice da Venezuela, a Fundación Libertad da Argentina, o Citel do Peru e o Ieep do Equador. Assim como a participação latino-americana adquire maior densidade a partir da ampliação de vínculos por parte do *think tank* boliviano Fulided e da criação e incorporação da Fundación Atlas da Argentina. Nesse sentido, a distribuição geral mostra que, com oscilações, os *think tanks* chilenos e argentinos são os mais representados na rede e concentram o maior número de vínculos com os outros institutos. No entanto, é importante notar que, se o número de institutos argentinos está sobrerrepresentado, a maioria deles tem uma atuação tímida na rede construída, concentrando-se as menções e articulações na Fundación Libertad de Rosário.

Entre as pessoas mais citadas obviamente se destaca o nome de Alejandro Chafuén (dado previsível se considerarmos que a análise foi baseada no boletim da Atlas que ele mesmo presidia), seguido pelo peruano Enrique Ghersi, diretor do Citel (11 menções), Gerardo Bongiovanni, da Fundación Libertad da Argentina (11 menções), o chileno Cristián Larroulet, do ILyD (7 menções), a equatoriana Dora Ampuero, do Ieep, e a venezuelana Rocío Guijarro, do Cedice (5 menções cada).

GRÁFICO 1. MENÇÕES E VÍNCULOS ENTRE *THINK TANKS* LATINO-AMERICANOS AFILIADOS À FIL, NO BOLETIM *HIGHLIGHTS*, DA ATLAS, ENTRE 1987-1992

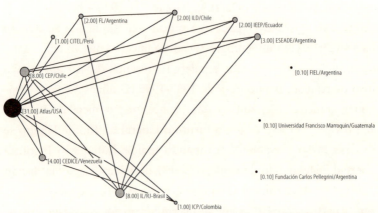

Fonte: Arquivo digital do boletim *Highlights*, da Atlas. O tamanho dos vetores e o valor antes do nome da instituição correspondem ao número total de menções durante o período indicado. As linhas correspondem aos vínculos (não direcionados) entre as organizações representadas na rede. Elaboração própria.

GRÁFICO 2. MENÇÕES E VÍNCULOS ENTRE *THINK TANKS* LATINO-AMERICANOS AFILIADOS À FIL, NO BOLETIM *HIGHLIGHTS*, DA ATLAS, ENTRE 1993-1995

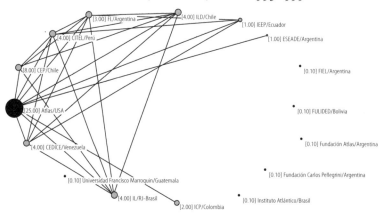

Fonte: Arquivo digital do boletim *Highlights*, da Atlas. O tamanho dos vetores e o valor antes do nome da instituição correspondem ao número total de menções durante o período indicado. As linhas correspondem aos vínculos (não direcionados) entre as organizações representadas na rede. Elaboração própria.

GRÁFICO 3. MENÇÕES E VÍNCULOS ENTRE *THINK TANKS* LATINO-AMERICANOS AFILIADOS À FIL, NO BOLETIM *HIGHLIGHTS*, DA ATLAS, ENTRE 1996-1999

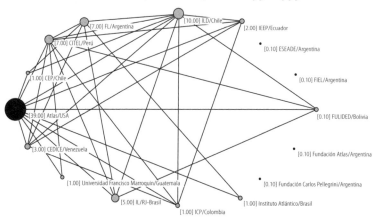

Fonte: Arquivo digital do boletim *Highlights*, da Atlas. O tamanho dos vetores e o valor antes do nome da instituição correspondem ao número total de menções durante o período indicado. As linhas correspondem aos vínculos (não direcionados) entre as organizações representadas na rede. Elaboração própria.

GRÁFICO 4. MENÇÕES E VÍNCULOS ENTRE *THINK TANKS* LATINO-AMERICANOS AFILIADOS À FIL, NO BOLETIM *HIGHLIGHTS*, DA ATLAS, ENTRE 2000-2002

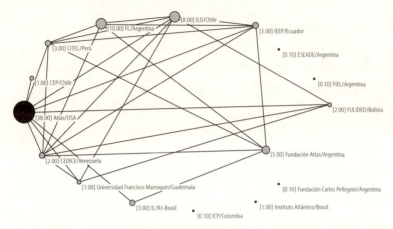

Fonte: Arquivo digital do boletim *Highlights*, da Atlas. O tamanho dos vetores e o valor antes do nome da instituição correspondem ao número total de menções durante o período indicado. As linhas correspondem aos vínculos (não direcionados) entre as organizações representadas na rede. Elaboração própria.

Tomando esses dados, pode-se afirmar que, embora os estudos de casos nacionais mostrem que ao longo da segunda metade dos anos 90 alguns *think tanks* latino-americanos foram perdendo relevância à medida que os países adotavam as reformas estruturais alinhadas ao Consenso de Washington, a aproximação de alcance regional a partir dos boletins *Highlights* evidencia que com novas acomodações foram se estabelecendo dinâmicas de ação articuladas que se mantiveram vigentes e mais consolidadas ao iniciar o novo milênio.

Vale advertir que, embora o Peru tenha uma presença destacada nesta rede, o escritor Mario Vargas Llosa tem uma participação marginal na constelação em torno da Atlas. No recorte analisado, o escritor peruano soma apenas quatro menções em *Highlights* até o lançamento da FIL: a primeira em 1994, na participação em um programa de ecologia na Venezuela, organizado pelo Cedice; a segunda, no boletim do verão de 1996, associado a uma publicação da

Fundación para el Análisis y Estudios Sociales da Espanha; a terceira, em 1998, vinculada à celebração dos dez anos da Fundación Libertad em Rosário; e a quarta, na conferência por ocasião dos 15 anos do Cedice em 1999.

Como registrado a partir dos boletins posteriores ao lançamento da FIL, da mesma forma que a marginalidade do romancista peruano foi modificada quando ele assumiu a presidência da Fundación Internacional para la Libertad, a ausência de registros sobre vínculos com organizações da Espanha foi alterada à medida que a FIL começou a atuar como novo articulador transatlântico a partir de 2002.

2.1.2 - Notas sobre os think tanks em chave espanhola

Embora a maioria dos estudos em torno dos *think tanks* se refira às experiências europeias como um todo monolítico e alguns até insinuem que correram paralelamente à americana, os estudos de Francesc Ponsa mostram que as trajetórias nacionais evidenciam notáveis diferenças na historicidade e no perfil desse tipo de organização. Em geral, costuma-se considerar que o sistema político estadunidense é mais aberto, plural e permeável à sociedade civil do que o europeu, que abre poucas oportunidades para que esse tipo de organização participe do processo de elaboração de políticas públicas devido à construção de um campo acadêmico menos permeável, à centralidade do sistema de partidos, ao corporativismo e à fraca tradição filantrópica. No entanto, mostra o pesquisador catalão, a forma, o peso e a combinação dessas variáveis abriram caminhos diferentes nos países do velho continente.[58]

---

[58] Francesc Ponsa propõe pensar a expansão dos *think tanks* na Europa a partir de cinco modelos: anglo-saxão, alemão, francês, italiano e espanhol. Por questões de espaço e ordem argumentativa, só faremos referência ao modelo espanhol. Sobre esse assunto, consulte Ponsa, 2015.

UM ATLÂNTICO LIBERAL

Para Ponsa, ao longo da primeira década do século XXI ocorreu na Espanha o que aconteceu nos Estados Unidos durante os anos 1970 e 1980: um evidente crescimento de *think tanks* e esforço para adquirir visibilidade pública. No entanto, acrescenta o autor, para compreender o atraso espanhol no desenvolvimento desse tipo de organização é preciso remontar à ditadura franquista (1939-1975), ao fechamento de iniciativas surgidas no início do século XX, aos dispositivos construídos pelo próprio Estado autoritário e às condições da transição, que abriram caminho para a institucionalização e a difusão desse tipo de organizações.

A primeira iniciativa espanhola para implantar um sistema estável de informação orientada à tomada de decisões públicas remonta ao ano de 1877, com a criação do Instituto Geográfico y Estadístico. Décadas mais tarde, em 1907, foi criada a Junta para Ampliación de Estudios e Investigaciones Científicas (JAE), presidida por Santiago Ramón y Cajal, orientada à criação de centros de pesquisa e à concessão de bolsas a cientistas para cursar estudos no exterior. No entanto, considera-se que o primeiro catalisador de ideias políticas foi a Fundación Pablo Iglesias, criada em 1926, tomando o nome do recém-falecido fundador do Partido Socialista Obrero Español (PSOE) e da Unión General de Trabajadores (UGT), com o objetivo de difundir o pensamento socialista. Contudo, a guerra civil espanhola e a posterior ditadura militar interromperam o desenvolvimento tanto da JAE (que pelo espírito positivista ameaçava os princípios tradicionalistas e católicos que eram a base moral do franquismo), como da fundação do PSOE (que só retornou às atividades durante a transição democrática, 40 anos depois), embora a forte repressão e o controle sobre as agências e instituições de informação, pesquisa e ensino não tenham implicado o completo desaparecimento desse tipo de organização.[59]

Segundo aponta Ponsa, o regime franquista permitiu a existência de instituições que se assemelhavam ao protótipo de *think tanks*,

---

[59] Ponsa, 2015, p. 123.

mas completamente subordinadas ao poder estatal. Nesse contexto foram criados o Instituto de Estudios Agrosociales (1947), o Instituto de Estudios Políticos (1939) e o Instituto de Estudios de la Opinión Pública (1964); além do Instituto de España e do Consejo Superior de Investigaciones Científicas (CSIC), cujo objetivo era a definição da nova política científica buscando superar a oposição entre fé e razão. Além disso, dentro da própria administração pública foram criados departamentos especializados no estudo e na análise de problemáticas que eram de competência dos diferentes ministérios (por exemplo, o Servicio de Estudios do Instituto Nacional de Industria, que elaborava relatórios econômicos para o Ministério da Indústria), e também foram criadas algumas organizações privadas, entre as quais se destaca a Fundación de Estudios Sociales y de Sociología Aplicada, uma instituição pertencente à Cáritas Española e orientada à atenção às pessoas em situação de pobreza.

Para Ponsa e González-Capitel,[60] embora o despertar democrático da Espanha tenha impulsionado o desenvolvimento e a implantação de *think tanks*, como o caso da Fundación Pablo Iglesias, que em 1977 foi reativada, o Círculo de Empresarios (1977), o Instituto de Estudios Económicos (1979), o Barcelona Centre for International Affairs/Cidob (1979) e a Fundación de las Cajas de Ahorro (1980), isso não deve ser entendido como algo desconexo do novo contexto político e social. Partindo da ideia de que o contexto e suas transformações condicionam as formas e as funções que os *think tanks* cumprem, os pesquisadores entendem que a cultura política dominante na Espanha pós-franquista, fruto do sistema democrático regulado na Constituição de 1978, foi determinante na definição do modelo espanhol dos "tanques de ideias".

O processo de redemocratização espanhol, forjado em um pacto entre elites, favorecido pela existência de uma sociedade ainda atravessada pela cultura política do franquismo, baseada num aparente

---

[60] Ponsa & González-Capitel, 2015.

distanciamento político, hábitos tradicionais, forte confiança nas autoridades, crença na ordem pública e na estabilidade, acabou, por sua vez, favorecendo a criação de um sistema de partidos políticos forte, com grande alcance territorial e vigente até hoje, ao mesmo tempo em que estes condicionaram o desenvolvimento dos *think tanks*.

Nesse sentido, diferentemente do modelo anglo-saxão e mais próximo do alemão, na Espanha a proliferação de *think tanks* vinculados organicamente aos partidos políticos significou a consolidação dessas organizações como tipologia dominante nesse país, principalmente a partir de 1994, ano da criação de subvenções públicas específicas para as fundações partidárias.[61]

Segundo Francesc Ponsa, se uma das características dos *think tanks* estadunidenses é o recrutamento político e a ocupação de cargos na administração, em países como Espanha ou Alemanha a situação é muito diferente porque seus sistemas políticos estão monopolizados pelos partidos políticos. De acordo com isso, a socialização política em algum partido é um pré-requisito importante para as carreiras políticas, ao mesmo tempo em que existe uma promoção dos "cartéis orgânicos" de partido em detrimento dos analistas e pesquisadores, tornando as instituições, em muitos casos, um espaço de retiro de ex-mandatários ou líderes partidários.[62]

Os casos mais conhecidos são a própria Faes – vinculada ao PP e ao ex-primeiro-ministro José María Aznar (1996-2004), criada em 1989 e renovada em 2002 após a integração da Fundación Cánovas del Castillo –, a Popular Iberoamericana, a Fundación de Estudios Europeos e o Instituto de Formación Política, e a Fundación Ideas para el Progreso, vinculada ao PSOE, fruto também da fusão em 2008 da Fundación Pablo Iglesias, da Fundación Jaime Vera, da Fundación Ramón Rubial e do Consejo Progreso Global.

---

[61] *Idem*, 2015, p. 24.

[62] Ponsa, 2015, p. 164.

Segundo o pesquisador catalão e como fica evidente pelos casos mencionados até aqui, na Espanha a maioria dos *think tanks* se configura como fundações, direito vigente no artigo 34 da Constituição espanhola sancionada em 1978, e que adquiriu maior corpo no ordenamento jurídico espanhol com a Lei de Fundações n. 30/1994, de 24 de novembro de 1994. Segundo os estudos realizados pelo professor Carlos Gómez Gil,[63] essa legislação incentivava com benefícios fiscais a participação privada em atividades de interesse geral e regulou o regime jurídico das fundações e as vantagens fiscais aplicadas a suas atividades ou contribuições em apoio a determinadas causas de interesse público ou social. No entanto, foi no início do novo milênio, com a aprovação da lei n. 50/2002 durante o último governo de José María Aznar (PP), que se buscou adequar o sistema jurídico para reduzir a intervenção dos poderes públicos no funcionamento das fundações, flexibilizar e simplificar os procedimentos e dinamizar o fenômeno.[64]

Como mostram os trabalhos de Carlos Gómez Gil e Ponsa, o estreito vínculo dos partidos políticos e das fundações resultou na forte dependência destas últimas em relação às vias de financiamento público, gerando inclusive linhas de subvenção específicas. Para Ponsa, esse fenômeno deve ser contextualizado na "cartelização" dos partidos espanhóis e no consequente aumento do financiamento público dos partidos políticos, o que evidencia o interesse econômico que motiva a criação de fundações, além da vontade estratégica.[65]

---

[63] Gómez Gil, 2007.

[64] España, 2002.

[65] Para Ponsa, a "cartelização" responde a um processo crítico de dependência dos partidos para ingresso na vida pública. Nessa perspectiva, a fragilidade do vínculo com a cidadania, associada à crise de representação e participação, foi amplamente compensada pelos recursos econômicos e materiais fornecidos pelo Estado. De acordo com o pesquisador catalão, no "sistema de partidos 'cartel' não é tão grave perder eleitores quanto perder quota eleitoral, principalmente se isso implicar perder quota nas instituições. Nesse sentido, o Estado protege os partidos legal e constitucionalmente. A alternância no poder está garantida, e

UM ATLÂNTICO LIBERAL

Em termos gerais, Ponsa identifica duas etapas diferenciadas no surgimento de *think tanks* na Espanha, que de alguma forma correm paralelas às adequações e à reforma das leis de fundações. A primeira abrange o período entre a década de 1980 e o final do século XX e é caracterizada pelo surgimento de um número reduzido de centros de pesquisa, com influência limitada sobre o panorama político e econômico. O objetivo dessas organizações era influenciar a inserção da economia espanhola no sistema da União Europeia (UE). É nesse contexto que se cria a FIE, também associada ao PP da Espanha e promotora da FIL. A segunda etapa se abre no início do século XXI, associada a um novo salto quantitativo e qualitativo dessas organizações. Se em 1997 existiam 21 *think tanks* espanhóis, os dados do diretório internacional do Foreign Policy Research Institute indicam que eles dobraram em 2007.[66] Além disso, foram adquirindo um perfil mais defensivo, público, e menos acadêmico, o que coincide com a eclosão de centros de índole neoliberal inspirados na Heritage Foundation, como a Institución Futuro (2001), o Instituto Juan de Mariana (2005), a Fundación Burke (2006), o Poder Limitado (2007) ou a antes mencionada renovação da Faes, a partir do ano 2002.

Segundo o pesquisador catalão, se essa segunda etapa dependeu de uma série de apoios de caráter internacional vindos da Atlas Network ou da Stockholm Network,[67] a maior presença da Espanha no panorama internacional propiciou o surgimento de *think tanks* especializados em relações internacionais e segurança. Entre eles se destacam o Real Instituto Elcano, a Fundación para las Relaciones Internacionales y el

---

os que vão para a oposição contam com um financiamento suficiente para manter as opções de voltar ao poder". Ponsa, 2015, p. 147 (tradução própria).

[66] Sobre esse assunto, consulte o trabalho lançado em 2011 pelo Institut de Ciències Polítiques i Socials. Disponível em <https://www.icps.cat/archivos/WorkingPapers/wp292.pdf?noga=1>. Acesso em 1/9/2020.

[67] Trata-se de uma rede pan-europeia, fundada em 1997 com sede em Londres, com a intenção de criar uma rede de *think tanks* pró-mercado em toda a Europa.

Diálogo Exterior (Fride) e a própria Fundación Internacional para la Libertad.

V. A FUNDACIÓN INTERNACIONAL PARA LA LIBERTAD E SUA TRIPULAÇÃO

Na primavera norte-americana de 2006, poucos meses após a vitória de Evo Morales na Bolívia, Alejandro Chafuén publicou no boletim *Highlights* um artigo intitulado "Hope Amid Turmoil in Latin America?", no qual desafiava a imagem de fraqueza das forças liberais diante dos embates representados pelas figuras de Fidel Castro e Hugo Chávez e diante da construção de "um eixo de populismo socialista e antiamericano na região, com Evo Morales na Bolívia como a mais recente obsessão em alcançar o poder".[68] Realizando um levantamento histórico e apontando o caráter acumulativo das forças liberais na região, Chafuén concluía dizendo:

> Não pretendo menosprezar os desafios que o continente enfrenta durante esses anos de ressurgimento da esquerda. Mas quero enfatizar que agora, graças ao trabalho de muitos *think tanks* e empresários intelectuais, os defensores da liberdade na América Latina estão mais bem posicionados para ter sucesso do que em décadas anteriores. Alguns pedem uma maior participação do governo dos Estados Unidos. Só peço uma maior participação da sociedade civil dos Estados Unidos e espero que a administração atual pelo menos continue promovendo acordos de livre comércio e se mantenha firme contra os inimigos da liberdade. Acima de tudo, peço a coragem e a determinação constantes dos amigos da Atlas na América Latina, que devem permanecer otimistas sobre a luta pela liberdade.[69]

---

[68] Chafuén, 2006 (tradução própria).

[69] *Idem.*

UM ATLÂNTICO LIBERAL

Segundo listado por Chafuén: em 1975 existiam apenas 7 *think tanks* neoliberais em comparação com os 35 de 2005; havia apenas 10 universidades com professores neoliberais em comparação com as 40 no momento em que escreveu o artigo; e eram publicadas 5 revistas orientadas ao "livre-mercado" em comparação com os 12 veículos vigentes em 2005, aos quais se somavam 7 canais de TV e estações de rádio.[70] Se o passado chamava para manter o otimismo, a perspectiva futura evidenciou que não era um chamado infundado.

Como mencionado anteriormente, em termos quantitativos o número de *think tanks* latino-americanos vinculados à Atlas Network dobrou ao longo do primeiro quindênio do século XXI, passando para 81 em 2015, o que evidenciou não só um processo de injeção renovada de recursos humanos e materiais nos institutos criados ao longo dos anos 80 e 90, mas também a criação de novos, que deram densidade tanto às redes nacionais como regionais e internacionais, assumindo uma das principais estratégias ditas como "não eleitorais" das direitas, o que lhes concedeu um papel ativo na elaboração de estratégias de ação e intervenção política, configurando-se como atores políticos, condicionando a agenda pública dos governos da região, construindo campanhas, elaborando discursos e buscando dotar de novos sentidos a democracia.

Segundo os dados coletados por Fischer e Plehwe dos relatórios anuais da Atlas Network, durante a década de 2000 foram desembolsados cerca de 30 milhões de dólares em forma de prêmios e bolsas, dos quais, 600.000 dólares foram distribuídos entre 45 organizações latino-americanas. Da mesma forma, a Atlas criou estímulos especiais para instituições da América Latina: o Prêmio Alberto Martén para empreendedores sociais, o Prêmio Francisco Marroquín para o trabalho com estudantes, o Prêmio Francisco di Vitoria para ética e valores, e o prêmio Miguel Kast para Soluções de Livre-Mercado contra

---

[70] *Idem.*

ATRAVESSAR O ATLÂNTICO E CAÇAR DRÁCULA

a Pobreza. Em 2004, como parte de suas atividades e graças a uma contribuição de Sir John Templeton, a Atlas estabeleceu o programa de Prêmios Templeton à excelência na promoção da liberdade, no qual concedeu oito distinções em nível mundial, entre as quais estavam o Instituto Libertad y Democracia (Peru) e o Instituto Cultural Ludwig von Mises (México). Nesse mesmo ano realizou 15 menções especiais de reconhecimento à excelência, cada uma acompanhada de uma doação de 5 mil dólares a instituições estabelecidas no Canadá, Gana, Índia, Itália, Lituânia, República Tcheca, Sérvia, Eslováquia, África do Sul, Turquia e América Latina. Entre as últimas estavam: a Fundación Libertad da Argentina, o Ieep do Equador, o ILyD do Chile e o Cedice da Venezuela. E em 2010, após ter recebido o Prêmio Nobel de Literatura, Mario Vargas Llosa tornou-se bolsista Templeton da instituição americana.

No entanto, como apontado acima, não se trata de um empreendimento solitário nem exclusivo da já consolidada rede estadunidense. Nesse novo cenário regional, mas com uma projeção transatlântica que incorporou a participação de atores espanhóis, nasceu a Fundación Internacional para la Libertad. Nas próximas páginas propomos uma abordagem descritiva sobre sua composição.

O Boletim Oficial do Estado (BOE) n. 60, lançado em 10 de março de 2004 pelo Ministério da Presidência e para a Administração Territorial do Governo da Espanha, indica que a FIL ingressou no registro de fundações após a solicitação de inscrição realizada pelo já mencionado Pablo Izquierdo Juárez, então presidente da FIE. Escriturada em 14 de outubro de 2002 com domicílio em Madrid, no mesmo prédio e andar onde tinha suas instalações a FIE, a Fundación Internacional para la Libertad estabeleceu como fins institucionais:

a) A defesa e a difusão dos princípios de liberdade individual, democracia, governo limitado, livre-mercado e império da Lei. b) O patrocínio de quaisquer organizações, fóruns e atividades de qualquer

UM ATLÂNTICO LIBERAL

natureza relacionados à defesa e à difusão dos princípios referidos no parágrafo anterior a). c) A concessão de bolsas e auxílios econômicos para a realização de quaisquer estudos sobre a defesa e a difusão dos princípios referidos no parágrafo a). d) A organização de concursos, certames e prêmios para incentivar os estudos e os trabalhos que desenvolvam os fins da fundação. e) A promoção de edições e publicações dos trabalhos, exposições e manifestações referidos nos parágrafos anteriores.[71]

Segundo o artigo 6º do estatuto da FIL, sua duração tem caráter indefinido, e o âmbito de atuação, todo o território espanhol, embora também seja autorizada a realizar atividades no exterior. Estabelecendo uma dotação inicial de € 30 mil (euros), a fundação se comprometia a "destinar efetivamente o patrimônio e suas rendas aos fins da fundação, informar suficientemente sobre seus fins e atividades e agir com critério de imparcialidade e não discriminação na determinação de seus beneficiários".[72] Estes últimos, definidos como todas as pessoas interessadas nos fins da fundação, escolhidos para a concessão de auxílios segundo os critérios do mérito e da capacidade.

Embora não tenha sido possível acessar informações sobre o patrimônio institucional e suas rendas para todos os anos do período estudado, os dados coletados da apresentação de contas anuais arquivadas no registro de fundações da Espanha referentes aos anos 2013, 2014, 2015 e 2016 indicam que não houve variações na dotação da FIL, mas sim na entrada de recursos e excedentes derivados da própria atividade, os quais provêm de subvenções, doações e legados.[73]

---

[71] España, 2004 (tradução própria).

[72] *Idem.*

[73] Sobre obtenção e destinação dos recursos, contabilidade e auditoria, princípios de atuação e atividades econômicas, consulte o capítulo V da lei n. 50/2002, em sua parte "Funcionamento e atividade da fundação". Também consulte Ponsa & González-Capitel, 2015.

Tal como indicado no artigo 14 do estatuto, declara-se que essa entrada de recursos (correspondente a € 33.050,00 em 2013, € 57.358,84 em 2014, € 97.759,47 em 2015 e € 275.772,54 em 2016) foi destinada em mais de 70% às despesas derivadas do cumprimento dos fins institucionais, resultando em oscilações anuais no patrimônio, que passou de € -15,18 em 2013 a € 30.981,36 em 2014, e de € 50.196,95 em 2015 a € 119.094,74 em 2016. Embora em 2012 uma alteração do estatuto tenha retirado do artigo 11 a referência ao impedimento para solicitar ou aceitar subvenções públicas, os documentos aos quais tivemos acesso indicam que na maioria dos casos a procedência é de fontes privadas tanto espanholas quanto estrangeiras, embora não se detalhe o nome do doador nem país no caso das doações privadas.[74]

2.2.2 - O Patronato

Como apontam Ponsa e González-Capitel, uma das características-chave das fundações é sua desvinculação do fundador uma vez formada, pois os estatutos e a lei são os determinantes do funcionamento, que, conforme a regulamentação nacional, é governado e representado de maneira efetiva por um Patronato.[75] Segundo o estatuto da FIL, o Patronato deveria ser constituído por um mínimo de três (3) e um máximo de vinte e cinco (25) membros, cujos cargos seriam exercidos de forma não remunerada e que escolheriam entre eles um presidente e um secretário, responsabilidade esta última que poderia recair em alguém externo ao Patronato (nesse caso teria voz, mas não voto). E embora não existam registros específicos sobre uma Junta Diretiva, e na página da *web* oficial da instituição seja indicada como sobreposta

---

[74] Nesse mesmo documento é indicada uma mudança de endereço para a rua Serrano, 59, 5º esquerda, Madrid. Mudança que corresponde à nova direção da FIE. Consulte FIL, 2012.

[75] España, 2002.

UM ATLÂNTICO LIBERAL

ao Patronato, ela existiria presidida pelo presidente do Patronato, composta de seis membros: dois de nacionalidade americana, dois de nacionalidade ibero-americana e dois de nacionalidade espanhola, nomeados por um prazo de seis anos.

De acordo com os dados registrados no BOE n. 60, o Patronato da FIL foi inicialmente composto de um presidente: Mario Vargas Llosa; 18 membros: Gerardo Bongiovanni (Fundación Libertad, Argentina), Dora Nelly Rodríguez Bowen de Ampuero (Ieep, Equador), Plinio Apuleyo Mendoza (ICP, Colômbia), Alejandro Chafuén (Atlas, Estados Unidos), Ana Isabel Eiras (Heritage Foundation, Estados Unidos), Enrique Ghersi (Citel, Peru), Rocío Guijarro Saucedo (Cedice, Venezuela), Cristián Patricio Larroulet (ILyD Chile), Carlos Alberto Montaner (escritor e analista cubano), Paulo Rabello de Castro (Instituto Atlântico, Brasil), Luis Jacobo Rodríguez (Cato Institute, Estados Unidos), Roberto Salinas León (México Business Foro México), Ian Alexander Vásquez (Cato Institute, Estados Unidos), Pablo Izquierdo Juárez (FIE Espanha), José María Marco Tobarra (FIE Espanha), Joaquín Trigo Portela (Espanha), José Luis Feito Higueruela (Espanha) e Lorenzo Bernaldo de Quirós Lozano (FIE Espanha); e um secretário não patrono: Gregorio Fraile Bartolomé (FIE Espanha). Além disso, segundo consta no registro de fundações, o espanhol Pablo Izquierdo Juárez e o argentino Gerardo Bongiovanni foram eleitos como procuradores.

Segundo os dados levantados dos 20 membros que compuseram o Patronato inicial, 10 eram latino-americanos, 5 espanhóis e outros 5 representavam instituições estadunidenses, embora a maioria deste último grupo tenha sido formada por nascidos em países latino--americanos que se autodeclaravam americanos por adoção.[76] Como já foi dito, a maioria estava vinculada institucionalmente a *think tanks*

---

[76] Alejandro Chafuén se autodenomina argentino-americano, assim como o chileno Carlos Medina e seu colega peruano Ian Vázquez.

liberais fundados entre o final da década de 1970 e o início da década de 1990.

O número de membros do Patronato da FIL não teve maiores variações durante o período analisado. Segundo a análise comparativa dos dados coletados no *site* oficial da FIL, em 2006 foi adicionado ao *staff* o jornalista Álvaro Vargas Llosa, que, além de filho do romancista peruano (e, como seu pai, convicto anticastrista), atuava como correspondente televisivo em diversos meios do mundo hispanofalante, além de ser diretor do Center on Global Prosperity do Independent Institute, em Washington. E em 2014 foram agregados os escritores chilenos Mauricio Rojas e Arturo Fontaine. Também Oscar Ortiz, senador pelo departamento de Santa Cruz de la Sierra e presidente da Fundación Nueva Democracia, da Bolívia, o economista e professor José Luis Delgado, da Universidad Complutense de Madrid, e o professor brasileiro Fernando Schuller, do já mencionado Fronteiras de Pensamento, colaborador do Instituto Millenium.

Dos 26 membros do Patronato, nove estão na lista do diretório da Mont Pèlerin Society do ano 2010, evidenciando o vínculo direto com a rede mais antiga de pensamento liberal.[77] Segundo documento vazado pelo DeSmogBlog, eles são: Gerardo Bongiovanni, membro desde 2007, Enrique Ghersi, membro desde 1994, Cristián Larroulet, membro desde 1996, Roberto Salinas León e Joaquín Trigo, membros desde 1992, Oscar Ortiz, membro desde 1997, Dora Ampuero e Ian Vásquez, membros desde o ano de 2000, e Alejandro Chafuén, vinculado à Mont Pèlerin Society desde 1980. Além disso, em 2014, após receber o Prêmio Nobel da Literatura, Mario Vargas Llosa se somou à lista de membros notáveis dessa sociedade, junto a Friedrich Hayek, Milton Friedman, George Stigler, James M. Buchanan, Maurice

---

[77] "Mont Pèlerin Society. Diretório – 2010". *DeSmogBlog*. Disponível em <https://www.desmogblog.com/sites/beta.desmogblog.com/files/Mont%20Pelerin%20Society%20Directory%202010.pdf>. Acesso em 1/9/2020.

UM ATLÂNTICO LIBERAL

Allais, Ronald Coase, Gary Becker e Vernon Smith, também premiados pela sua atuação no campo da economia.[78]

Recuperando as análises de Alejandro Chafuén, é possível caracterizar a composição do Patronato pela ideia de *intellectual entrepreneurs* (em português, "intelectuais empreendedores"),[79] isto é, personalidades que, assim como o empresário tradicional do setor privado, conseguem ou devem se esforçar para atuar em três sentidos: primeiro, como especialistas que se dedicam às ideias e aos princípios que estabelecem a credibilidade e a identidade do grupo; segundo, como vendedores natos que se esforçam para encontrar clientes e atrair recursos para os serviços específicos prestados pelo grupo de estudo; e terceiro, como contatos, importante para ampliar a influência do instituto entre os diferentes setores da sociedade e criar o prestígio comunitário.

Nas palavras do próprio Chafuén, trata-se de CEOs de *think tanks* dedicados à sua tarefa de aumentar a eficácia do espírito empreendedor na sociedade livre, fazendo uso de três talentos: descobrir oportunidades ou necessidades insatisfeitas; converter ideias em ações; atrair e combinar recursos materiais e humanos. No entanto, a centralidade desses personagens não foi homogênea. Como veremos mais adiante, alguns deles se destacam na tarefa de organizar os interesses em torno da FIL, como é o caso de Pablo Izquierdo Juárez (FIE) e Gerardo Bongiovanni (Fundación Libertad); este último, reconhecido pelo próprio Chafuén como o melhor exemplo de intelectual empreendedor contemporâneo, seguindo os passos bem-sucedidos do grande mentor Antony Fisher.[80]

---

[78] "Notable Members", da Mont Pèlerin Society. Disponível em <https://www.montpelerin.org/notable-members/>. Acesso em 1/9/2020. Sobre a relação entre o Prêmio Nobel de Economia e a Mont Pèlerin Society, consulte Mirowski, 2020.

[79] Chafuén, 2004.

[80] Chafuén, 2015.

ATRAVESSAR O ATLÂNTICO E CAÇAR DRÁCULA

Nesse sentido, embora na maioria dos casos os *think tanks* liberais se apresentem como organizações sem fins lucrativos, Chafuén propõe considerar que a propriedade reside entre aqueles que contribuem ou atraem recursos e têm certo grau de responsabilidade em sua alocação; neste caso, o Patronato. No entanto, como apresentaremos no correr destas páginas, a composição e a ação da FIL não se limitaram apenas a esse grupo de pessoas.

A seguir, sistematizamos as informações referentes aos órgãos que compõem a estrutura organizativa.

2.2.3 - Os conselhos

Embora não haja referências no estatuto da fundação, as informações fornecidas na página *web* oficial mencionam outros três órgãos que compõem a FIL: o Conselho Acadêmico, o Conselho Empresarial e um Comitê de Comunicação.

Se o Patronato é representado principalmente por *thinktankers*, o Conselho Acadêmico é composto principalmente de pessoas ligadas a instituições educacionais ou de formação acadêmica, públicas e privadas. Durante o período 2002-2016, um total de 40 pessoas participaram como conselheiros acadêmicos, embora não simultaneamente. Os nomes foram variando, mostrando reconfigurações dentro da própria rede.

A partir dos dados levantados, destaca-se a presença de espanhóis (8), argentinos (5), chilenos (4) e estaunidenses (13), dois dos quais foram Prêmio Nobel de Economia: Robert Lucas e o já mencionado James M. Buchanan. Trata-se principalmente de economistas (70% para todo o período analisado), cientistas políticos (11% para todo o período analisado), advogados (7% para todo o período analisado), embora também sejam mencionados historiadores, escritores, sociólogos, *thinktankers* e empresários com inserção em instituições como as universidades de Harvard, Columbia, Califórnia e Carnegie

Mellon, nos Estados Unidos, as já mencionadas Universidad Francisco Marroquín e Eseade, e *think tanks* americanos que também compõem o Patronato, como American Enterprise Institute, Manhattan Institute e Cato Institute.

De acordo com as informações sistematizadas ao longo desta pesquisa, existe certa continuidade entre os conselheiros que se juntaram ao projeto FIL desde 2003, havendo alguns falecimentos que afastaram reconhecidos membros (como o guatemalteco Manuel F. Ayau, o Nobel de Economia James M. Buchanan e o escritor francês Jean François Revel) e a incorporação de novos conselheiros, quando a FIL completou os primeiros dez anos de vida institucional. Ao longo do período estudado, esse conselho manteve-se em torno de 30 membros.

Em correlação com os demais setores organizativos, trata-se de um conselho representado por homens. Apenas três mulheres aparecem listadas entre os 40 membros do Conselho Acadêmico: a historiadora chilena Lucia Sanchez Cruz, diretora do Banco Santander-Chile e membro do conselho do ILyD do Chile; a cientista política colombiana Marcela Prieto Botero; e a ex-ministra das finanças neozelandesa Ruth Richardson. Assim como Richardson, existem outras pessoas ligadas a cargos públicos ministeriais, como os já mencionados Hernán Buchi, subsecretário de Economia (1979-1981), superintendente de bancos e instituições financeiras (1984-1985) e ministro da Fazenda (1985--1989) durante a ditadura de Augusto Pinochet no Chile, e o argentino Ricardo López Murphy, ministro da Defesa (1991-2001), ministro da Infraestrutura e Habitação (2001) e ministro da Economia (2001), além de ex-presidente da Red Liberal de América Latina/Relial (2011-2014), cargo que assumiu após a renúncia de Otto Guevara em razão de um escândalo de financiamento ilegal envolvendo a Friedrich Naumann Foundation for Freedom.[81]

---

[81] "Otto Guevara deja presidencia de grupo liberal latinoamericano", *Nación.com*, 29 de setembro de 2011. Disponível em <https://www.nacion.com/archivo/otto-

O segundo órgão da FIL é o Conselho Empresarial. Entre 2002 e 2016, ocuparam esse conselho 73 homens e 2 mulheres: Eva Arias, presidente executiva da Minera Poderosa (Peru) e Catalina Saieh, vice-presidente da CorpGroup Interhold (Chile). Ao contrário do Patronato e do Conselho Acadêmico, a participação de empresários estadunidenses é minoritária. No total, foi possível contabilizar: dez da Venezuela, nove da Espanha, nove da Argentina, sete do Peru, sete do Chile, cinco do México, quatro do Equador, quatro do Uruguai, quatro da República Dominicana, três da Bolívia, três dos Estados Unidos, dois do Panamá, dois da Colômbia, um da Costa Rica, um da Nicarágua, um da Guatemala, um de Honduras, um do Brasil e um de El Salvador. No entanto, do total de empresários mencionados, apenas três permaneceram ativos ao longo de todo o período analisado: o empresário mexicano Ricardo Salinas Pliego, proprietário e presidente do Grupo Salinas, que inclui o Banco Azteca, Grupo Elektra e TV Azteca; e os venezuelanos Oscar García Mendoza, presidente do Banco Venezolano de Crédito, e Rafael Alfonzo Hernández, proprietário das corporações alimentícias Alfonzo Rivas y Cía., membro da Fedecamaras e integrante da Coordinadora Democrática.[82]

Seguindo as informações levantadas, mas considerando a ausência de dados entre 2009 e 2013 devido à inatividade de sua página na *web*, é possível ordenar o conjunto dos empresários em três grupos: os que participaram desde o início das atividades até o ano de 2008; os que iniciaram suas atividades em 2014; e o grupo dos que se juntaram a

---

guevara-deja-presidencia-de-grupo-liberal-latinoamericano/MBZXCWGB DBC3LBJZJKGPXZTHVY/story/>. Acesso em 1/9/2020.

[82] Fedecamaras é uma associação civil formada por entidades econômicas privadas, estas compostas de empresários, pessoas físicas ou jurídicas que, conjunta ou separadamente, exercem a representação de atividades e interesses econômicos. Coordinadora Democrática foi uma coalizão de partidos políticos, associações civis e ONGs opositoras ao governo de Hugo Chávez, criada após a tentativa de golpe de Estado em 2002 e dissolvida após a campanha pelo referendo presidencial que ratificou Chávez em 2004.

partir do ano de 2016. O primeiro grupo é composto de 17 empresários, o segundo por 26 e o terceiro por 34 novos membros, que se juntam aos 15 que permaneceram do período anterior. De acordo com os dados levantados, no Conselho Empresarial participam pessoas que atuam em diversos setores da economia, que agrupamos da seguinte maneira: bancos, seguros, investimentos financeiros e administração de capital (representam 30%); energia e petróleo (13%); agências de advocacia e consultoria (10%); grandes corporações agroindustriais e alimentícias (14%); telecomunicações, mídia e informática (15%); comércio (7%); imobiliário e construção (5%); farmacêutico (3%); automotivo, aeronáutico e transportes (3%).

Entre os primeiros estão os antes mencionados Oscar García Mendoza e Ricardo Salinas Pliego, mas também Hugo Landivar, presidente da LandiCorp. S.A. (Bolívia), o banqueiro e ex-presidente peruano Pedro Pablo Kuczynski, na época *senior advisor* e *partner* em The Rohatyn Group; Alexander van Tienhoven, responsável pela administração patrimonial da Latin America Region, do Citigroup Private Bank (México); Guillermo Lasso, financista, presidente titular do Banco de Guayaquil, ministro da fazenda e, posteriormente, presidente do Equador (2021-2023); José Antonio Guzmán, do Grupo Guzmán & Larraín e presidente da AFP Habitat (Chile); Juan Felix Huarte Gimenez, presidente da Uriel Inversiones SA (Espanha); Joseph Olson, do Amerisure Insurance Companies (Estados Unidos) – para mencionar alguns dos mais destacados. E entre os empresários com maior continuidade institucional no setor de energia e petróleo aparecem os nomes de Ricardo Zuloaga, gerente executivo e diretor da La Electricidad de Caracas e presidente de Hato El Milagro (Venezuela),[83] além de cofundador do Cedice em 1989; Eva Arias, presidente executiva da companhia Minera Poderosa (Peru); e Pedro Mielgo, presidente da Red Eléctrica de España.

---

[83] Falecido em 25 de fevereiro de 2011, em Caracas.

Vinculados a agências de advocacia e consultoria aparecem, por exemplo, o já mencionado Carlos Cáceres, presidente do Banco Central, ministro da Fazenda e ministro do Interior de Pinochet, além de cofundador do CEP; Carlos Alberto Haehnel e Miguel Maxwell, CEO da Deloitte Latco (Argentina). Das grandes corporações de alimentos e agronegócio: Pedro Ballvé, presidente da Campofrío (Espanha); Rafael Alfonzo Hernández, presidente da Alfonzo Rivas y Cía. (Venezuela); Massimo Mazzone, fundador do Centroamerican Consulting & Capital; os irmãos Winston e William Ling, do Grupo Évora (Brasil), fundadores do Instituto Liberal em Curitiba; e Sergio Nardelli e Roberto Gazze, representantes do Grupo Vicentín (Argentina).

Com atividade em telecomunicações e mídia, o já mencionado Ricardo Salinas Pliego, da TV Azteca; Francisco de Narváez, então proprietário do canal América TV, deputado e candidato a governador pelo PRO na Argentina; e Carlos Zuloaga, vice-presidente da Globovisión na Venezuela. Do setor comercial, principalmente vinculado a áreas de Zona Franca, entre 2014 e 2106 se destacam: Samuel A. Conde, presidente da Zona Franca Multimodal Caucedo (República Dominicana); Surse T. Pierpoint, presidente da Zona Libre de Colón (Panamá); e Orlando Dovat, presidente da Zonamerica (Uruguai). Do ramo imobiliário e construção: Ricardo Vega Llona, presidente da OHL Peru (também foi primeiro vice-presidente da República do Peru e senador pelo Frente Democrático/Fredemo entre 1990-1992); Juan Villar-Mir de Fuentes, presidente da OHL (Espanha). Do farmacêutico, o já mencionado Massimo Mazzone e Rubén Minski, presidente do Grupo Procaps, Colômbia. E do setor automotivo, aeronáutico, transportes: Ricardo Martí Fluxá, presidente da empresa criadora de motores e turbinas aeronáuticas e industriais ITP; e Carlos Espinosa de los Monteros, com longa trajetória no ramo automobilístico na Espanha.

Se a ação da maioria dos empresários que participaram do Conselho Empresarial da FIL não se limitava a um único setor, tampouco ao

UM ATLÂNTICO LIBERAL

campo meramente econômico. Como vimos, assim como os outros conselhos, a presença de personagens com trajetória no âmbito político, como ex-ministros, ex-parlamentares ou candidatos latino- -americanos, evidencia os múltiplos campos que entram em jogo em sua estrutura organizacional e que, ao mesmo tempo, participa da dinâmica de "portas giratórias" do sistema político regional.[84]

No entanto, o campo com maior visibilidade e centralidade na organicidade da FIL é sem dúvida o dos *think tanks*, presente em todos os conselhos e dominante no pequeno Comitê de Comunicação, do qual só encontramos menções entre 2002 e 2007. Esse conselho foi composto de membros das três grandes regiões representadas: a latino-americana por Gerardo Bongiovanni, da Fundación Libertad da Argentina, a ibérica por Javier Esparza, da FIE da Espanha, e Deroy Murdock, da Atlas Network pelos Estados Unidos. Dentre eles, Javier Esparza é quem mais se destaca nos registros encontrados, por sua participação em *El Diario Exterior*, ao qual nos referiremos mais adiante. Porém, como mostrado até aqui, o campo da mídia não se limita a este comitê, mas aparece presente nos demais conselhos, assim como acontece com o resto dos campos representados nos outros órgãos institucionais.

---

[84] Como alertam Florencia Prego e Mónica Nikolajczuk, o conceito de "porta gi-ratória" refere-se à circulação desses atores do mundo privado para o setor pú-blico. Para as autoras, "seu argumento é o de que, embora a entrada de altos executivos de empresas privadas – geralmente multinacionais e representantes do grande capital – na esfera estatal não tenha começado com os governos de direita, a característica nova seria que existe uma preferência em seu recruta-mento. É necessário advertir que mesmo não sendo a burocracia empresarial parte de uma fração da burguesia em si mesma, o Estado começa a ser organi-zado e dirigido através da lógica empresarial e permite a circulação de informa-ções, recursos e políticas concretas em favor de determinadas frações da bur-guesia nacional e transnacional". *In*: Nikolajczuk & Prego, 2020, p. 228 (tradução própria).

2.2.4 - Entidades afiliadas

Sendo uma organização de segunda ordem ou guarda-chuva, a tarefa da FIL era nuclear *think tanks*. Como mencionado na introdução, para Mario Vargas Llosa o objetivo era:

[...] servir como guarda-chuva relacionando e coordenando as atividades, na Espanha, nos Estados Unidos e na América, de fundações, institutos e centros que promovem a cultura democrática, defendem o estado de direito, a convivência pacífica, os direitos humanos, a economia de mercado e combatem com resolução o terrorismo, a violência, o totalitarismo e o autoritarismo em todas as suas formas e variantes.[85]

Se o Patronato e os conselhos já contavam com a presença de vários *thinktankers* americanos e espanhóis, a FIL também reunia uma extensa lista de entidades afiliadas. Da análise realizada para os anos 2002-2016, foi possível contabilizar 51 organizações privadas vinculadas à FIL. No entanto, como já aparece nas pesquisas anteriores, a participação não foi homogênea ao longo do quindênio analisado.

Não havendo dados disponíveis sobre entidades afiliadas entre 2009 e 2013, é possível observar dois momentos na configuração da rede em torno da FIL: o primeiro compreende o período de 2002 a 2008, composto de 31 centros, fundações e institutos; e o segundo vai de 2014 a 2016, com 41. Entre ambos os momentos, evidencia-se a continuidade da maioria dos *think tanks* representados no Patronato, mas também um salto quantitativo com a incorporação de uma série de instituições ativas na década de 1990 e de novos *think tanks* surgidos do *boom* dos anos 2000. Entre eles, os já mencionados Fronteiras do Pensamento (Brasil), Nueva Democracia (Bolívia), Centro de Análisis para Políticas Públicas (República Dominicana), Caminos en Libertad (México) e Instituto Juan de Mariana (Espanha).

---

[85] Vargas Llosa, 2003a (tradução própria).

UM ATLÂNTICO LIBERAL

Como foi dito, a maioria das entidades afiliadas atua e tem sede na América Latina. Sua composição variou de 17 entidades entre 2002 e 2008 para 21 entidades entre 2014 e 2016, sendo Argentina (5) e Chile (3) os mais representados na rede. No entanto, isso não deve nos levar a entender que a estrutura organizacional só reúne países do Cone Sul. Tanto os países andinos têm participação ativa a partir de *think tanks*, como o Citel do Peru, o Ieep do Equador, o ICP da Colômbia, quanto caribenhos e centro-americanos, como o Cedice da Venezuela, a quase cinquentenária Universidad Francisco Marroquín da Guatemala ou a Fundación Libertad do Panamá, para mencionar as mais antigas.

Saindo do âmbito latino-americano, o número de entidades espanholas, americanas e de outros países europeus manteve-se relativamente estável, embora variável em sua composição. No caso das estadunidenses, de oito entidades entre 2002 e 2008 passou para sete entre 2014 e 2016, verificando-se a saída da prestigiosa Heritage Foundation. No caso das espanholas, de quatro institutos passa para cinco, com forte presença de *think tanks* vinculados ao PP, como a FIE e o Instituto Mariana; e o restante europeu não espanhol passa de um para dois, primeiro com a participação do sueco Timbro Institute e posteriormente com a da Friedrich Naumann Foundation for Freedom da Alemanha. E há ainda a vinculação com o Fraser Institute, do Canadá, que coincide com a entrada de seu presidente no Conselho Empresarial da FIL.

Como apontam Fischer e Plehwe, embora unidos na defesa do liberalismo, as diversas funções desempenhadas pelos *think tanks* ativos na rede estudada mostram a diversidade de empreendimentos que desde 1970 foram lançados em todo o mundo na batalha pela defesa dos valores e princípios do liberalismo: formar, como no caso da Universidad Francisco Marroquín e a Eseade; produzir dados, como a Heritage Foundation, a partir da criação do índice anual de liberdade econômica; assessorar, como o Instituto Libertad y Desarrollo, o Centro de Análisis para Políticas Públicas ou o Instituto Atlántico; conectar,

ATRAVESSAR O ATLÂNTICO E CAÇAR DRÁCULA

entre as quais se destacam a Atlas Network, a Hacer, a Relial; divulgar, como o Cato Institute ou o Fronteiras do Pensamento, para mencionar algumas organizações com funções mais ou menos delimitadas. No entanto, não se trata apenas de diversas atividades ou perfis institucionais, em alguns casos se trata também de posicionamentos práticos sobre a realidade imediata, o que não impede a afiliação em espaços compartilhados.

Um caso evidente desse fenômeno pode ser pensado a partir de outros dois grandes *think tanks* estadunidenses presentes no grupo de entidades afiliadas à FIL: Cato Institute e Heritage Foundation. O estudo comparativo realizado por Álvarez-Rivadulla, Markoff e Montecinos mostra que, embora haja diferenças consideráveis de posicionamentos entre as políticas estadunidenses e as avaliações da América Latina (como as referentes às políticas migratórias, aos resultados das reformas estruturais neoliberais, à política externa militar e comercial, e a Cuba), ambos tendem a se conectar com os mesmos *think tanks* latino-americanos; ou, como neste caso, com europeus focados em questões latino-americanas.[86]

---

[86] Esse ponto ficará mais bem ilustrado nas próximas seções. No entanto, vale ressaltar que um dos exemplos destacados pelas autoras são as posições sobre a imigração latino-americana para os Estados Unidos. Enquanto o Cato se posiciona em apoio a fronteiras mais abertas, a ideologia mais conservadora da Heritage insta à regulamentação e considera a imigração como mais uma ameaça do Sul com consequências nefastas para os Estados Unidos. Outro aspecto destacado pelas pesquisadoras refere-se às reformas estruturais na América Latina nas décadas de 1980 e 1990: enquanto o Cato projeta aspectos da experiência da reforma na América Latina de maneira favorável, o que se reflete especialmente na admiração explícita pelas reformas neoliberais no Chile, a Heritage também encontra algumas notas positivas, mas concentra sua atenção mais nos problemas institucionais da região, como a falta de Estado de direito, os direitos de propriedade defeituosos e a corrupção generalizada, vistos como ameaças para os Estados Unidos. Sobre a política externa, a Heritage difere do enfoque do Cato, mais centrado nos acordos comerciais e na estabilidade através de uma governança de democracia liberal. A Heritage promove formas de ação menos diretas do que no passado, como treinamento militar e policial, guerra

UM ATLÂNTICO LIBERAL

Embora seja difícil acreditar que os já reconhecidos *think tanks* americanos Cato Institute e Heritage Foundation possam se beneficiar com a afiliação à FIL e não o contrário, para Alejandro Chafuén os *think tanks* deveriam se concentrar em produzir serviços, ideias e prestígio comunitário – o *American Express effect* (em português, "efeito American Express"). Em palavras do *thinktanker*:

> [...] atrair novos grupos de interesse que, embora não compartilhem os princípios precisos do grupo de reflexão, considerem que o instituto é parte integrante da sociedade civil e que vale a pena se juntar a ele para não ficar "à margem". Gerardo Bongiovanni se refere a isso como o *American Express effect*, quando os indivíduos percebem que "a associação tem seus privilégios". Muito poucas instituições nascem grandes; a maioria surge de escritórios domésticos, crescendo gradualmente em tamanho e prestígio. O *American Express effect* ocorre em diferentes culturas e épocas, mas os grupos de reflexão mais bem-sucedidos dos Estados Unidos parecem chegar a esse ponto após dez anos e uma vez que tenham alcançado um orçamento anual de 1 milhão de dólares.[87]

Se a defesa dos valores do livre-mercado foi central para a união pragmática na nova rede presidida por Vargas Llosa e se o *American Express effect* pode ajudar a explicar o salto quantitativo nos diferentes órgãos que compõem a FIL ao longo da primeira década de funcionamento, resta compreender o tipo de serviços e atividades realizados para garantir o aguardado prestígio comunitário.

às drogas, pressão econômica e diplomática, na forma de assistência econômica condicional. Elemento esse que é central para entender as relações com Cuba: enquanto o Cato se concentra no livre comércio e está mais preocupado com o regime e a garantia de direitos liberais e individuais, a retórica da Heritage tem chamado à intervenção na Ilha. Sobre o assunto, consulte Álvarez-Rivadulla; Markoff & Montecinos, 2010.

[87] Chafuén, 2004 (tradução própria).

ATRAVESSAR O ATLÂNTICO E CAÇAR DRÁCULA

VI. A FUNDACIÓN INTERNACIONAL PARA LA LIBERTAD À TONA: ESTRATÉGIAS PRIVADAS E PÚBLICAS

Após ter realizado um mapeamento da composição interna da FIL, buscaremos avançar na compreensão da FIL a partir de uma perspectiva descritiva e relacional que agregue elementos aos levantados e sistematizados anteriormente. Neste caso, buscamos caracterizar as ações públicas e privadas desenvolvidas pela Fundación Internacional para la Libertad entre 2002 e 2016.[88] E, colocando atenção nos eventos (foros e seminários) oferecidos pela FIL, realizar um levantamento das pessoas, instituições e estratégias de ação a partir das quais, entendemos, foi possível criar uma coalizão atlântica de caráter defensivo e ofensivo em tempos de crise e de contestação ao modelo neoliberal na América Latina.

Como aponta o já clássico estudo de Donald Abelson, uma das formas de estabelecer "indicadores" no estudo de *think tanks* é a análise das estratégias de visibilidade. Isto é, os esforços realizados pela organização para tentar promover suas ideias e assim obter influência na opinião pública e nos responsáveis pela tomada de decisões. Para o pesquisador estadunidense, esses indicadores revelariam o uso que os *think tanks* fazem do *marketing* no mercado de ideias por dois tipos de estratégias: as privadas, que se referem às abordagens diretas e de aplicação privada da política; e as públicas, referentes às abordagens mais amplas, dirigidas ao público em geral através dos meios de comunicação ou a públicos específicos através de eventos ou publicações.

---

[88] Para isso, baseamo-nos na análise das declarações anuais da FIL (correspondentes ao período 2014-2016) solicitadas ao Registro de Fundaciones da Espanha e nas informações levantadas do *site* oficial, a partir das buscas realizadas na plataforma Internet Archive da The Weyback Machine. Disponível em <https://web.archive.org/>. Acesso 10/5/2020.

UM ATLÂNTICO LIBERAL

Entre as estratégias privadas, o autor enumera: integração nos quadros de governo; prestação de serviço em grupos de trabalho político e de transição durante as eleições presidenciais e em comitês consultivos presidenciais; manutenção de escritórios de ligação com áreas de desenvolvimento político; convites aos responsáveis pela formulação de políticas para participar em conferências, seminários e *workshops*; permissão para que os burocratas trabalhem nos *think tanks* por um período limitado; oferta aos antigos responsáveis pela formulação de políticas de cargos nos *think tanks*; preparação de estudos e relatórios políticos. Como indicadores para realizar a estratégia pública, Abelson destaca: promoção de fóruns e conferências públicas para debater diversas questões políticas internas e externas; incentivo a acadêmicos para dar palestras públicas e consultorias; testemunho perante comitês e subcomitês do congresso e parlamento; publicação em livros, revistas de opinião, boletins informativos, relatórios políticos e jornais de ampla distribuição; envios por correio para facilitar a transmissão de novas publicações e a colocação de informações-chave em *sites*; apelo ao público durante campanhas anuais de captação de recursos; aumento da exposição na mídia.

Tomando como ponto de partida o esquema apresentado por Abelson, os dados sobre a FIL indicam que as estratégias privadas e as públicas estavam em estreita sintonia, embora as de caráter público tenham tomado maior protagonismo, sendo a organização de eventos o mais significativo entre os repertórios empreendidos pela FIL. Se partirmos das informações apresentadas anteriormente, ainda que a presença de ex e futuros mandatários e ministros seja constante entre os órgãos de governo institucional, é difícil apontar a FIL como formadora e propulsora de quadros políticos ou burocrático-administrativos, como sim o foram organizações como a Universidad Francisco Marroquín (Guatemala), a Eseade (Argentina) ou o CEP (Chile). No entanto, como veremos mais adiante, o frequente convite dessas figuras para eventos organizados pela FIL pode ser considerado como uma das estratégias

ATRAVESSAR O ATLÂNTICO E CAÇAR DRÁCULA

privadas mais frequentemente impulsionadas para consolidar sua visibilidade, seu prestígio e sua capacidade de influência, e vice-versa. De acordo com os dados parciais obtidos nos registros da fundação, são três as atividades explicitadas na apresentação das contas anuais da FIL. As primeiras referem-se às ações de captação de recursos, promoção e consolidação da entidade; as segundas, à realização de seminários e fóruns; e a terceira, ao fomento de programas de pesquisa sobre Iberoamérica. As primeiras são de caráter nitidamente privado, enquanto as segundas e as terceiras podem ser entendidas como de caráter público, embora nem todos os seminários tenham sido divulgados abertamente, assim como não são detalhados os canais de distribuição e divulgação das pesquisas citadas nos anuários. Por fim, mesmo que não apareça nos registros, cabe destacar as atividades de publicação e divulgação realizadas principalmente através da página institucional na *web*; não ocorre o mesmo com o uso de redes sociais digitais, de que a FIL começa a se apropriar a partir de julho de 2015, e que conta com baixa atividade e baixa interação do público (razão pela qual foi desconsiderado um estudo em profundidade desses suportes).

Captação de recursos para a promoção e a consolidação da entidade

Os registros dos anos 2014, 2015 e 2016 indicam que as ações de captação de recursos, promoção e consolidação da entidade eram uma tarefa em si mesma, para a qual eram destinados recursos humanos e materiais. Isso faz descartar a ideia recorrente de que o Conselho Empresarial, por ser integrado por empresários, portanto, vinculados ao movimento do capital, seja o aglutinador dos financiadores, embora o crescimento do Conselho Empresarial tenha sido produto desse tipo de atividade.

Entre 2014 e 2016 foram destinados € 52.388,63 a esse tipo de ação, que, segundo os registros anuais, baseava-se nas visitas a um importante leque de organismos públicos e privados, empresas e empresários que apoiassem as atividades da fundação. Ao longo desses três anos, foram realizadas 103 visitas que deram um retorno de € 430.891,12 (€ 57.358,84 em 2014, € 97.759,74 em 2015 e € 275.772,54 em 2016), a maioria proveniente de instituições privadas não espanholas. Como foi apontado anteriormente, embora em 2012 a FIL tenha mudado o estatuto, abrindo-se para o recebimento de recursos provenientes de organismos públicos, só em 2016 se registraram fundos provenientes de uma "administração autônoma", neste caso a Comunidad de Madrid, com uma doação de € 14.049,59. É importante destacar que não foi sua única contribuição à fundação. Embora não tenha sido acessado o montante específico, levantou-se que em 2004, 2006 e 2007 ela patrocinou o Foro Atlântico; em 2009 financiou o caderno de estudo da FIE com as memórias do V Foro Atlântico; e em 2019 patrocinou o Seminário Internacional em homenagem aos 80 anos do escritor Mario Vargas Llosa. Além da frequente participação nos eventos de Esperanza Aguirre, como já referido, membro do PP e presidente dessa própria comunidade administrativa entre 2003 e 2012.[89, 90, 91]

De acordo com o estatuto e as declarações de contas anuais, o total arrecadado a partir da captação de recursos foi inteiramente destinado às atividades institucionais, incluindo gastos profissionais independentes (€ 35.744,19 em 2015 e € 107.375,17 em 2016), transporte (€ 10.406,10 em 2014, € 32.744,92 em 2015 e € 18.830,88 em 2016) e a realização de programas de pesquisa e eventos, que abordaremos a seguir.

---

[89] FIL, 2014.

[90] FIL, 2015.

[91] FIL, 2016.

Programas de pesquisa

A partir dos dados parciais fornecidos nas contas anuais às quais tivemos acesso, a FIL desenvolveu e apoiou uma série de pesquisas que, segundo a descrição nos documentos, estava concentrada na luta contra a pobreza, no fortalecimento das instituições democráticas, na reforma do estado, na defesa da sociedade aberta e na consolidação da economia de mercado. Em 2014, foram realizadas três pesquisas em colaboração com a Fundación Libertad da Argentina, com o Cedice da Venezuela e com a Atlas dos Estados Unidos, respectivamente, com o objetivo de conhecer a realidade, as fraquezas e as oportunidades dos países ibero-americanos e de abordar temas como economia, educação, corrupção, liberdade de imprensa e justiça; e curiosamente foram distribuídas via *e-mail*, conforme indicado no registro.[92] Naquele ano, foram destinados € 11.960,16, e dois voluntários (anônimos nos registros) dedicaram 260 horas para a realização dessas atividades, que beneficiaram 110 pessoas. Nos anos seguintes, embora as pesquisas tenham diminuído para duas e o número de pessoal voluntário e horas de contribuição tenha se mantido, os gastos aumentaram para € 22.336,73 em 2015 e € 26.509,30 em 2016; e o número de beneficiários diretos passou de 150 para 500 pessoas físicas respectivamente.[93, 94] Em ambos os casos, não há menções a suas formas de divulgação, assim como não foi possível acessar informações sobre a realização desse tipo de atividade durante o período 2002-2013.

---

[92] FIL, 2014.

[93] FIL, 2015.

[94] FIL, 2016.

Fóruns e seminários

Seja pela forma como as finanças institucionais às quais tivemos acesso foram administradas, pelo interesse em divulgação ou pela continuidade como projeto institucional, a estratégia pública de visibilidade mais utilizada foi a organização de seminários internacionais e fóruns atlânticos. Os primeiros, coorganizados com outras instituições de atuação nacional, como o caso dos seminários realizados no Peru (também chamados de Fóruns de Lima) junto ao Citel, na Argentina junto à Fundación Libertad ou na Venezuela junto ao Cedice. O segundo formato foi o Foro Atlântico, realizado em todas as suas oportunidades em Madrid, e que manteve uma sequência anual, com exceção do período 2009-2012, em que não há menções ao evento. Em todos os casos, contou com o apoio ou a colaboração da FIE (Espanha) e, na maioria, da Atlas (Estados Unidos). Seja de um tipo ou de outro, os eventos mantiveram (e ainda mantêm) uma modalidade semelhante: transcorrem ao longo de um ou dois dias, com inscrição antecipada ou convite especial; e desenvolvem-se com exposições, conferências, painéis e mesas-redondas compostas de membros da FIL e convidados/as.

Os documentos do registro de fundações da Espanha mostram que, diferentemente do Foro Atlântico, nem todos os seminários foram divulgados. Os registros disponíveis dão conta de uma série de encontros não públicos enquadrados nesse tipo de atividade, sob o objetivo "de influenciar a agenda internacional e apoiar institutos e organizações afins na América", conforme explicitado no registro em 2015. Embora os dados declarados sejam parciais, vale comentar que em 2014 foram gastos € 11.045,73 no VII Foro Atlântico, que contou com a participação de 210 pessoas, e não foram apresentados os gastos referentes aos outros dois seminários declarados, embora se indique que 540 pessoas foram beneficiárias das atividades realizadas na Venezuela e no Peru.[95] Em 2015, foram destinados € 17.874,59 à realização do VIII Foro Atlântico, que teve 210 beneficiários, e € 39.836,62 em três seminários internacionais, na Argentina, no Peru e nos Estados Unidos, que alcançaram 500 pessoas.[96] Já em 2016 foi organizado o "Seminário Internacional Vargas Llosa: Culturas, ideias e liberdade", em Madrid, que teve 750 beneficiários e para o qual foram destinados € 79.382,15; e três seminários internacionais, na Argentina, no México e nos Estados Unidos, com 1.400 beneficiários, eventos nos quais foram gastos € 69.794,15.[97]

A partir do levantamento de atividades expressas em sua página na *web*, capturadas e disponíveis a partir do projeto The Internet Archive, entre 2002 e 2016 foram contabilizados 18 eventos organizados pela FIL. Se, como indica seu nome, a FIL se projeta internacionalmente, os assuntos abordados na maioria das oportunidades tiveram foco iniludível na América Latina (embora valha destacar a existência de dois eventos pela paz no Oriente Médio com personalidades de Israel e Palestina, em Madrid).[98]

Com uma agenda afinada com o acontecer regional, os mais de 120 painéis levantados foram organizados em torno do tríptico "ameaças, desafios e oportunidades", que sinteticamente se pode explicitar como: as ameaças que os populismos, os nacionalismos e o comunismo impõem à democracia liberal (apontando prioritariamente contra os governos de Cuba e Venezuela, mas também contra Evo Morales na Bolívia, o kirchnerismo na Argentina e Rafael Correa no Equador);

---

[95] FIL, 2014.

[96] FIL, 2015.

[97] FIL, 2016.

[98] A primeira atividade foi denominada I Encontro Árabe-Israeli e ocorreu em 6 de junho de 2006, um dia após o III Foro Atlântico; e a segunda, II Encontro pela Paz no Oriente Médio, em 6 de julho de 2007, paralelamente ao IV Foro Atlântico. Até o momento, não encontramos registros audiovisuais ou transcrições desses eventos.

UM ATLÂNTICO LIBERAL

os desafios para garantir a segurança dos mercados e a guerra ao narcotráfico; e as oportunidades das democracias de mercado e do modelo que se consolidava no eixo Chile, Peru, Colômbia e México, reativando o projeto de livre comércio nas Américas que vinha sendo posto em marcha a partir da Aliança do Pacífico, em abril de 2011.

É possível notar a predominância de atividades realizadas na Espanha (12 das 18 contabilizadas), sendo a Casa de América em Madrid o cenário preferido, seguido por Colômbia, Peru e Venezuela com dois eventos cada, e Estados Unidos e Argentina com uma atividade cada, embora esse último país tenha acolhido a sede institucional na cidade de Rosário a partir de 2012.

Em todos eles, Mario Vargas Llosa participou com palavras de abertura ou encerramento e em algumas oportunidades com conferências, painéis ou mesas de debates. No total contabilizamos 230 expositores, conferencistas e painelistas, muitos dos quais o fizeram em sucessivas oportunidades, principalmente quando se tratava de membros da FIL. Embora pessoas de países como França, Suécia ou Alemanha sejam mencionadas ao longo do período analisado, destacam-se os espanhóis (70 participações), seguidos por estadunidenses (43 participações), depois argentinos (32), peruanos (31), cubanos (30), colombianos (25), venezuelanos e chilenos (20 participações de cada país).

Nos painéis consultados, quando especificado, o assunto mais frequente é a "ameaça populista", seguido pela "cultura da liberdade", "narcotráfico e terrorismo", "segurança internacional", "a importância das ideias e dos *think tanks*" e, em menor medida, "globalização", "imigração" e "pobreza". E os únicos países referenciados nos títulos dos painéis são Cuba, Venezuela, Bolívia, Espanha e Estados Unidos, embora (como será apresentado nas próximas seções) isso não tenha excluído a menção e a análise de outros casos nacionais.

Mantendo o olhar na procedência das pessoas que se articularam em torno desses eventos, é possível notar que, no caso estadunidense, a maioria o fez como acadêmicos ou especialistas em assuntos econômicos ou de segurança, jornalistas e membros de organizações privadas (fundações, *think tanks*, ONGs), como Ian Vásquez do Cato Institute e Alejandro Chafuén da Atlas (ambos membros da FIL), mas também Mary O'Grady, editora do "Americas" no *Wall Street Journal*, John Goodman, do National Center for Policy Analysis, Robert Lieber, da Georgetown University, Jeane Kirkpatrick, ex-membro do Conselho de Segurança Nacional e ex-embaixadora nas Nações Unidas durante os anos Reagan, e o diplomata Hugo Llorens.

No caso espanhol, repetia-se aquela composição e somavam-se empresários como Lorenzo Bernaldo de Quirós (membro da FIL), ex-mandatários como o próprio José María Aznar, que participou em quatro oportunidades, ministros e parlamentares principalmente vinculados ao PP, como Esperanza Aguirre, Pablo Izquierdo Juárez e Javier Fernández Lasquetty; embora isso não tenha excluído a participação de membros do PSOE. E para o caso dos latino-americanos, além da primeira e da segunda tendências reforçadas por um *staff* mais amplo de ex-mandatários, candidatos e/ou futuros mandatários, como Jorge Quiroga da Bolívia, Luis Alberto Lacalle do Uruguai, Felipe Calderón do México e Álvaro Uribe da Colômbia, Sebastián Piñera, Mauricio Macri, Guillermo Lasso, Pedro Pablo Kuczynski. Mas também representantes de organizações da oposição e ativistas como os venezuelanos Leopoldo López, Mitzy Capriles, María Corina Machado e Lilian Tintori de López, ou as Damas de Blanco de Cuba.

Assim como na estrutura organizacional, a participação de mulheres nesses eventos foi minoritária. E exceto pelo caso da blogueira cubana Yoani Sánchez, reconhecida por sua intensa atividade nas redes sociais digitais na denúncia e na oposição ao regime cubano, e que a partir de 2013 começou a frequentar as atividades da FIL, a presença dos jovens cibermilitantes pró-mercado é praticamente nula. Situação muito diferente se considerarmos os vínculos com os meios de comunicação hoje considerados tradicionais (TV, rádio, jornais).

UM ATLÂNTICO LIBERAL

Por um lado, a FIL garantia aos eventos uma tropa orgânica composta de uma série de jornalistas e escritores com forte participação midiática. Se não todos, a maioria de seus membros oficiava como comentaristas, colunistas ou articulistas em veículos de comunicação gráficos, radiofônicos ou televisivos. Além do próprio Mario Vargas Llosa, cabe mencionar seu filho Álvaro, também *senior fellow* do americano Independent Institute, o cubano Carlos A. Montaner e o colombiano Plinio Apuleyo Mendoza, os três autores do *best-seller Manual del perfecto idiota latinoamericano y español*, lançado em 1996.[99] Nessa mesma linha seguem o argentino Marcos Aguinis, o chileno Mauricio Rojas, o espanhol Pablo Izquierdo Juárez (que, como já foi dito, atuou como assessor de imprensa durante o mandato presidencial de José María Aznar, além de criar e dirigir *El Diario Exterior*, da Espanha) e o antes citado peruano-americano Ian Vásquez, que além de ter uma ativa presença nas redes do Cato Institute participou como articulista no diário *El Comercio* do Peru e como comentarista na CNBC, NBC, C-SPAN, CNN, Univisión Canadian Television, e Voice of America, do serviço de rádio e televisão internacional do governo dos Estados Unidos.

Entre os convidados para os seminários e fóruns, também vale mencionar a presença de jornalistas como Hermann Tertsch do jornal espanhol *El País*, Carlos Pagni de *La Nación* da Argentina, Guy Sornam da França e a americana Mary A. O'Grady, além de representantes da ONG Reporteros Sin Fronteras da Espanha.

Na maioria dos eventos organizados pela FIL, as questões relacionadas a reformas e regulamentações dos sistemas de comunicação foram enquadradas como uma das ameaças impostas pelos populismos à democracia na América Latina e ao direito à liberdade de expressão como valor essencial. Em julho de 2013, por exemplo, após os escândalos que causaram os cancelamentos e não renovações de licenças de mídia na Venezuela e a implementação de novas leis de regulamentação

---

[99] Apuleyo; Montaner & Vargas Llosa, 1996.

ATRAVESSAR O ATLÂNTICO E CAÇAR DRÁCULA

dos serviços de comunicação no Equador e na Argentina, o assunto conseguiu alcançar o centro da cena promovida pela FIL com a realização do VI Foro Atlântico sob o título "Desafios institucionais, políticos e econômicos. O papel dos meios de comunicação".

Se pela composição dos palestrantes e pelos conteúdos abordados os meios de comunicação ocupavam um lugar destacado nos eventos, esse vínculo não se resumia ao próprio encontro, mas se estendia à promoção e à divulgação do evento. Vejamos o caso do "Seminário Internacional: Os desafios da América Latina. Entre as falências institucionais e as oportunidades de desenvolvimento", de 27 e 28 de março de 2008 em Rosário (Argentina), coorganizado com a Fundación Libertad, que celebrava o 20º aniversário em meio à paralisação agropecuária patronal (*lock out*) contra a resolução n. 125/2008, de retenções móveis às exportações de cereais e oleaginosos, e contra a criação de um fundo de redistribuição social promovida pelo governo da então presidenta argentina Cristina Fernández de Kirchner. O *press clipping* realizado pela Fundación Libertad contabiliza 147 matérias em jornais e *sites* de notícias da Argentina, Espanha, Chile e México alusivas ao Seminário Internacional, destacando a presença do ex-mandatário espanhol José María Aznar, do mexicano Vicente Fox e do escritor Mario Vargas Llosa. Além de repercutir as notícias de que o novelista Vargas Llosa havia sido distinguido no dia anterior com o título de Cidadão Honorário de Buenos Aires pelo então chefe do governo portenho e futuro presidente Mauricio Macri (que também participou do evento como convidado especial), circularam outras notícias não tão esperadas, como a de que o ônibus que transportava a comitiva pela cidade de Rosário havia sido apedrejado por manifestantes, fato que, segundo o jornal *La Capital*, acabou com lesões em oito policiais e um fotógrafo.[100]

---

[100] "Piedras, balazos de goma y ocho policías lesionados". *La Capital*, 19 de março de 2019. Disponível em <http://web.archive.org/web/20080723105837/http://www.libertad.org.ar/prensa/pressclip/lacapital009.html>. Acesso em 30/9/2020.

UM ATLÂNTICO LIBERAL

Sem dúvida, surpreende a esporádica participação do campo literário nos eventos, bem como a falta de atividades institucionais quando Vargas Llosa, em 2010, ganhou o Prêmio Nobel de Literatura. Isso coloca em questão a ideia preconcebida de que a instituição de pensamento liberal que ele preside possa ter extraído benefícios do renomado prêmio para se projetar politicamente, pelo menos no que diz respeito às repercussões imediatas da conquista do escritor peruano. Embora nos eventos analisados tenham existido mesas destinadas a discutir a questão cultural ("A cultura da liberdade"), de que participaram alguns escritores ou ensaístas, como é o caso do V Foro Atlântico (que é abordado em detalhe na terceira seção), apenas no último evento registrado nesta análise, realizado em março de 2016 por ocasião das celebrações dos 80 anos de Mario Vargas Llosa, foi formado um painel intitulado "Ética e literatura", com a presença do escritor espanhol Fernando Savater (que já havia discursado na abertura do IV Foro Atlântico, em 2007), da escritora e membro da Real Academia Española Carmen Riera e do crítico cultural de *El País* Manuel Rodríguez Rivero; e outro dedicado a um diálogo entre o romancista peruano, o escritor turco Orhan Pamuk, vencedor do Prêmio Nobel de Literatura 2006, e Pilar Reyes, diretora da Editora Alfaguara, que tem contrato com o romancista peruano desde 1996.[101]

Divulgação: livros, site e mídias aliadas

Assim como o grande prestígio do romancista peruano não trouxe consigo a coexistência do campo da literatura aos eventos promovidos pela FIL, a longa trajetória no mundo da edição de livros não implicou um esforço semelhante na publicação das ideias promovidas.

---

[101] "Alfaguara contrata toda la obra de Vargas Llosa". *El País,* 3 de dezembro de 1996. Disponível em <https://elpais.com/diario/1996/12/03/cultura/849567611_850215. html>. Acesso em 30/12/2020.

Embora entre 2002 e 2016 Mario Vargas Llosa tenha lançado quatro romances, dois livros de ensaios e escrito centenas de colunas publicadas quinzenalmente no diário *El País*,[102] a Fundación Internacional para la Libertad publicou apenas um livro em homenagem ao escritor, em seu octogésimo aniversário, intitulado *Ideas en libertad. Homenaje de 80 autores a Mario Vargas Llosa* (2016). A publicação foi coordenada por Gerardo Bongiovanni e Álvaro Vargas Llosa e, como indica seu título, contou com 80 colaborações, entre elas: membros do Patronato da FIL, como Alejandro Chafuén, Dora Ampuero, Rocio Guijarro, Alberto Benegas Lynch Jr., Lorenzo Bernaldo de Quirós, Plinio Apuleyo Mendoza, Carlos Alberto Montaner, Roberto Salinas León; membros dos Conselhos Acadêmico e Empresarial, como Enrique Krauze, Massimo Mazzone, Pedro Schwartz, Fernando Luis Schuler, Juan Félix Huarte Giménez, Marcelino Elosua, também proprietário da LID Editorial, que publicou a obra; e outras personalidades públicas próximas à organização, frequentemente convidadas para os eventos, como os ex-mandatários Luis Alberto Lacalle Herrera e Jorge Quiroga, o então presidente argentino Mauricio Macri, além de Esperanza Aguirre, do PP espanhol, e a já mencionada María Corina Machado, ex-deputada da Assembleia Nacional Venezuelana, fundadora do partido político Vente Venezuela e cofundadora da associação civil Súmate, ambas dedicadas a organizar a oposição aos governos de Hugo Chávez e Nicolás Maduro.[103]

Embora nem todos os artigos tenham sido escritos especialmente em homenagem ao romancista (o caso do artigo assinado por Mauricio Macri contém trechos do discurso proferido na 134ª abertura das

---

[102] Durante esses anos foram publicados *El paraíso en la otra esquina*, em 2002; *Travesuras de la niña mala*, em 2006; *El sueño del celta*, em 2010; *El héroe discreto*, em 2013; *Sables y utopías. Visiones de América Latina*, em 2009; e *La civilización del espectáculo*, em 2012.

[103] A lista completa de autores está no *site* oficial do livro. Disponível em <http://www.ideasenlibertad.com/>. Acesso em 14/10/2020.

sessões ordinárias do Congresso na Argentina), a promoção do liberalismo atravessou a compilação, com alguns testemunhos pessoais vinculados ao romancista, e uma série de análises econômicas, políticas e históricas dos processos políticos latino-americanos.

Ainda que não haja dados nos documentos de contas anuais de 2016 apresentados ao registro de fundações da Espanha, o *site* indica que a compilação de artigos foi uma iniciativa da FIL junto à Cátedra Vargas Llosa da Fundación Biblioteca Virtual Miguel de Cervantes (criada em 2011 a partir de um projeto impulsionado pela FIL) e a LID Editorial (criada em 1997 também na Espanha, especializada em conteúdos empresariais), estabelecendo assim o encontro mais nítido entre o campo da literatura, o editorial e a fundação liberal.[104]

Mesmo que exceda o recorte temporal escolhido, vale mencionar que um empreendimento semelhante seria realizado no ano seguinte (este sim vigente nos registros da fundação) com a publicação de *El estallido del populismo* (2017), coordenado por Álvaro Vargas Llosa e lançado pela Editorial Planeta. O livro contou com a participação de 16 dos autores e autoras da publicação em homenagem ao romancista, embora neste caso não estivesse voltado para a trajetória do velho referente na defesa do liberalismo, mas sim para o embate contra os chamados populismos. Como na publicação anterior, trata-se de uma compilação de artigos de opinião, muitos dos quais foram publicados anteriormente em outros veículos.

A principal ferramenta de divulgação foi a página *web* institucional www.fundacionfil.org, ativa desde outubro de 2002, no momento da criação da FIL, conforme mostram os dados expostos pelo The Internet Archive. Na página foram postadas e atualizadas informações referentes à FIL, fins, missão, composição e entidades associadas, bem

---

[104] Sobre a Cátedra Vargas Llosa da Fundação Biblioteca Virtual Miguel de Cervantes, consulte o portal institucional. Disponível em <https://catedravar gasllosa.org/la-catedra/>. Acesso em 14/10/2020.

ATRAVESSAR O ATLÂNTICO E CAÇAR DRÁCULA

como foram divulgados eventos, discursos proferidos por Vargas Llosa, notas públicas e artigos de seus membros. Neste último caso, replicando escritos produzidos para outros veículos de comunicação, como as colunas de Ian Vásquez, Lorenzo Bernaldo de Quirós e Mauricio Rojas para a página do Cato Institute, de Alejandro Chafuén para a *Forbes* e de Álvaro Vargas Llosa para *The Independent*. Mas também em meios de comunicação tradicionais e de grande prestígio, como as colunas "Toque de Piedra" de Mario Vargas Llosa em *El País*, as do escritor argentino Marcos Aguinis em *La Nación* e as intervenções do economista chileno Cristián Laurroulet em *El Mercurio*.

No entanto, o principal veículo citado e que faz referência original à FIL foi o portal digital de notícias *El Diario Exterior*, criado em março de 2004 pela FIE e, como indicado anteriormente, dirigido pelo próprio Pablo Izquierdo Juárez. Embora seja um portal em espanhol, seu lançamento nos Estados Unidos ocorreu em 5 de março de 2005, durante um encontro intitulado "Os desafios políticos e econômicos na América", organizado pela FIE, pela Atlas e pela Foundation for Economic Education, no Yale Club de Nova York, um dia depois que Mario Vargas Llosa recebeu o Prêmio Irving Kristol.[105] Em *El Diario Exterior* foi possível encontrar colunas de opinião republicadas no *site* da FIL, mas também publicações com cobertura dos eventos realizados pela fundação, às vezes ausentes na página institucional.

Como dissemos anteriormente, além de artigos, o *site* da FIL também hospedou uma série de notas ou manifestações públicas promovidas pela entidade. Para o período analisado, aparece uma nota em repúdio ao governo de Cuba, em abril de 2003, referente aos encarceramentos de opositores na Ilha;[106] e duas notas contra o governo

---

[105] "El portal *Diario Exterior* se presenta en Estados Unidos". *El Diario Exterior*, 5 de março de 2005. Disponível em <https://www.eldiarioexterior.com/el-portal-diario-exterior-se-4544.htm>. Acesso em 14/10/2020.

[106] FIL, 2003e.

venezuelano: a primeira em 2003, alertando para supostas irregularidades no processo referendário;[107] e a segunda em 2009, denunciando as medidas do governo de Hugo Chávez de não renovar e de suspender as concessões de licença aos meios de comunicação da oposição.[108]

Embora não haja referências específicas ao funcionamento do *site* nos registros anuais da FIL, os gastos destinados a publicidade, propaganda e relações públicas para os anos de 2014, 2015 e 2016 indicam um salto notável que vai de € 6.438,71 em 2014 para € 21.849,68 em 2015 e € 59.514,16 em 2016.[109]

Mesmo que o conteúdo oferecido pelo *site* da FIL tenha permanecido fiel ao formato inicial (apresentação institucional, membros, conselhos, entidades, artigos e eventos), a análise realizada com a consulta ao The Internet Archive permite identificar quatro momentos na construção dessa ferramenta de comunicação. O primeiro, que vai de outubro de 2002 a junho de 2006, vinculado ao domínio www.fundacionfil. org. A partir dessa data, a página é referenciada no domínio https:// fundacionfil.org/index06b.html, com atualização e mudança de interface, mas é desativada em agosto de 2009. Após um ano e meio, em abril de 2011, o *site* volta a funcionar a partir de www.fundacionfil. org/espanol, mas a página carece de conteúdo até janeiro de 2013. Em março de 2014, a última atualização saiu do ar e foi novamente aberto o domínio original www.fundacionfil.org, que ainda se mantém ativo com algumas atualizações. É nesse mesmo momento que foram abertas as redes sociais digitais como Facebook e Twitter, as quais, como já foi dito, apresentam baixa interação tanto dos administradores quanto de seus seguidores. Nessas redes foram divulgados alguns dos conteúdos publicados no *site* institucional, principalmente aqueles referentes à cobertura de eventos.

---

[107] FIL, 2003d.

[108] FIL, 2009.

[109] Nos documentos analisados, é notificado que nesse tipo de gasto estão incluídos os desembolsos em hotéis e refeições.

ATRAVESSAR O ATLÂNTICO E CAÇAR DRÁCULA

Como dissemos acima, se as alterações do estatuto realizadas pela FIL em outubro de 2012 indicavam uma alteração de endereço ligada à mudança realizada pela FIE, as informações do *site* institucional permitem notar que este também acompanhou a alteração da sede organizativa da fundação, que desde então foi transferida para as instalações da Fundación Libertad na cidade de Rosário (Argentina), mesmo que mantendo sua personalidade jurídica do outro lado do Atlântico.

Não visibilidade: silêncio tático ou circunstancial?

Se nos detivermos no desenvolvimento de estratégias de visibilidade desenvolvidas durante o período estudado, é pelo menos curioso o silêncio ou pausa institucional entre 2009 e 2013, período que coincide com a entrega do Prêmio Nobel de Literatura a Mario Vargas Llosa, em 2010. Nessa mesma linha, resulta chamativo que a nota lançada pela Atlas em dezembro de 2010, pelo motivo da premiação, tenha elogiado explicitamente o compromisso do peruano com os *think tanks* defensores do liberalismo, mas omitido menções à Fundación Internacional para la Libertad.[110] Porém, é justamente após o período de ausência que a FIL começa a atravessar o chamado *American Express effect* cunhado por Bongiovanni e do qual se apropriou Chafuén para representar o devir e o sucesso dos *think tanks* e de seus intelectuais empreendedores. Como abordado anteriormente, se o salto organizacional verificado com nitidez no aumento de membros e de recursos gerenciados responde a uma ação deliberada e assentada nos registros da FIL, o que explica esse período de aparente retirada?

---

[110] "Mario Vargas Llosa depicting the realities of tyranny – so as to end it". Disponível em: <http://web.archive.org/web/20101211181505/http://atlasnetwork. org/blog/2010/12/mario-vargas-llosa/>. Acesso em 15/2/2021.

Segundo analistas espanhóis, a crise econômica internacional de 2008 e suas fortes repercussões naquele país tiveram impactos negativos diretos sobre o setor das ONGs e fundações, aprofundando as fraquezas do amplo sistema de organizações não governamentais até então vigente. Como apontado pelo professor Carlos Gómez Gil, se nos últimos anos as ONGs e fundações se haviam convertido em simples gestoras de projetos e subvenções (deixando de lado a participação, a capacidade crítica e a autonomia financeira), sua grande dependência econômica em relação ao setor público, em tempos de recessão, conduziu a um processo de endividamento e fortes dificuldades para apenas manter-se, restando como estruturas organizativas simbólicas e à beira do fechamento. Em 2013, 92,8% dessas organizações dependiam do financiamento público, que em muitos casos representava mais de 60% de seus recursos econômicos. E embora por estatuto a FIL não tenha recebido recursos públicos até 2012, após a mudança estatutária (fato que não condiz com os dados coletados ao longo desta pesquisa), poder-se-ia pensar que os coices da crise de fundos públicos e privados também afetaram a fundação espanhola presidida pelo romancista peruano.

No entanto, se de apontar possíveis causas do silêncio ou parêntese institucional se trata, também é relevante mencionar os escândalos de corrupção e desvios de fundos públicos que por esses anos envolveram o PP da Espanha e suas fundações. Embora não fossem novas as acusações de malversação de fundos contra personagens como Pablo Izquierdo Juárez,[111] que em 2004 recebeu denúncias por colocar nas

---

[111] "Un diputado del PP por Málaga cargó en la ONG que preside gastos por los que ya cobra dietas", *Cadena Ser*, 09/03/2004. Disponível em <https://cadenaser.com/ser/2004/03/09/espana/1078793417_850215.html?int=masinfo>. Acesso em 15/2/2021; "Un ex colaborador de Aznar retiró sin justificar tres millones de pesetas de la fundación que presidía", *Cadena Ser*, 12/08/2004. Disponível em <https://cadenaser.com/ser/2004/08/12/espana/1092268215_850215.html?int=masinfo>. Acesso em 15/2/2021. Sobre o assunto, consulte Gómez Gil, 2005.

contas da fundação que ele dirigia uma série de despesas pelas quais já recebia diárias como parlamentar, ou as que apontavam contra Ana Botella pelas vultosas somas concedidas à FIE quando era responsável pela pasta da imigração da Comunidad de Madrid, para desenvolver projetos na América Latina, alguns dos quais não foram concluídos,[112] poder-se-ia dizer que a soma desses escândalos colocou as fundações espanholas vinculadas a partidos políticos na mira da justiça nacional e internacional e, possivelmente, num silêncio tático, o que não condiz necessariamente com explicações centradas na crise econômica e na falta de recursos.[113]

Segundo o jornal *El País*, em novembro de 2008 o governo madrileno havia aprovado uma ajuda de mais de € 1.000.000,00 para a FIE, que foram aplicados no "fortalecimento das capacidades institucionais para o desenvolvimento dos setores mais desfavorecidos da Bolívia", no "fortalecimento das instituições do setor empresarial, de

---

[112] Ana Botella é membro do PP, ex-vice-presidente da FIE entre 1994-1996, esposa do presidente José María Aznar e foi prefeita de Madrid entre 2011 e 2015. "Ana Botella subvencionou com € 300.000 a fundação da qual foi vice-presidente", *Cadena Ser*, 17 de agosto de 2004. Disponível em <https://cadenaser.com/ser/2004/08/17/espana/1092700215_850215.html?int=masinfo>. Acesso em 8/1/2021; "A ONG da qual foi vice-presidente Botella destinou dinheiro de El Salvador a um fundo de investimento", *Cadena Ser*, 9 de novembro de 2004. Disponível em <https://cadenaser.com/ser/2004/11/09/espana/1099961414_850215.html>. Acesso em 8/1/2021.

[113] Em 2007, essas e outras denúncias contra a FIE chegaram ao Escritório de Luta Europeia contra a Fraude (Olaf), da União Europeia, a partir das declarações feitas por antigos trabalhadores da fundação sobre a manipulação de faturas para tentar escapar das investigações abertas no país. Embora a União Europeia tenha orientado à Direção Geral de Cooperação exigir da fundação vinculada ao PP a devolução dos fundos cobrados, o caso só deixou como saldo a condenação pela justiça espanhola de um jornalista da agência de notícias *Cadena Ser* que divulgou o caso, condenado em 2011 por calúnias após resguardar a identidade das testemunhas. "Un periodista da *Cadena Ser* condenado por proteger sus fuentes en un caso de supuesta corrupción", *Cadena Ser*, 17 de novembro de 2011. Disponível em <https://cadenaser.com/ser/2011/11/17/sociedad/1321499618_850215.html>. Acesso em 8/1/2021.

líderes sociais e jovens jornalistas na Venezuela", e para um programa "de pesquisa e sensibilização em valores democráticos". Já em 2011, a agência espanhola *Publica* lançou uma série de reportagens vinculadas à Conselleria de Solidariedade e Cidadania da Generalitat catalã e ao benefício de oito ONGs pertencentes à órbita do PP, embora os relatórios técnicos realizados por uma consultora privada não lhes tenham atribuído a pontuação mínima exigida e, em alguns casos, recomendado expressamente negar a subvenção.[114] E a essas denúncias se somariam as graves acusações do governo boliviano presidido por Evo Morales pela suposta derivação de fundos provenientes da FIE para financiar os grupos opositores da região conhecida como Media Luna, do departamento de Santa Cruz, a partir da transferência de recursos para a Cámara de Comercio e Indústria de Santa Cruz (Cainco), e pelos possíveis vínculos com a tentativa de magnicídio desarticulada pela polícia boliviana em abril de 2009.[115]

Chegados a este ponto, resta pensar que nem a crise econômica de 2008 nem a corrupção que contorna a FIL com seus vínculos explícitos com a FIE explicam por si só o silêncio ou pausa institucional. Afinal,

---

[114] Este foi o caso, por exemplo, de um projeto apresentado pela FIE, pelo qual obteve € 116.540,00 para desenvolvê-lo no Panamá, apesar de o relatório técnico não recomendá-lo, devido à falta de transparência da contraparte local panamenha e à suspeita sobre a confiabilidade. "La comunidad dá mas de dos millones a una ONG sob sospecha", *El País*, 5 de setembro de 2009. Disponível em <https://elpais.com/diario/2009/09/05/madrid/1252149859_850215.html>. Acesso em 8/1/2021.

[115] É importante ressaltar que esses fatos e suspeitas não foram episódios excepcionais durante o governo de Morales na Bolívia, mas sim se somaram às denúncias e às medidas preventivas que levaram em setembro de 2008 à expulsão do embaixador americano Philip Goldberg e em maio de 2013 à Usaid, acusados de conspiração e interferência nos assuntos públicos internos do país andino. Sobre as acusações do governo boliviano contra a FIE, consulte "Bolívia investiga una ONG de un ex jefe de prensa de Aznar", *Pública*, 5 de dezembro de 2009. Disponível em <https://www.publico.es/actualidad/bolivia-investiga-ong-ex-jefe.html>. Acesso em 8/1/2021.

outros membros da FIL também estariam envolvidos em novos casos de malversação de fundos, corrupção ou operações ilegais e, no entanto, a FIL não perdeu, pelo contrário, aumentou sua capacidade de ação. Como é o caso de Marcelino Elosua de Juan, que em 2011, no âmbito da investigação judicial conhecida como caso Púnica, sobre o financiamento ilegal do PP quando liderado por Esperanza Aguirre, foi surpreendido com € 200.000,00 em dinheiro na fronteira franco--suíça,[116] e até do próprio Mario Vargas Llosa, que, em 2016, após a publicação de documentos vazados do escritório Mossack Fonseca que fazem parte do caso Panamá Papers, viu sua impecável trajetória salpicada ao aparecer em setembro de 2010 (um mês antes de receber o Prêmio Nobel) como acionista da sociedade *offshore* Talome Services Corp, uma *holding* de investimentos com domicílio fiscal nas Ilhas Virgens Britânicas, criada em agosto daquele mesmo ano.[117]

Provavelmente a esperada futura digitalização e acesso à consulta dos documentos vigentes no registro de fundações da Espanha anteriores ao ano de 2014 permitirão completar com mais e melhores elementos o quadro de entendimento do período de silêncio institucional ao qual nos referimos até aqui. No entanto, a soma das informações enumeradas nos permite pensar que, além da trama institucional, objetivos, missões e projetos, existem fatores contextuais

---

[116] Marcelino Elosua de Juan se incorporou à FIL como membro do Conselho Empresarial em 2016. É dono da firma LID Editorial, que editou o livro em homenagem a Vargas Llosa. "El 'caso Púnica' desvela que el ex dueño de Elosua fue sorprendido con 200.000 euros en efectivo en la frontera franco-suiza", *Infolibre*, 16 de maio de 2017. Disponível em <https://www.elperiodico.com/es/sociedad/20170516/empresarios-ligados-financiacion-pp-cazados-6041534>. Acesso em 8/1/2021; "El juez de Púnica imputa a otro empresario en la causa de la financiación irregular del PP de Madrid". *El Diario.es*, 30 de março de 2017. Disponível em <https://www.eldiario.es/politica/punica-empresario-financiacion-pp-madrid_1_3490262.html>. Acesso em 8/1/2021.

[117] "La sociedad *offshore* de Vargas Llosa", *Ojo Público*, 6/3/2016. Disponível em <https://panamapapers.ojo-publico.com/articulo/la-sociedad-offshore-de-vargas-llosa/>. Acesso em 8/1/2021.

concretos que condicionam o agir desse tipo de instituições, abrem oportunidades ou as obstaculizam.

Agora bem, o que explica o esforço articulado que, a partir de 2002, envolveu diretamente 133 pessoas e 50 organizações de pensamento liberal, geograficamente delimitada por Espanha, Estados Unidos e América Latina? O que explica esse esforço Atlântico?

VII. ATLANTISMO EM TEMPOS DE "MARÉ ROSA"

Como foi mencionado na seção anterior, a principal atividade convocada pela Fundación Internacional para la Libertad para discutir questões-chave da conjuntura internacional foi o Foro Atlântico. O primeiro, intitulado "Europa-América: os desafios para o século XXI", foi realizado em 30 de junho de 2004 nas instalações da Casa de América, Madrid, cenário da maioria dos fóruns que se seguiram. A reunião foi realizada a portas fechadas, e, embora não haja transcrições ou vídeos das exposições, o escritor argentino Marcos Aguinis (membro do conselho acadêmico da FIL) escreveu em suas colunas do jornal portenho *La Nación* quatro crônicas referentes ao evento, que também foram publicadas no *site* da fundação.

O I Foro Atlântico "foi um banquete de informação e lucidez [...] nele nos reunimos um punhado de intelectuais e políticos decididos a não escamotear palavras diante dos desafios do século, especialmente os vínculos entre Europa e América", dizia Aguinis ao iniciar a primeira nota, publicada em 22 de julho no jornal argentino.[118]

Segundo a crônica, o evento teve como objetivo debater temas como "Europa-América: dois modelos?", "A cultura e a política da liberdade: os desafios do novo milênio" e "Defesa, segurança e política exterior". E contou com a participação de altos funcionários do recém-

---

[118] Aguinis, 2004a (tradução própria).

-assumido governo da Espanha (PSOE) e do anterior (PP), como o novo ministro da economia Pedro Solbes, a coordenadora de política externa Trinidad Jiménez e o ex-presidente José María Aznar. Também estiveram presentes Miguel Ángel Rodríguez, então secretário-geral da OEA e ex-presidente da Costa Rica (1998-2002), Jeane Kirkpatrick, ex--embaixadora dos Estados Unidos na ONU durante o governo Reagan (1981-1985),[119] Alejandro Chafuén, da Atlas, o cientista político Giovanni Sartori, os escritores Jean François Revel, Mario Vargas Llosa e Carlos Alberto Montaner, e os jornalistas Álvaro Vargas Llosa e Hermann Tertsch, do jornal *El País*.

A iniciativa foi patrocinada pela Atlas Network e pela Fundación Iberoamérica Europa, duas instituições nitidamente comprometidas na criação da FIL e no futuro de suas atividades. E segundo os *banners* do evento, este contou com o patrocínio da Red Eléctrica España, uma empresa de distribuição de energia com forte participação no setor espanhol e latino-americano.[120]

Foi a primeira aparição do ex-presidente José María Aznar após o término de seu segundo mandato e após ter passado a presidência espanhola para José Luis Rodríguez Zapatero (PPSOE). Embora nas crônicas de Aguinis não haja menções explícitas aos então recentes atentados em Madrid, que ficaram na história como 11M, o problema da guerra ao terrorismo e a segurança internacional foi o primeiro disparador temático da jornada – os expositores aproveitaram a ocasião para fazer recomendações e traçar diretrizes.[121] Referindo-se à exposição realizada por Aznar, Aguinis relatava:

---

[119] Jeane Kirkpatrick faleceu em 7 de dezembro de 2006.

[120] FIL, 2004.

[121] Conhecidos como os atentados do 11M, referem-se às explosões na manhã de 11 de março de 2004 em quatro trens de Madrid, atribuídas a uma célula terrorista jihadista. Morreram 193 pessoas, e mais de duas mil ficaram feridas. Os atentados ocorreram três dias antes das eleições gerais que levaram à vitória do PSOE.

UM ATLÂNTICO LIBERAL

[Aznar] Também concordou que o terrorismo declarou guerra a todo o mundo democrático. Sem disfarce, José María Aznar enviou uma mensagem clara a seus sucessores: o terrorismo é antigo, mas os jihadistas transcendem as formas anteriores em crueldade e fanatismo. É um erro fazer-lhes qualquer concessão, porque isso estimula sua virulência.[122]

Diante do novo cenário, os apelos de Aznar para dar continuidade às políticas externas alinhadas às estadunidenses não eram infundados, embora parecessem ignorar o desgaste que esse alinhamento havia provocado na sociedade espanhola, que desde o início se tinha manifestado contrária ao envio de tropas ao Iraque e que não demorou em estabelecer os vínculos entre o atentado e a participação do PP nas ações no Oriente Médio, deixando-o explícito nas urnas das eleições de 2004, poucos dias após o terrível episódio. A apresentação do francês Jean François Revel se manteve nessa mesma linha, mas eles não foram os únicos. O governo espanhol recém-entrante havia decidido retirar as tropas do Iraque e sair do Plan Colombia, na chamada *guerra ao narcoterrorismo*, ponto lamentado até mesmo pelo ministro em exercício presente na sala, conta Aguinis na crônica.[123]

Contra a impressão que recolhe certa imprensa, [Solbes] insistiu que a Espanha continuará próxima dos Estados Unidos e que a única medida irritante esteve vinculada às tropas no Iraque, medida parcialmente reparada com mais tropas para o Afeganistão.[124]

"Une-nos uma idêntica bagagem. Não acredito que haja uma política para europeus e outra para americanos", disse Aznar em um discurso no qual, segundo o escritor argentino, não faltou ênfase no projeto de criação de uma área comum unida pelo Atlântico, sustentada

---

[122] Aguinis, 2004a (tradução própria).

[123] Voltaremos ao assunto do Plan Colombia na próxima seção.

[124] Aguinis, 2004b (tradução própria).

em aspectos culturais, econômicos, políticos e militares.[125] Desse modo, ao abrir o evento o ex-presidente enquadrava a mudança de rumo da política espanhola em uma perspectiva aparentemente consensual entre os presentes nesse primeiro foro, o qual, nós acreditamos, foi estruturante da Fundación Internacional para la Libertad: o atlantismo como doutrina geopolítica.

Como explica Antonio Varsovi, as relações entre a Europa Ocidental e os Estados Unidos ao longo da segunda metade do século XX conheceram diversas formas e estruturas que tiveram como eixo principal o binômio Pacto Atlântico-União Europeia, cujo resultado foi uma aliança sustentada no atlantismo: "uma forma de dizer que, em última instância, a Europa subordina suas diferenças com os Estados Unidos à defesa ocidental e à estabilidade da aliança atlântica".[126] Forjada poucos anos após o fim da Segunda Guerra Mundial e atravessada pelo conflito bélico entre potências extraeuropeias (Estados Unidos e URSS), a assinatura em Washington do tratado que dava origem ao Pacto Atlântico, em 4 de abril de 1949, contribuiu para as bases do novo ordenamento geopolítico, colocando os Estados Unidos para exercer uma influência decisiva sobre a Europa Ocidental, que, no entanto, tentaria criar através de um processo de integração uma comunidade europeia dotada de uma identidade econômica, política e social próprias, deixando à Organização do Tratado do Atlântico Norte (Otan) a tarefa de garantir a segurança do "velho continente".

Embora durante várias décadas a Aliança Atlântica e a Comunidade Europeia convivessem uma ao lado da outra e fossem percebidas pela URSS como dois organismos complementares do sistema ocidental, a saída da crise europeia e a consolidação das democracias contribuíram lentamente para o desenvolvimento de um esboço de europeísmo, embora não isento de crises de confiança mútua. Nesse contexto, após a

---

[125] *Idem.*

[126] Varsori, 2010, p. 145.

UM ATLÂNTICO LIBERAL

queda do Muro de Berlim e a dissolução da URSS, o atlantismo forjado sobre a gramática política da Guerra Fria pareceu ir perdendo a potência e urgência inicial, até que, no início do novo milênio, o atentado de 11 de setembro de 2001, associado à nova guerra antiterrorista, fez ressurgir as contradições, diante das renovadas aspirações de alguns dos Estados membros da UE a uma maior independência em relação a Washington também em nível militar.

No caso da Espanha, se o histórico e irresoluto conflito com Euskadi Ta Askatasuna (ETA) havia justificado e legitimado a inclinação dos governos espanhóis (principalmente durante os governos do PP entre 1996 e 2004) em aderir aos mecanismos internacionais confeccionados pelos Estados Unidos para combater as ações de organizações armadas sob o guarda-chuva conceitual do terrorismo (como também no Plan Colombia), o atentado em Madrid em 2004 conseguiu recolocar no centro dos debates a ideia do inimigo difuso, desterritorializado e ameaçador dos valores ocidentais, e a necessidade de azeitar os canais de cooperação para combatê-lo.

Nesse sentido, dizíamos anteriormente, se a perspectiva atlântica em relação ao conflito parecia unificar os desafios entre Europa e Américas, o conflito também colocou à luz opiniões desencontradas dentro do próprio gabinete ministerial do novo governo, evidenciando novas arestas e cenários do problema. Para o ministro Sorbes, as medidas adotadas pelo novo governo espanhol eram produto da "falta de coordenação entre a política econômica e a política exterior", escreveu Marcos Aguinis na terceira crônica do I Foro Atlântico, colocando o segundo desafio sobre a mesa de debate.[127]

Naquela época, os Estados Unidos eram o principal investidor na Espanha, enquanto a Espanha era considerada a embaixadora da Europa na América Latina. Além dos vínculos históricos e culturais resultantes da colonização, o capital espanhol era desde meados dos

---

[127] Aguinis, 2004b (tradução própria).

166

anos 90 o segundo maior investidor no subcontinente, depois dos Estados Unidos, e isso exigia uma ação internacional coordenada, mesmo diante dos efeitos da crise e da impugnação ao neoliberalismo que no início do novo milênio começaram a transformar o tabuleiro político das antigas colônias. Como aponta Ángeles Maestro ao analisar as relações econômicas contemporâneas entre Espanha e América Latina, se o desenvolvimento de um novo empresariado espanhol foi construído a partir da onerosa entrega das empresas públicas facilitada pelos governos de momento, o mesmo aconteceria de forma subordinada do outro lado do Atlântico, impulsionado pelos governos como os de Carlos Salinas de Gortari (México), Alberto Fujimori (Peru), Carlos Menem (Argentina) ou Carlos Andrés Pérez (Venezuela).[128]

Entre 1986 e 1999, as privatizações na América Latina de empresas públicas que passaram às mãos do capital espanhol representaram mais da metade do total. Entre elas: Entel, Aerolíneas Argentinas e YPF da Argentina, Bancomer do México, Banco Continental do Peru, Cantv e Banco de Venezuela, Enersis e Endesa do Chile, Ende e YPBF da Bolívia, e Telebras do Brasil. Ao mesmo tempo, projetos de capital misto

---

[128] Segundo Maestro, foi após o fim do franquismo que se criaram as bases do novo capitalismo espanhol, resultante de décadas de autoritarismo, com a posterior incorporação da Espanha à Comunidade Econômica Europeia (CEE), encarregada de disciplinar os governos de ocasião e de garantir as reformas estruturais neoliberais. Como argumenta a pesquisadora, a adesão da Espanha à CEE (1986), o Ato Único (1987) e, sobretudo, o Tratado de Maastricht (1992) impuseram condições drásticas para poder acessar a União Econômica e Monetária, que os governos do PSOE e depois do PP realizaram com o desmantelamento do setor público empresarial (siderurgia, mineração, construção naval etc.), a privatização das grandes empresas públicas e a fusão de capitais privados, que favoreceu a criação de um novo setor empresarial privado. *Cultura del pelotazo* e *a beautiful people* são termos que se instalaram para explicar o ritmo vertiginoso de ganhos obtidos por um grupo seleto de novos ricos e de uma nova posição na trama do livre-mercado internacional, resultante principalmente das privatizações acontecidas ai final dos anos 1980 e durante a década de 1990. Sobre o assunto, consulte Maestro, 2018; Malló, 2011.

(europeu e americano) começaram a atuar em projetos de exploração concedidos na região, como o poço de petróleo Caño Limón, na região de Arauca, na Colômbia, adquirido pela Repsol e explorado em associação com a estadunidense Occidental Petroleum. Como aponta a pesquisadora, até a década de 1980 a Espanha fundamentalmente recebia investimentos estrangeiros, mas ao chegar ao final dos anos 90 se tornou o sexto maior investidor do mundo. Enquanto em 1980 o Investimento Estrangeiro Direto representava 0,9% do Produto Interno Bruto, em 1999 alcançou 17%, tendo como destino prioritário a América Latina. Na década de 1990, dois terços dos fluxos de capitais espanhóis eram direcionados para a América Latina, enquanto o total do investimento da União Europeia era de 22% e o dos Estados Unidos, 9%.[129]

Os dados apresentados por Maestro evidenciam que, em meio às crises e turbulências que atravessaram os países da região, a penetração das multinacionais espanholas na América Latina, representadas por Telefónica, Repsol, Gas Natural Endesa, Red Eléctrica Española, Iberdrola, Banco Santander e BBVA, foi de tal magnitude que, entrado o primeiro quindênio do século XXI, boa parte dos rendimentos dessas empresas derivavam da região.[130] Apesar disso, os esquemas de incerteza financeira e institucional se colocaram como a segunda ameaça que justificava o rearmamento em prol da segurança atlântica, pressagiado durante o Foro.

"Muito poucos países [da América Latina] gozam de previsibilidade", e a região ainda deveria assumir as reformas estruturais que atraem investimento, dizia o ministro da economia espanhol recém-entrante, no transcorrer do evento organizado pela FIL e patrocinado por uma

---

[129] Maestro, 2018.

[130] Em 2014, a Telefónica obteve 49% de seus lucros na América Latina; em 2015, o BBVA obteve 50%, e o Banco Santander, 54%; e em 2018 o BBVA se tornou o maior banco do México, e o Banco Santander ficou entre os cinco maiores do Brasil. Sobre o assunto, consulte Maestro, 2018.

empresa de capital ibérico que desde 2002 contava com mais de 70% das linhas de energia da Bolívia. "A desgraça é que a América Latina, em contraste com a Europa, retrocede em vez de avançar, e grande parte da culpa deve ser atribuída ao rebrotar populista",[131] afirmava o escritor argentino ao terminar de demarcar a segunda ponta que amarrou esse primeiro Foro, introduzindo os discursos propiciados por seus pares, o peruano Álvaro Vargas Llosa e o cubano Carlos Alberto Montaner.

Fazendo coro às palavras de seu pai, para Vargas Llosa os esforços de reformas que nos anos 90 produziram entusiasmo falharam, mas isso não deveria obstaculizar os esforços para avançar sobre as vias já desenhadas. Um trágico período de "nítida política antiliberal", relatava Aguinis, embora denominada como liberal ou neoliberal pelos "populistas que agora precisam de argumentos para bloquear o progresso com ilusões estatizantes, coletivistas e falsamente solidárias", dizia citando o peruano. Segundo Montaner, era urgente criar condições para o "triunfo dos indivíduos", e para isso "os governos não são a solução, mas o problema", sentenciava o cubano anticastrista, que parecia omitir o explícito diálogo institucional com ex-mandatários e funcionários de governo, e passar por alto sobre as denúncias que desde abril daquele ano implicavam o então deputado e *thinktanker* Pablo Izquierdo.

Para aquele ano, os avanços do novo projeto de integração regional a partir da Alba e as viradas à esquerda realizadas pela via eleitoral em alguns dos países da região, como Brasil e Argentina, pareciam dar por certo algumas das avaliações e dos alertas que haviam propiciado a criação da FIL e que seriam confirmados meses após a rejeição ao Alca, uma série de nacionalizações e políticas de ampliação do gasto público propiciadas tanto pelo bloco bolivariano quanto pelo neodesenvolvimentista nos anos subsequentes.

---

[131] Aguinis, 2004b (tradução própria).

UM ATLÂNTICO LIBERAL

Nesse sentido, poder-se-ia dizer que, se o terrorismo lhes permitia estabelecer uma agenda de segurança que ligava a Espanha e as Américas na defesa de um inimigo difuso, a ameaça ao modelo de livre-mercado que havia garantido as relações econômicas em torno do Atlântico adicionava uma camada à construção dos desafios comuns. Então, a FIL é um aparato posto em marcha para garantir a continuidade dos ganhos do capital internacional, principalmente estadunidense e espanhol, no território latino-americano? Enquanto uma abordagem instrumentalista nos leva à imediata afirmação, a abordagem relacional proposta para este estudo obriga a complexificar as possíveis respostas.

Segundo o levantamento apresentado até aqui, a fundação é composta de um núcleo duro representado principalmente por líderes de *think tanks* com uma longa trajetória na defesa do programa neoliberal principalmente na América Latina, mas também na Espanha e nos Estados Unidos. Se o estreito vínculo desses institutos com as organizações estadunidenses não é novidade, a forte presença espanhola dentro da rede insinua a abertura de certa originalidade, que sem dúvida não pode ser pensada fora do lugar que a América Latina ocupa na carteira de negócios espanhóis e estadunidenses, e o novo cenário de turbulência regional. No entanto, embora tenhamos mostrado que é nos conselhos que a presença espanhola e americana se destaca sobre o resto dos países latino-americanos, enquanto bloco regional a presença de interesses provenientes do próprio subcontinente é superior. Por outro lado, a diversidade de setores econômicos presentes, por exemplo, no Conselho Empresarial, e a presença de atores sem participação explícita nos ganhos empresariais, como professores universitários, jornalistas, escritores, levam à pergunta: é a FIL apenas uma articulação de interesses econômicos internacionais? Nesse caso, a quais setores responderia?

Assim como a presença estadunidense e espanhola não deve desconsiderar o importante peso de atores latino-americanos, a forte presença de setores vinculados ao ramo bancário e financeiro não pode omitir a presença de outros setores como o alimentício, o extrativista, o comercial e o midiático, alguns dos quais entrariam em aberta disputa com os governos da chamada maré rosa. Tal é o caso já mencionado de Rafael Alfonzo Hernández, presidente da agroindústria Alfonzo Rivas y Cía., membro da Fedecamaras e cofundador da Coordinadora Democrática na Venezuela; de Marcel Granier, então presidente da Radios Caracas e RCTV, que em 2007 perderia a renovação das concessões de licenças sob acusação de participar da tentativa de golpe de Estado em 2002; dos irmãos Isaías no Equador, que levaram às instâncias internacionais o conflito com o governo equatoriano;[132] ou da própria Red Eléctrica de España, que em 2012 teve de entregar ao Estado boliviano o controle das linhas elétricas daquele país, enquanto na Argentina se levava adiante a nacionalização da petrolífera YPF para o controle da Repsol.

Além disso, e entrelaçada aos interesses econômicos, é visível a existência de interesses político-eleitorais, com a presença orgânica de ex-mandatários e legisladores, além de futuros candidatos e ministros, como os casos de: Oscar Ortiz (membro do Patronato), senador pelo departamento de Santa Cruz (Bolívia) nos períodos 2006-2010 e 2015--2020; Cristián Larroulet (membro do Patronato), que entre 2011 e 2014, durante o primeiro mandato de Sebastián Piñera, foi ministro secretário-geral da presidência do Chile; Paulo Rabello de Castro (membro do Patronato), que após o *impeachment* de Dilma Rousseff (2016) se tornou presidente do Banco Nacional de Desenvolvimento Econômico e Social (BNDES); Pedro Pablo Kuczynski (membro do Conselho Empresarial), vencedor nas eleições presidenciais no Peru em 2016; Guillermo Lasso (membro do Conselho Empresarial), que

---

[132] Sobre o "caso Isaías" e o litígio dos irmãos contra o Estado equatoriano durante o governo de Rafael Correa, consulte a cronologia apresentada no *site* da Procuraduría General del Estado de la República de Ecuador. Disponível em <http://www.pge.gob.ec/index.php/prensa/boletines-de-prensa/abril-2019/caso-isaias#cronologia-caso-isaias>. Acesso em 15/2/2021.

UM ATLÂNTICO LIBERAL

ficou em segundo lugar nas eleições presidenciais de 2017 no Equador e saiu vencedor em 2021.

Diante dessa indefinição, é possível afirmar que a FIL é sobretudo uma rede de *think tanks* e *thinktankers* promotores e defensores de ideias e de imaginários, atravessada pelo desafio de produzir serviços, formas de incidência e prestígio comunitário para si e para as ideias que defendem, como expressado por Alejandro Chafuén.

Assim, diferente da abordagem instrumentalista, e mais do que um aparato posto em marcha exclusivamente para garantir a continuidade dos ganhos do capital internacional sobre o território latino-americano, a FIL propõe-se pensar a partir da tarefa de propiciar uma fusão ou soldagem entre diversos setores sociais, assumindo ao mesmo tempo uma função educativa e diretiva em torno da agenda neoliberal, ancorada no cosmopolitismo atlântico como cosmovisão política, o que também não nega o caráter de classe desse empreendimento.

Partindo da análise proposta por Antonio Gramsci em "Análise das situações: relações de força", nos *Cadernos do cárcere 13*,[133] a ação da FIL poderia ser compreendida na passagem do momento econômico--corporativo ao ético-político, ou propriamente hegemônico, no qual há um entendimento de que os interesses do grupo não se reduzem aos limites corporativos, requerem a conquista de aliados, a organização política em partido e a luta pela conquista do Estado, atravessadas pelas relações de forças nacionais e internacionais. Segundo o exposto anteriormente e apoiando-nos nos estudos de Álvaro Bianchi,[134] acreditamos que a ação da FIL deve ser pensada no marco de uma atitude empresarial registrada na região a partir dos anos 80 que permitiu uma grande capacidade para participar em novos acordos políticos, negociações e articulações políticas, desenvolvendo uma atividade paralela e própria que não deve ser confundida com a

---

[133] Gramsci, 2000b.

[134] Bianchi, 2004.

representação de interesses que tradicionalmente era responsabilidade das associações empresariais ou patronais. Da mesma forma, embora sua criação e sua atuação não escapem das relações de força de ordem internacional, não por isso a FIL representa os interesses de um único Estado. Nesse sentido, ela também não pode ser pensada como uma agência estatal, como são Usaid ou NED.

Como tentamos mostrar nestas páginas, mais do que interesses setoriais concretos explícitos na estrutura organizacional, durante o período estudado a Fundación Internacional para la Libertad buscou conformar uma aliança intercontinental em chave atlântica, que, diante do fracasso das reformas estruturais dos anos 90 e da nova configuração governamental latino-americana, buscou atualizar, delimitar e coordenar discursos em torno da defesa de um projeto regional, que inclusive excede os atores que compõem sua estrutura organizacional.

Assim, embora os sentidos em torno do *iberismo* sejam uma constante nas formas de denominar e reforçar as relações históricas (e coloniais) entre a fundação espanhola e seus membros da América Latina e do Caribe (enquanto Iberoamérica e ibero-americanos), entende-se que o atlantismo enraizado na gramática política da Guerra Fria e traduzido ao novo contexto geopolítico e econômico se prefigurou como o pilar central (enquanto escala de atuação e chave discursiva) que sustentou semântica e extrasemanticamente a coalizão para "caçar Drácula". Uma espécie de *iberismo*, mas subordinado à hegemonia atlântica dos EUA.

Somando elementos ao que foi dito até aqui, vale acrescentar que a FIL é parte das estratégias internacionais que, concedendo via atlantismo uma ampliação da tutela regional à Espanha, buscaram manter ativa e fortalecer os discursos sobre o liberalismo como princípios universais do ordenamento social e das relações entre os Estados da região, com a difusão do que anteriormente referenciávamos como um cosmopolitismo limitado. No entanto, como bem aponta

UM ATLÂNTICO LIBERAL

Daniel Mato, a capacidade de dirigir esses processos a partir do impulso oriundo dos países do Norte não deve ser confundida com submissão ou ventriloquismo. O que sim pode ser observado, como acrescenta Mato, é que essas relações complexas entre atores transnacionais e locais se dão no quadro de significativas diferenças de recursos (econômicos, organizativos, de acesso à informação, de difusão, de manejo de redes de relações, de apoios governamentais e outros), que em geral favorecem os atores transnacionais e globais; e que, além disso, por sua própria missão institucional, esses atores têm interesse em difundir suas próprias representações das ideias-chave que dão sentido às suas práticas, e trabalham ativamente na produção de formas de senso comum em torno delas.[135] Nesse sentido, como advertem María José Álvarez-Rivadulla, John Markoff e Verónica Montecinos, embora as ideias possam ir e vir, a direção geral de seu fluxo está longe de ser aleatória.

VIII. RELACIONAR, COORDENAR E "LEVAR A BOM PORTO"

Em junho de 1998, aproveitando o décimo aniversário da Fundación Libertad (Argentina), a Atlas Network organizou um *workshop* em Buenos Aires que seria a antessala das celebrações na cidade de Rosário. O convite para a atividade, publicado no boletim organizacional da rede estadunidense, dizia:

> Este evento será uma grande oportunidade para ver em primeira mão os resultados das reformas políticas na Argentina, bem como seus atrativos naturais. A Argentina privatizou sua companhia petrolífera, serviços

---

[135] Mato, 2007.

elétricos, ferrovias e até mesmo o correio. A inflação quase desapareceu. Venha e veja por si mesmo![136]

Segundo anunciado, o evento teve como um de seus eixos a relação dos *think tanks* com a filantropia, o mundo acadêmico e o mundo corporativo, e entre os oradores confirmados estavam Linda Whetstone, membro da Atlas e filha de Antony Fisher, a qual apresentaria o Sir Antony Fisher International Awards, em memória de seu pai, e o escritor Mario Vargas Llosa, que também seria uma das figuras centrais da conferência organizada pela Fundación Libertad no teatro El Circulo de Rosário. Era a segunda vez que Vargas Llosa visitava a cidade santafesina e, como bem disse o animador do evento, não seria a última. Embora as palavras do romancista peruano não remetessem ao "fracasso latino-americano" que marcaria o lançamento da Fundación Internacional para la Libertad quatro anos mais tarde, a aparente ameaça coletivista associada aos novos nacionalismos já estruturava o discurso na mesma chave popperiana que ele exaltaria 20 anos depois em seu livro de síntese política, autorreferencial, intitulado *La llamada de la tribu*.[137]

Ao finalizar suas palavras, na mesa que compartilhou com seus futuros companheiros da FIL, o economista espanhol Lorenzo Bernaldo de Quirós e o escritor chileno Arturo Fontaine, Vargas Llosa manifestou:

> Claro que os liberais acreditamos em muitas mais coisas, mas basicamente esse [a liberdade] é o denominador comum, isso é o que nos une, e esse denominador comum, como vocês veem, de maneira nenhuma pode ser satanizado na forma em que está sendo pelos inimigos da liberdade. Por trás dessas campanhas contra o neoliberalismo, contra o capitalismo

---

[136] Atlas, 1998 (tradução própria).

[137] Vargas Llosa, 2018.

selvagem, na realidade o que há é um profundo receio em relação à liberdade; há isso que Karl Popper chamava como "o chamado da tribo" [...]. Há muitas pessoas que, por cultura, por tradição ou por instinto rejeitam essa responsabilidade, e então eles sentem o chamado da tribo, um chamado que está por trás de todos nós igualmente, e sucumbem a ele, e então ressuscitam a tribo. Eles a ressuscitam através da visão marxista da história ou de qualquer outra forma coletivista. O marxismo, hoje em dia, está em extinção, embora ainda existam alguns regimes que se proclamam marxistas. Mas há outras formas de coletivismo, uns novos demônios que estão ali diante da cultura da liberdade, desafiando-a: os nacionalismos. Essa é outra forma de coletivismo que pretende explicar, justificar o indivíduo por sua pertença a uma nação, ou os integralismos religiosos que têm ganhado uma força muito grande não apenas no mundo islâmico. Bem, essa é a batalha, uma batalha fundamentalmente cultural, uma batalha intelectual na qual estamos empenhados os liberais.[138]

Naquela época, Mario Vargas Llosa era mais do que uma sólida referência da literatura latino-americana. Apesar de sua fracassada passagem pela disputa eleitoral à presidência do Peru e após o retiro voluntário na Europa, o escritor peruano havia conseguido consolidar também sua imagem de grande polemista e fervoroso defensor do liberalismo. Às suas aparições públicas após o lançamento de cada um de seus livros e premiações, somava-se a participação quinzenal como articulista do jornal espanhol *El País*, onde o escritor peruano conseguia despontar seu estilo contencioso abordando temas que excediam o campo meramente literário. A ideia de um Vargas Llosa dicotômico, portador de uma excelente caneta e ideias controversas, não era novidade e foi alvo de numerosos estudos.[139]

---

[138] Vargas Llosa, 1998a (tradução própria).

[139] Sobre Mario Vargas Llosa e suas relações com arte e política, consulte: De Castro & Birns, 2010; De Castro, 2011; De Castro, 2014; Kollmann, 2014; Boisard, 2018; Boisard, 2019; Borón, 2019; Boisard & Gímenez, 2022.

Desde a década de 70, quando o escritor publicou sua oposição à revolução cubana, eram frequentes as críticas e advertências de que isso o condenaria a uma espécie de "ostracismo cultural". Naquele mesmo ano, 1998, durante uma entrevista realizada para o programa De Cerca, da televisão boliviana, Carlos D. Mesa o indagava sobre esses assuntos e sobre a divulgada imagem midiática do romancista como "o mais radical dos liberais, um reacionário", dizia o jornalista com gestos de desculpa. Ao que Vargas Llosa respondeu:

> Bom, por um lado, eu defendo com muito entusiasmo, com muita convicção, de maneira muito transparente e franca, as coisas em que acredito, e isso às vezes provoca reações muito hostis. Por outro lado, a esquerda teve por muito tempo e ainda tem um controle muito importante sobre o que é a infraestrutura cultural, então imediatamente entra em ação para desqualificar moralmente seus adversários. [...] E também suponho que essa imagem tem a ver com o fato de que por muito tempo defendi coisas que eram muito impopulares. Eu defendi o mercado, por exemplo, como um instrumento fundamental para alcançar o desenvolvimento em uma época em que falar de mercado era tabu. Nenhum intelectual que se prezasse ousaria defender o mercado. Ou então, atacar o comunismo. Dizer claramente que o comunismo era uma doutrina que criava ditaduras que destruíam a liberdade humana, que violavam os direitos humanos. Isso foi tabu em nossos meios por muito tempo, porque a esquerda havia conseguido um tipo de terror sagrado diante dessas verdades.[140]

Como mencionado anteriormente, desde o final dos anos 1980, o discurso das direitas liberais, tanto estadunidenses quanto latino--americanas, içou as bandeiras de um novo perigo vermelho, agora rotulado como "marxismo cultural", associado ao pensamento de Antonio Gramsci. Como também mostra a análise realizada por Raúl

---

[140] Vargas Llosa, 1998b (tradução própria).

Burgos,[141] a partir da XVII Conferência dos Exércitos Americanos realizada em Mar del Plata (Argentina) em 1987 e do já referido Documento de Santa Fe II, de 1988, a construção precoce dessa aparente ameaça significou a definição de um novo antagonista, agora voltado para a dominação da cultura da nação, construção que Vargas Llosa adotaria e replicaria como defensor público do liberalismo.

Segundo Burgos, esse diagnóstico se generalizou como política do governo estadunidense para a região, arrastando as elites locais latino-americanas para a construção de uma ameaça de penetração subversiva nos campos da educação, da mídia, das artes, da moral social, em centros de estudos e em terreno religioso, onde se destacava como problema a Teologia da Libertação. Para os redatores do Documento de Santa Fe II e como Mario Vargas Llosa continuaria reivindicando dez anos depois, nenhuma eleição democrática pode modificar a inclinação contínua em direção ao regime estatista, se a "indústria de elevação da consciência" estiver nas mãos de intelectuais estatistas. Para Burgos, isso encontrou correspondência no recrudescimento do papel reacionário da mídia empresarial na região.

Como mostra no estudo dos casos argentino e brasileiro, ao longo da última década do século XX e no decorrer dos primeiros anos do novo milênio, foram construídas duas atitudes da direita liberal em relação ao legado gramsciano: 1) por um lado, a atitude reacionária que enxerga em Gramsci o inimigo a ser combatido no novo contexto democrático; 2) por outro lado, um esforço de apropriação instrumental e segmentada de suas contribuições teórico-políticas para a construção de um senso comum neoliberal.[142] De modo geral, pode-se dizer que é sob essa dupla atitude que Mario Vargas Llosa conseguiu, como agente

---

[141] Burgos, 2019.

[142] Sobre o papel desempenhado pelas ideias de Antonio Gramsci na gramática do pensamento político das direitas contemporâneas, também consulte Mussi & Bianchi, 2019.

da cultura, e sem se desvincular da imagem de intelectual tradicional, chegar àquilo que Chafuén chamou de *intellectual entrepreneur* e se converter num intelectual orgânico da direita liberal latino-americana. Contudo, vale advertir, isso não dependeu apenas da vontade individual do escritor peruano.

Como dissemos anteriormente, apesar dos discursos que sentenciavam o fim da história, tanto o cenário latino-americano quanto o cenário mundial continuaram em transformação, assim como também a própria trajetória do romancista peruano. Enquanto os processos de impugnação ao neoliberalismo e de início do ciclo de governos progressistas pareciam modificar a correlação de forças na América Latina, Vargas Llosa não só alcançou o tão cobiçado Prêmio Nobel de Literatura (2010) "por sua cartografia das estruturas de poder e suas imagens incisivas da resistência, revolta e derrota do indivíduo",[143] mas também se transformou em uma referência clara do campo das direitas liberais tanto na América Latina quanto no resto do mundo ocidental.

De acordo com a análise realizada junto ao professor Stéphane Boisard das exaustivas listas de reconhecimentos e premiações vigentes na página oficial de Mario Vargas Llosa e no Instituto Virtual Cervantes (ambas redigidas pela secretária pessoal do autor, Rosário M. N. de Bedoya), entre 1957 e 2016 Vargas Llosa recebeu 176 prêmios de países europeus e 135 de países latino-americanos. No entanto, se até os anos 2000 eles se referem quase exclusivamente a distinções literárias e acadêmicas que correspondem aos lançamentos de obras que marcaram a carreira do escritor,[144] ao iniciar o novo milênio é possível notar um

---

[143] Frase expressa no discurso com os motivos para a entrega do Prêmio Nobel da Literatura. Disponível em <https://www.nobelprize.org/prizes/literature/2010/summary>. Acesso em 1/3/2020.

[144] De acordo com a análise realizada junto ao professor Stéphane Boisard, os principais picos de premiações e outras distinções correspondem à publicação de *La ciudad y los perros*, em 1963, ao lançamento de *Conversación en la catedral*,

salto tanto quantitativo quanto qualitativo na procedência dos prêmios. Embora a proporção de títulos e distinções tenha mantido estreitos vínculos com o mundo acadêmico e literário (93 doutorados *honoris causa* e 71 prêmios literários), o nítido crescimento de distinções vindas de organizações privadas vinculadas ao pensamento liberal deu novos contornos à biografia do romancista.

O recebimento do prêmio Cristal do World Economic Forum em Davos (Suíça) e do prêmio Las Américas da Fundación de las Américas (Estados Unidos), ambos em 2001, e o recebimento do prêmio Irving Kristol do American Enterprise Institute (Estados Unidos), em 2005, onde proferiu pela primeira vez o discurso amplamente replicado sob o título "Confesiones de un liberal",[145] foram o pontapé inicial de uma série de premiações e menções honrosas que o levaram, após alcançar o Prêmio Nobel (2010), a se tornar membro honorário da Mont Pèlerin Society (2014).

Entre os anos 2000 e 2016, Vargas Llosa recebeu 39 prêmios ou distinções diretamente vinculados a uma atividade ou centro político, frente aos três recebidos entre 1957 e 2000.[146] Nesse sentido, é possível dizer que ao longo da primeira década do século XXI Vargas Llosa não só reafirmou sua reputação como romancista, mas também consolidou sua imagem política como referência entre os defensores do liberalismo, validando as propostas feitas precocemente no primeiro Documento

---

em 1969, bem como são concomitantes à publicação, em 1981, de *La guerra del fin del mundo* e de *La fiesta del chivo*, no ano 2000. Consulte Boisard & Giménez, 2022.

[145] Vargas Llosa, 2005.

[146] Os únicos títulos e prêmios "políticos" recebidos por Mario Vargas Llosa antes dessa data foram o Premio de Derechos Humanos da Asociación Judío Latinoamericana em 1977, o Premio de la Libertad da Fundación Max Schmidheiny (Suíça) em 1988 e a Legión de la Libertad do Instituto Cultural Ludwig von Mises (México) em 1990. Esses dois últimos prêmios, concedidos por instituições cujo objetivo é a difusão da economia de mercado, coincidem com a candidatura de Vargas Llosa à eleição presidencial no Peru.

de Santa Fe, de que a campanha para capturar a elite intelectual ibero--americana não poderia omitir o incentivo a bolsas e premiações, já que, como citamos anteriormente, se "consideração e reconhecimento são o que os intelectuais mais desejam, tal programa os atrairia".[147]

Se cada premiação também se tornou um ato de proselitismo, não devemos entender a figura de Mario Vargas Llosa como um intelectual cosmopolita entusiasmado com a mera pregação do credo liberal.[148] Após a criação da FIL e sua incorporação orgânica à constelação de *think tanks* liberais, o romancista peruano passou a adotar o manto de grande anfitrião da família liberal atuante nos assuntos latino--americanos.

Então, foi a FIL parte da infraestrutura cultural ansiada que catapultou Vargas Llosa para o campo político liberal e, ao mesmo tempo, lhe permitiu acessar o aval para o Nobel, ou ao contrário foi uma apropriação do campo dos *think tanks* que recarregou combustível ao circuito de tanques liberais? Talvez as duas coisas ao mesmo tempo. Aqui não se pretende desvendar essa pergunta, mas avançar na análise da FIL esperando contribuir para a compreensão histórica desse tipo de aparelho político, da diversidade de atores e repertórios que deram forma e conteúdo à coalizão em torno da defesa do liberalismo na América Latina, coalizão na qual Mario Vargas Llosa foi mais do que uma peça ornamental.

Como dissemos em seções anteriores, a FIL propôs-se a funcionar como organização guarda-chuva articulando a defesa do liberalismo a partir de uma perspectiva atlântica em torno dos Estados Unidos, da

---

[147] Bouchey *et al.*, 1981.

[148] Um exemplo pode ser consultado no discurso durante a cerimônia do Prêmio Nobel de Literatura, em que ele prestou homenagem a Smith, Hayek, Popper, Berlin, Ortega y Gasset, Aron e Revel, e sentenciou os regimes de Cuba e Venezuela. Vargas Llosa, "Discurso no Prêmio Nobel", 2010. Disponível em <https://www.nobelprize.org/prizes/literature/2010/vargas_llosa/25185-mario-vargas-llosa-discurso-nobel/>. Acesso em 15/5/2020.

Espanha e da América Latina. A análise das atividades desenvolvidas mostra que, diferentemente de sua promotora estadunidense, a rede internacional Atlas, fortemente voltada para oferecer *workshops*, capacitações, traduzir, publicar, premiar, além de organizar e cofinanciar conferências em todo o mundo, a FIL dedicou grandes esforços à encenação de encontros e reuniões como estratégia prioritária com foco nos assuntos latino-americanos. Nesses eventos, a articulação excedia os limites organizacionais, criando acontecimentos a partir dos quais abordar, de uma perspectiva internacional, o devir dos processos políticos, e com nítido interesse em incidir sobre os latino-americanos.

Nesse sentido, a FIL não pode ser entendida como uma organização representante de um único interesse econômico-corporativo, nem tampouco de um Estado específico a incidir sobre outros. Da mesma forma, vale ressaltar a coexistência em sua estrutura organizacional e em eventos de atores portadores de diversos (e às vezes opostos) enfoques e opiniões em relação aos assuntos em pauta. Assim como não havia homogeneidade entre os projetos políticos, sociais e econômicos levados adiante pelos governos enquadrados no ciclo progressista latino-americano que caracterizou o primeiro quindênio do século XXI, também não seria possível homogeneizar os interesses dos setores agrupados em torno da FIL. Como dizia com sarcasmo o escritor peruano ao proferir o já referido discurso intitulado "Confissões de um liberal":

> Nem mesmo entre os próprios liberais há um acordo rigoroso sobre o que entendemos pelo que dizemos e queremos ser. Todos aqueles que tiveram a oportunidade de participar de uma conferência ou congresso de liberais sabem que essas reuniões costumam ser muito divertidas, porque nelas as discrepâncias prevalecem sobre as coincidências e porque, como acontecia com os trotskistas quando ainda existiam. Cada liberal é em si mesmo, potencialmente, uma heresia e uma seita. Como o liberalismo não é uma ideologia, ou seja, uma religião laica e dogmática, mas uma doutrina aberta que evolui e se adapta à realidade em vez de tentar forçar a realidade

ATRAVESSAR O ATLÂNTICO E CAÇAR DRÁCULA

a se adaptar a ela. Entre os liberais há diversas tendências e discrepâncias profundas. Em relação à religião, por exemplo, ou aos casamentos *gays*, ou ao aborto, e assim por diante, os liberais que, como eu, são agnósticos, defensores da separação entre igreja e estado, e defendem a descriminalização do aborto e do casamento homossexual, às vezes são criticados duramente por outros liberais que pensam o contrário de nós nesses assuntos. Essas discrepâncias são saudáveis e proveitosas porque não violam os pressupostos básicos do liberalismo, que são a democracia política, a economia de mercado e a defesa do indivíduo contra o Estado.[149]

Sob essa chave, Vargas Llosa foi impulsionado como grande anfitrião de eventos pelos quais transitaram centenas de personalidades públicas e não tão públicas unidas pela defesa atlântica do liberalismo na América Latina. E embora isso possa parecer irrelevante, para Gerardo Bongiovanni, presidente da Fundación Libertad, "conhecê-lo e tratar dele mudou nossas vidas para sempre", disse na apresentação do livro *Ideas en libertad*. Nesse mesmo livro, com as vestes de sua inquestionável trajetória na defesa internacional do liberalismo, o então presidente da Atlas, Alejandro Chafuén, diretamente vinculado aos setores católicos conservadores estadunidenses, não poupou palavras para destacar sua admiração pelo homenageado. Em seu ensaio intitulado "Abriendo las puertas del mundo liberal", ele expressava:

> Embora tenha passado toda a minha vida adulta em círculos liberais, muitas vezes me encontro cercado pelo que costumo chamar de "liberais Mao Tsé-tung". Estes são os liberais que consideram que todos têm de vestir o mesmo traje e recitar o mesmo livrinho. Talvez não vermelho, pode ser azul, pois o problema não é a cor, mas a mente dura, estagnada, com rigor economicista de muitos liberais. Em vários temas sérios há gente que se considera liberal, mas discorda em assuntos tão diversos como a liberalização do comércio de entorpecentes, a redefinição do

---

[149] Vargas Llosa, 2005 (tradução própria).

UM ATLÂNTICO LIBERAL

casamento, a vida em ventres maternos, as mudanças climáticas, a política monetária, imigração, União Europeia, o papel do Estado na Educação e outros problemas importantes. Mas com Mario Vargas Llosa, muitos de nós, que pensamos diferente nesses temas, não só nos sentimos respeitados, mas sabemos que somos respeitados.[150]

Caberia ao próprio romancista responder se a FIL conseguiu alcançar o *status* de "infraestrutura cultural" que reivindicava ao fechar os anos 1990. Mas é possível dizer que mais do que uma reapropriação seletiva da teoria gramsciana, como vulgarmente se tem pensado, a FIL buscou continuar o legado do pensador liberal Ludwig von Mises, para quem a forma partidária tendia a desnaturalizar e a encaixotar as formas do combate, e por isso a filosofia liberal devia ser antes de tudo uma cultura geral.[151]

Como apontam De Castro e Birns ao analisar em chave foucaultiana a trajetória do escritor peruano, ancorar a identidade intelectual na governamentalidade em vez de no governo ou na governança não apenas está em sintonia com o antiestatismo da ideologia do livre-mercado que Vargas Llosa promulga, mas também com a maneira de se adaptar aos diversos contextos e permanecer ativo. Nesse sentido, entender a ação da FIL em sua capacidade de promover amplas coalizões políticas revela o agir dessas redes que, embora não sejam alheias às disputas propriamente eleitorais, não buscam exercer formalmente autoridade política, mas em suas operações cimentam e ramificam o domínio das mentalidades.[152]

Dessa forma, se a FIL e os atores que a compõem mostraram-se adversos à apropriação enviesada das contribuições gramscianas à teoria da hegemonia, isso não impede de entendê-los como "persuasores

---

[150] Chafuén, 2016a, p. 19 (tradução própria).

[151] Vargas Llosa, 2005 (tradução própria).

[152] De Castro & Birns, 2010, p. 7.

ATRAVESSAR O ATLÂNTICO E CAÇAR DRÁCULA

permanentes", como diz Pautz, mobilizados pelo objetivo expresso de relacionar e coordenar ideias a partir da canalização de debates ou da troca de informações, da negociação, da cooperação, na formulação e na legitimação de políticas, e criando quadros de percepção com incidência no debate público.

Parafraseando Hartwig Pautz, na próxima seção nos dedicaremos à análise da corrida de construções discursivas empreendida pela FIL em momentos concretos.

PARTE 3

A FUNDACIÓN INTERNACIONAL
PARA LA LIBERTAD EM ALTO-MAR

Poucos dias após o anúncio da entrega do Prêmio Nobel de Literatura ao romancista Mario Vargas Llosa, o espanhol Pablo Izquierdo Juárez escreveu uma breve homenagem publicada na página da *web* do Cato Institute. Além de omitir os vínculos de ambos com a Fundación Internacional para la Libertad (o que reforça a hipótese do silêncio tático em tempos de turbulência institucional nesse período), a nota fazia parte da série de declarações públicas vindas da Espanha que cordialmente reivindicavam parte dos louros recebidos pelo escritor peruano naturalizado espanhol. Izquierdo Juárez manifestava:

> Se tivermos que prestar atenção neste infeliz invento – não tão distante – que é o passaporte, Vargas Llosa é peruano e espanhol, ao mesmo tempo e nessa ordem. Mas se tivermos que atender às razões da alma que parecem expressar suas palavras, ele é um americano espanhol. Pensar nisso me faz lembrar aqueles deputados "espanhóis-americanos" (como eram citados nas crônicas) das Cortes de Cádiz, alguns conservadores, outros liberais (na acepção política da época), e que, ao retornar à América, contribuíram para a independência de seus países porque os espanhóis- -peninsulares, conservadores ou liberais (que havia de tudo), não atenderam ao seu legítimo pedido pelo livre comércio de seus portos.[1]

---

[1] Izquierdo Juárez, 2010 (tradução própria).

UM ATLÂNTICO LIBERAL

Dessa forma, e como já havia feito o próprio Vargas Llosa em seu ensaio intitulado "Quinto Centenário (1492-1992)", inscrevendo-se na linhagem dos Vargas que haviam acompanhado a aventura colonizadora de Pizarro nos Andes e dos Llosa descendentes de um administrador catalão radicado em Arequipa,[2] Pablo Izquierdo colocava o romancista peruano na linha dos homens "espanhóis-americanos" que em nome da liberdade contribuiriam para a independência latino-americana, fazendo da língua e da cultura espanholas um baluarte universal que ia além do patrimônio exclusivamente espanhol. Para o madrileno, Vargas Llosa representava "um daqueles poucos americanos e espanhóis de ambos os lados do Atlântico que colaboraram para criar uma cultura e um idioma universais. E isso tem muito a ver com ser espanhol, ser americano e ser liberal", sentenciava Izquierdo Juárez.[3]

Como foi citado ao fechar a seção anterior e reforçado pelo espanhol no escrito em homenagem ao ganhador do Prêmio Nobel, o liberalismo como doutrina não só permitia congregar diversos interesses sob o princípio da livre escolha do indivíduo, mas também, e amarrando-se a pessoas como o escritor peruano, tornar-se uma língua e uma cultura universais.

Entendendo que o processo de universalização depende da capacidade de traduzir essas ideias para os diferentes contextos históricos e nacionais e partindo do interesse em compreender o *como situado* das ações empreendidas pela FIL, o objetivo desta última parte é realizar uma análise contextual buscando capturar momentos de encenação da coalizão discursiva, da mobilização de significantes e da disputa de imaginários durante o período estudado.

---

[2] O ensaio é de 1992, mas foi publicado em 2005 na antologia traduzida para o francês com título *Dictionnaire amoureux de l'Amérique Latine* e publicado em espanhol pela Editora Paidós, no ano seguinte. Consulte Vargas Llosa, 2006, pp. 313-322.

[3] Izquierdo Juárez, 2010 (tradução própria).

A FUNDACIÓN INTERNACIONAL PARA LA LIBERTAD EM ALTO-MAR

IX. A AGENDA EM ANDAMENTO: NOTAS SOBRE O SEMINÁRIO INTERNACIONAL EM BOGOTÁ (2003)

A primeira atividade promovida pela FIL na América Latina ocorreu nos dias 6 e 7 de novembro de 2003 em Bogotá, Colômbia. Como destacou Mario Vargas Llosa no discurso de boas-vindas, tratava-se do segundo evento institucional após a apresentação oficial em Washington, em 30 de setembro de 2003, durante o desenvolvimento da Conferência Internacional: "Uma visão moderna para a América Latina", promovida nas instalações do Cato Institute com apoio da Atlas e com participação do próprio Vargas Llosa, de Enrique Ghersi, Carlos Alberto Montaner, Gerardo Bongiovanni, Cristián Larroulet, Alejandro Chafuén, Lorenzo Bernaldo de Quirós e Pablo Izquierdo Juárez, o senador republicano John Sununu e representantes do governo Bush.[4]

A atividade em novembro, intitulada "Seminário Internacional: As ameaças à democracia na América Latina – terrorismo, neopopulismo e debilidade do Estado de Direito", teve como cenário o Hotel Fontana da capital colombiana e, segundo o programa, contou com a presença de vários dos membros da FIL antes mencionados, além de Ián Vásquez, Rocío Guijarro, Enrique Krauze e Marcos Aguinis.[5] Também participaram Alberto Galofre Cano e Rafael Merchan, diretores do Instituto de Ciencia Política da Colômbia, e Harald Klein,

---

[4] FIL, 2003a.

[5] Embora não tenha sido possível confirmar em registros oficiais o número de participantes, a nota de divulgação publicada no portal digital do Grupo Semana indica que a inscrição para o evento foi realizada através do Instituto de Ciência Política com um custo de $ 120.000 (com lanches) e $ 180.000 (com lanches, almoço e coquetel de encerramento), em moeda colombiana. *In*: "Seminario Internacional: Las amenazas a la democracia en América Latina: Terrorismo, neopopulismo y debilidades del Estado de Derecho". *Semana*, s/d. Disponível em <https://www.semana.com/seminario-internacional-las-amenazas-democracia-america-latina-terrorismo-neopopulismo-debilidad-del/61586-3/>. Acesso em 18/8/2020.

diretor regional da Friedrich Naumann Foundation for Freedom, que aproveitou o evento para anunciar a criação de uma rede liberal entre partidos políticos, instituições, centros de pesquisa, universidades e meios de comunicação, que meses depois seria lançada sob a sigla Relial.[6]

Entre os conferencistas do seminário estavam alguns membros do gabinete do presidente Álvaro Uribe, como Martha Lucía Ramírez, ministra da Defesa e futura vice-presidente após a vitória de Iván Duque em 2018, Carolina Barco, ministra das Relações Exteriores, Fernando Londoño Hoyos, ministro do Interior e Justiça, Plinio Apuleyo Mendoza, que além de membro fundador da FIL atuava como embaixador da Colômbia em Portugal, o vice-presidente Francisco Santos e o então ex-ministro da Fazenda e futuro presidente Juan Manuel Santos. E entre os painelistas convidados estiveram os venezuelanos Virginia Contreras, ex-representante da Venezuela na OEA, Américo Martin, da já citada Coordinadora Democrática, a primeira-ministra do Peru, Beatriz Merino, os americanos Stephen Johnson, diretor encarregado dos assuntos latino-americanos da Heritage Foundation, major-general John C. Thompson, analista de segurança, Russell Crandall, Michael Radu, diretor do Foreign Policy Research Institute, o ex-diretor do serviço de inteligência da República Tcheca, Peter Pusik, e o presidente do Partido Popular do País Basco, Carlos Iturgaiz. Também as jornalistas Mary A. O'Grady, editora da seção "The Americas" no *Wall Street Journal* (EUA), e Juanita León, editora de reportagens da revista *Semana* (Colômbia).[7] E representantes de organizações de vítimas do terrorismo, como Edurne Uriarte

---

[6] FIL, 2003b.

[7] No acervo digital analisado não há registros da apresentação realizada por Michael Randu, nem do colombiano Plinio Apuleyo Mendoza, com quem compartilhou a primeira mesa do seminário. Tampouco do analista de segurança Russell Crandall ou do ex-diretor de inteligência da República Tcheca, Peter Pusik.

e José Calleja, do Basta Ya da Espanha, e Miguel Posada, membro do grupo financeiro Bolívar e presidente da Federación Verdad Colombia.[8]

Se o objetivo do primeiro evento, nos Estados Unidos, era apresentar publicamente a FIL e, segundo o anúncio, discutir "como implementar a agenda liberal com o objetivo de alcançar o Estado de Direito, a democracia constitucionalmente limitada e o livre-mercado", o segundo evento, em Bogotá, se propôs avançar sobre essa agenda, desta vez colocando o foco de atenção na definição dos problemas que obstaculizavam esse horizonte. Assim, como indicado no título dado ao seminário, os assuntos que convocaram os diversos atores internacionais eram três, mas foram ordenados nas exposições sob a equação: terrorismo e populismo como fatores determinantes da debilidade do Estado de Direito na América Latina. E por isso, argumentava Mario Vargas Llosa ao abrir a jornada, a escolha da Colômbia como cenário do encontro "não se deve apenas ao espírito de hospitalidade dos amigos colombianos, mas a uma razão política".[9] E acrescentava:

A Colômbia é um país que tem um significado muito especial dentro do contexto latino-americano. É um país que há muito tempo está sitiado por movimentos terroristas sustentados pelo narcotráfico. O crime ameaça um Estado de Direito e uma tradição democrática que, apesar de todos os problemas, resistiu com sucesso a essa ameaça. Graças ao espírito de sacrifício à vocação democrática e institucional, este país vai, pouco a pouco, mas de maneira inequívoca, derrotando essa ameaça terrorista. A

---

[8] Segundo Stella Calloni, a Federación Verdad Colombia é uma atualização do Centro de Análise Sociopolítica, criado em 1995 pelos militares colombianos para refutar as denúncias das organizações internacionais de direitos humanos sobre crimes cometidos pelo Estado no contexto da chamada guerra às drogas. Sobre o tema, consulte Calloni, 2014, p. 162.

[9] Vargas Llosa, 2003 (tradução própria).

Colômbia também está resistindo a outra ameaça que infelizmente, nos últimos anos, mais uma vez em nossa história começa a lançar sombra sobre a realidade latino-americana: o neopopulismo. Esta é outra ameaça a que a Colômbia resiste com sucesso, e por isso os países latino-americanos e o mundo inteiro devem olhar para a Colômbia não como infelizmente acontece, como o país da violência, o país dos sequestros, o país do narcotráfico, o país da guerrilha, mas como um país em que, apesar de tudo isso, há uma sociedade civil muito poderosa, costumes democráticos profundamente enraizados e uma vontade de resistência ao terror, ao autoritarismo e ao neopopulismo. Essa batalha que trava o Estado, o governo e o povo colombiano é também nossa batalha.[10]

Embora o evento não tenha tido tido caráter oficial, a presença de ministros e do vice-presidente nas conferências de abertura e encerramento e do próprio presidente Uribe, que segundo as imagens do evento participou de um almoço exclusivo com membros da FIL, concedia certo aval político institucional à reunião. Ao mesmo tempo, o seminário funcionava para manifestar certo apoio internacional ao governo colombiano.

Haviam transcorrido 15 meses desde o início do mandato presidencial de Uribe, e embora a convocação ao referendo constitucional tenha sido um fracasso,[11] a continuidade do Plan Colombia e os avanços nos acordos bilaterais com os Estados Unidos, tanto na guerra contra as drogas e contra as insurgências referenciada nas Fuerzas Armadas Revolucionarias de Colombia (Farc) quanto nos tratados de livre comércio, foram apontados pela maioria dos presentes como si-

---

[10] *Idem.*

[11] Cabe mencionar que a única pessoa que fez referências à convocação para votação pelo referendo, em 25 de outubro de 2003, foi o então vice-presidente colombiano Francisco Santos Calderón, durante a conferência que antecedeu o encerramento do Seminário, ao minimizar os impactos do resultado negativo sobre o governo de Uribe. Sobre a convocação ao referendo na Colômbia em 2003, consulte Quintana, 2009.

nais positivos das orientações assumidas pelo país andino.[12] Fato que, se não convocava celebrações, sim, pareceu justificar a necessidade de dar visibilidade ao lugar estratégico ocupado por esse país na região. Como mencionado anteriormente, o seminário transcorreu ao longo de dois dias e, embora as fronteiras entre os assuntos não fossem totalmente nítidas, as variáveis ameaçadoras que atravessaram a jornada foram abordadas de forma sequencial no primeiro e no segundo dia, respectivamente. A questão do terrorismo foi o pontapé inicial das conferências de abertura realizadas pelas representantes ministeriais, continuando nas mesas protagonizadas por *thinktankers*, analistas estadunidenses e representantes de organizações espanholas e colombianas, sob a chave de definir o problema e apontar as formas de combatê-lo. Para isso, os discursos apresentados recorreram ao recurso da homogeneização dos atores envolvidos e à anulação das causas específicas que desencadeavam o uso da violência armada.

Assim como a ministra da defesa Martha Lucía Ramírez se encarregou de descartar os possíveis vínculos causais entre terrorismo e pobreza, foi Fernando Londoño Hoyos, então ministro do Interior e Justiça, quem se dedicou a refletir sobre as novidades e causas do fenômeno:

> O que há de novo no terrorismo contemporâneo é que se trata de uma realidade de difícil compreensão porque tem métodos idênticos, mas com propósitos muito diferentes. Há terrorismo que tem origens raciais, e há

---

[12] O Plan Colombia é o nome dado ao acordo bilateral que foi assinado entre os governos da Colômbia e dos Estados Unidos em 1999 durante as administrações do presidente colombiano Andrés Pastrana e do estadunidense Bill Clinton sob três objetivos centrais: gerar uma revitalização social e econômica, acabar com o conflito armado na Colômbia e criar uma estratégia antidrogas. O plano significou o aumento das ajudas econômicas destinadas exclusivamente a modernizar as forças armadas, a transferência de recursos humanos e militares, e a ampliação das bases militares americanas no território andino. Sobre o Plano Colômbia, consulte Calloni & Ducrot, 2004, pp. 221-236.

outros que têm natureza política, ou outros, religiosa. É um terrorismo que é exercido de baixo para cima – aqueles que querem alcançar o poder acreditam que podem alcançá-lo através de atos de terror. Mas há outras formas singulares de terrorismo, e devo antecipar a ideia de que é o que é exercido hoje na Colômbia e que eu chamaria de tipo horizontal. Todos os terrorismos internacionais precisam de dinheiro para exercer sua função, mas no tipo horizontal é diferente, porque têm dinheiro e buscam uma justificação política. Não é surpreendente que um sistema terrorista baseado em uma concepção religiosa termine aliado com sistemas que não têm nada a ver com o religioso, senão talvez político, e com outros que não têm nada de nada (político ou religioso), como é o caso da Colômbia.[13]

Nesse sentido, em sintonia com as ministras e antecipando as palavras do major-general John Thompson, se o uso da violência impedia distinguir entre as ações de insurgência política lideradas pelas guerrilhas e as ações promovidas pelos cartéis de narcotráfico, a partir do controle econômico e territorial, menos ainda se poderiam encontrar justificativas particulares nas desigualdades sociais, na injustiça ou na pobreza. Amparada no pressuposto de uma constante retroalimentação financeira entre os grupos que fazem uso da violência armada, a ministra da defesa Martha Lucía Ramírez advertia que a solução não poderia partir de medidas dirigidas a amenizar as ameaças de maneira isolada, sendo que ambos, guerrilha e cartéis, requeriam ações ofensivas permanentes, contundentes e complementares.[14]

Mantendo essa linha argumentativa e acrescentando ao assunto sua experiência consolidada como diretor de operações do Comando Sul dos Estados Unidos, John Thompson afirmava não existir nenhuma justificação moral para recorrer a ou amparar atos de terrorismo com o objetivo de efetuar mudanças políticas ou sociais. Recuperando as

---

[13] Londoño Hoyos, 2003 (tradução própria).

[14] Ramírez, 2003.

reflexões de Michael Radu divulgadas em 2002 no livro *The futile search for root causes of terrorism* e alertando sobre a segurança do continente, Thompson dizia ser urgente agir em consequência. Sua exposição não pouparia palavras para compartilhar os eixos estratégicos em chave militar.

> Em termos gerais, pode-se afirmar que os componentes de uma estratégia para derrotar o terrorismo incluem o seguinte: ações diretas contra grupos terroristas, implacáveis e contínuas – todos os instrumentos disponíveis do Estado devem ser usados contra esses grupos; os líderes terroristas e suas organizações devem ser identificados; a comunidade de inteligência e as agências policiais devem determinar a infraestrutura terrorista e a ordem de comando e controle e compartilhar informações críticas de maneira apropriada com outras agências nacionais e com aliados internacionais; emprego de todas as formas de inteligência para localizar terroristas e suas organizações – a inteligência humana deve ser ampliada conforme necessário para complementar outras formas de inteligência; a cooperação internacional é essencial. Cada meio disponível deve ser usado para interromper e destruir a capacidade dos terroristas de conduzir atos de terrorismo. Seus santuários devem ser atacados e seus líderes, perseguidos. Seus sistemas de comando, controle e comunicações devem ser eliminados juntamente com suas fontes de apoio moral e financeiro.[15]

Embora nenhum dos presentes tenha alegado que se tratava de um fenômeno inédito, o 11 de setembro de 2001 significava um ponto de inflexão sobre o significado do terrorismo e sobre como combatê-lo, disse Carlos Iturgaiz,[16] presidente do PP do País Basco, ao se referir de forma exemplar ao conflito com a ETA e às ações promovidas pelo governo nacional então sob a presidência de José María Aznar (PP); e, de certa forma, antecipando os debates promovidos durante o IV Foro Atlântico (2004), abordado no capítulo anterior. Nessa chave, como

---

[15] Thompson, 2003 (tradução própria).

[16] Iturgaiz, 2003.

UM ATLÂNTICO LIBERAL

insistiram os representantes espanhóis convidados ao seminário, a tática ofensiva em chave militar também exigia ações voltadas para o convencimento e o compromisso da sociedade civil. Esse elemento foi destacado nas exposições de Miguel Posada, da Federación Verdad Colombia, e da jornalista Mary A. O'Grady, que colocaram em discussão a incidência dos meios de comunicação na complacência com o terrorismo e a necessidade de reorientar a cobertura dada pelos meios de comunicação nacionais e internacionais.

Deixando como possibilidade extrema o recurso à censura, Posadas apontou alguns esforços para estabelecer diálogo com a imprensa de seu país a fim de fixar acordos comuns "para que a informação não sirva aos fins do terrorismo". "Não se trata de ocultar informações, mas de apresentá-las de maneira mais adequada", sintetizou ao mencionar o uso de termos como "suposto" para se referir a pessoas capturadas ou assassinadas pelo exército colombiano e aos conteúdos relacionados às operações militares.[17] E, em sintonia com a concepção empunhada por Vargas Llosa em suas análises do sistema midiático, acrescentou:

> Por alguma razão, a esquerda e a oposição ao governo têm um número excepcionalmente alto de colunas e espaços. Convém que aqueles colunistas e comentaristas que não estão comprometidos com a subversão reflitam sobre o papel que desempenham. Diante de um fato, uma sociedade pode reagir com submissão, que é o que os terroristas desejam, ou com unidade e desafio. Muito depende dos "formadores de opinião" [...]. Diante do terrorismo, não se pode ser neutro. Diante da imprensa internacional, a situação é mais complicada. Boa parte da imprensa ocidental tem uma tendência à esquerda e geralmente apresenta as notícias da forma menos conveniente para o Estado e mais útil para os terroristas [...]. Para concluir, a experiência através dos séculos indica que o terrorismo pode ser vencido especialmente quando não tem um apoio político significativo. Em nosso tempo, é uma confrontação global e

---

[17] Posada, 2003 (tradução própria).

A FUNDACIÓN INTERNACIONAL PARA LA LIBERTAD EM ALTO-MAR

requer um esforço de toda a comunidade internacional [...]. A mídia pode fazer muito para alcançar essa unidade. Ela desempenha uma função fundamental que pode favorecer o terrorista ou propiciar seu fracasso.[18]

Como dito até aqui, se por um lado a experiência no combate ao terrorismo empreendido pelo governo da Espanha contra a ETA servia como horizonte para refletir sobre a ofensiva contra os atores associados à violência armada, e se a cooperação internacional era uma das chaves que, além de justificar o encontro, sustentava os principais argumentos dos painelistas em chave cosmopolita, por outro lado os modelos de interferência e participação internacional evidenciariam certas limitações da agenda liberal.

Partindo da ideia de que a América Latina "é uma região que abraça duas civilizações às vezes não bem integradas", o diretor de assuntos latino-americanos do Heritage Foundation, Stephen Johnson, questionou o assunto que havia sido o eixo condutor da conferência apresentada pela ministra das Relações Exteriores, que no início da jornada destacava a importância da cooperação norte-americana nos sinais de recuperação econômica após os impactos provocados pelas reconfigurações do mercado venezuelano como principal parceiro comercial depois dos Estados Unidos. Para o analista estadunidense, as ameaças ao Estado de Direito não poderiam ser combatidas com maiores facilidades financeiras e comerciais e, consequentemente, com o aumento do gasto público, evidenciando uma das várias contradições das doutrinas de segurança impulsionadas pelos Estados Unidos para a América Latina desde o fim da Guerra Fria. Sobre o assunto, o representante da Heritage Foundation argumentou:

> Um ponto muito importante é que as democracias são bastante fracas em combater as ameaças do terrorismo porque abraçam as liberdades do

---

[18] *Idem* (tradução própria).

UM ATLÂNTICO LIBERAL

indivíduo, buscam maneiras de integrar a livre expressão dos interesses de vários setores do povo. Este é um tipo de liberdade que, se uma sociedade não experimentou muito a liberdade, vai resultar em problemas. É preciso tradições e cultura para impor uma forma de resolver os problemas por meio de fóruns abertos da sociedade em vez de fazê-lo pela força. A divisão dos interesses entre os indígenas do altiplano, que contam com uma população de 60% da Bolívia, e os mestiços, e outros no planalto, pode resultar em uma ruptura entre o leste e o oeste desse país. O problema é que temos muita gente, e pode se intensificar com a condição de vida de menos de 2 dólares por dia para sobreviver. Combater esse fenômeno implica melhorar a qualidade de vida para metade do povo que vive às margens. Como fiéis, os recém-eleitos presidentes de muitos países vão ao Banco Mundial e ao FMI para renovar e ampliar créditos e manter seus governos funcionando, mas os empréstimos nunca proporcionam prosperidade. A única forma viável é fazer o difícil: cortar a burocracia que protege os interesses das elites econômicas e estabelecer o império da lei, com tratamento igual para todos, garantindo os direitos de propriedade e facilitando um clima de investimento tanto para os cidadãos que vivem em suas localidades quanto para os estrangeiros. Na Colômbia, estima-se que quase 25 bilhões de dólares são destinados para combater a violência e mitigar os danos causados na infraestrutura. Isso não pode ser compensado por um tratado de livre comércio. Mas sim por reforçar as instituições para criar um Estado de Direito e fomentar um mercado verdadeiramente livre.[19]

Além de sintetizar o tensionado panorama regional que poucos anos depois se materializou durante os conflitos encabeçados pela burguesia da região de Media Luna, no departamento de Santa Cruz, a aparente contradição entre um Estado forte no combate às ameaças *versus* um Estado mínimo como garantia de liberdade dos mercados se enlaçou no discurso de Johnson em relação ao segundo elemento central do seminário internacional: o surgimento do populismo e suas

---

[19] Johnson, 2003 (tradução própria).

novidades. Na mesma chave popperiana repetida por Mario Vargas Llosa na maioria de suas intervenções, Johnson advertia:

> Enquanto isso se observa outra tendência entre os movimentos da extrema esquerda, de se ligar ainda mais com partidos e grupos terroristas do Oriente Médio. Isso não é tão novo, os insurgentes centro-americanos treinaram com a OLP nos anos setenta. Mas nota-se na existência de associações como o Foro de São Paulo e de partidos políticos de Estado que patrocinam terroristas, organizações terroristas e grupos insurgentes. Apesar de experiências diferentes, esses grupos são mais unidos contra a chamada globalização, o livre comércio, o Estado de Direito e a modernidade. Não é por acaso que o líder *cocalero* boliviano Evo Morales foi convidado à Líbia este ano para receber um prêmio de paz e assistir a uma conferência sobre acordos indígenas. Esses movimentos, como o MAS boliviano, o MVR da Venezuela e as Farc, são sustentados agora para se opor às ideias liberais do Ocidente, de liberdades individuais. Para eles, agora é uma luta entre as forças do mal, da morte, como diz Evo Morales, contra as forças que querem conservar a sociedade paternalista baseada na liderança de tribos.[20]

Dessa forma, os novos problemas não esgotavam os alarmes dirigidos a conter os velhos perigos do subcontinente. Como continuou argumentando o mexicano Enrique Krauze ao iniciar o segundo dia do evento, embora a violência revolucionária não seja mais vista como uma "parteira da história" e a "falência total da economia cubana" evidenciasse o descrédito do marxismo na região, a "má notícia" era o reaparecimento dos outros dois paradigmas igualmente ameaçadores: o populismo e a economia fechada. Para Krauze:

> O segredo do populismo é confundir o julgamento da sociedade prometendo um paraíso terrestre que, é claro, nunca chega. Mas, em vez

---

[20] *Idem* (tradução própria).

de reconhecer seu fracasso, opta sempre por atribuí-lo às oligarquias internas e ao imperialismo. Dessa forma, o populismo fomenta a irresponsabilidade e, em um extremo, acaba moldando à maneira totalitária a mentalidade do povo. O populismo mente sistematicamente, desgarra o tecido político, envenena o espírito público, alimenta a discórdia civil. Perón é o exemplo clássico, e a Argentina atual, sua implacável consequência. O regime de Fidel Castro não é mais que um populismo radical. A democracia é um acordo para legitimar, delimitar, racionalizar e canalizar o poder. O populismo, pelo contrário, é uma forma arcaica de concentrar o poder, corrompê-lo. Infelizmente o populismo está presente já na Venezuela. Chávez adulterou a essência da democracia restringindo as liberdades e plantando em seu povo a má erva do rancor social. Sua única vocação é permanecer no comando. Mostrou tendências autoritárias suficientes para temer a instauração de uma ditadura. Em todo caso, Chávez representa uma lição e um aviso. Sem contenções institucionais que permitam julgar um regime por seu desempenho, um país pode afundar sem remédio, com o apoio de suas maiorias.[21]

Partindo da ideia de populismo como ameaça à institucionalidade da tradição liberal, associada a um regime de governo de tipo autoritário, a pauta discutida durante o evento atualizava o problema histórico regional, assim como os cenários, os atores do conflito e os modelos. Nesse sentido, para Alberto Galofre Cano, do ICP, o caso da Venezuela deveria ser visto refletido na experiência de Allende no Chile, no que considerava como o problema do crescimento da empresa pública.

Ao longo das transcrições do seminário aqui abordado, termos como terrorismo/s, terrorista/s foram utilizados 333 vezes, e narcotráfico/narcotraficantes, 22 vezes. As palavras populismo e neopopulismo somam 126 ocorrências, sendo o primeiro mais utilizado que o segundo. Sempre referenciado ao abordar esse assunto, o presidente venezuelano

---

[21] Krauze, 2003 (tradução própria).

A FUNDACIÓN INTERNACIONAL PARA LA LIBERTAD EM ALTO-MAR

recebeu 24 menções, e Venezuela/venezuelanos, 56, enquanto o então líder camponês Evo Morales recebeu 5, e Bolívia/bolivianos, 16; Fidel Castro 7, e Cuba/cubanos, 12, para citar os países e líderes sociais mais mencionados pelos participantes do evento.

A nítida preocupação com o assunto venezuelano não só respondia à sua centralidade para o mercado colombiano, então obstaculizado pelas tensas relações diplomáticas, como mencionado anteriormente pela ministra das Relações Exteriores, mas também à necessidade de evidenciar processos internos e de maior imediatismo, como a campanha de assinaturas para a realização do referendo revogatório na Venezuela. Para isso, o evento não apenas contou com a participação do venezuelano Américo Martín, da já mencionada Coordinadora Democrática, mas também foi lançada uma declaração pública diretamente dirigida a apoiar o referendo e a questionar antecipadamente as garantias institucionais do governo chavista. A manifestação pública, intitulada "El caso venezolano", dizia:

Os países da América Latina, com a única exceção de Cuba, vivem agora sob regimes democráticos. Esta convergência, que ocorre pela primeira vez em quase dois séculos de história independente, corre sério perigo de reverter aos velhos paradigmas de anarquia e ditadura, devido à situação pela qual passa um país chave: Venezuela. À medida que se aproxima 28 de novembro, data da coleta das assinaturas exigidas pela Constituição para que se abra o *referendum* acordado pelo governo e pela oposição, com o aval de vários organismos internacionais, observamos com grande preocupação que o governo do presidente Chávez, afastando-se radicalmente do compromisso assumido em 29 de maio passado, está incentivando seus partidários a impedir a consulta eleitoral. Por meio de ações violentas e provas fabricadas, pretende acusar a oposição de instigar um golpe de Estado para assim suspender as garantias constitucionais e impedir fraudulentamente o pronunciamento eleitoral dos venezuelanos. A consolidação da democracia latino-americana é um fator valiosíssimo de estabilidade no contexto violento do mundo atual. A comunidade internacional deve se pronunciar claramente em favor da realização, na data acordada, do referendo revogatório e contra as manobras que se empenhem em obstaculizá-lo.[22]

Como diria Krauze ao encerrar sua participação no evento: "Como resolver o problema [do populismo] sem renunciar à democracia eleitoral? É uma pergunta cardinal que deveria ocupar a inteligência latino-americana".[23] Se para Alfredo Barnechea, da Comissão Andina (Peru), a novidade do populismo, associada ao prefixo "neo", radicava no caráter antipolítico, antipartidário e antimoderno, para Américo Martín o assunto merecia uma leitura mais simplificada:

> À confrontação esquerda radical, esquerda democrática, centro direita e direita radical, deve-se opor o conflito atual entre neopopulismo com alto grau de intervencionismo e controles da economia, liberalismo sem controles e certas formas de pragmatismo que operam no marco da liberação da economia e de sua incorporação ao capitalismo global. Os novos parâmetros, portanto, muito mais pertinentes do que aquelas denominações aprioristicas de duvidosa substância, são o liberalismo de mercado e o intervencionismo populista. Entre uma e outra expressão, as diferentes variedades do pragmatismo.[24]

Partindo desse mesmo entendimento, apontava a ex-embaixadora da Venezuela na OEA Virginia Contreras, recentemente incorporada ao campo da oposição ao chavismo após uma série de desentendimentos com o Poder Executivo desse país, era urgente o pragmatismo orientado à união em oposição. E sobre esse ponto, tanto para o representante peruano da Comisión Andina quanto para Juan Manuel Santos, que então não ocupava nenhum cargo ministerial, a questão central

---

[22] FIL, 2003d (tradução própria).

[23] Krauze, 2003 (tradução própria).

[24] Martins, 2003 (tradução própria).

era fortalecer uma terceira posição. O que, nas palavras de Martín, significava "um ponto de equilíbrio que mantenha o núcleo duro do que foi conseguido, que não toque na estabilidade macroeconômica, que não toque na abertura dos comércios".[25]

Embora Mario Vargas Llosa tenha qualificado a "terceira via" como "uma trapaça retórica" para se referir às políticas desenvolvidas por Margaret Thatcher na Inglaterra e José María Aznar na Espanha, associadas a Tony Blair e ao trabalhismo inglês, nas palavras do romancista peruano, essas políticas "se atreveram a fazer reformas que a senhora Thatcher não se atreveu a fazer porque a cultura política de seu momento não lhe permitia". Por outro lado, a ameaça entendida como "o coletivismo" conseguia definir expressões de nacionalismo, integralismos religiosos e, no caso latino-americano, o "novo broto" de indigenismo. E sem questionar a elasticidade semântica do termo para Vargas Llosa, isso implicava em todos os casos o desaparecimento do indivíduo como valor supremo da sociedade liberal.

> Essa atitude é absolutamente incompatível com a civilização e com o desenvolvimento. Essa atitude irremediavelmente a curto ou longo prazo nos arrasta à barbárie. De tal maneira, se queremos alcançar o desenvolvimento e se queremos escolher a civilização e a modernidade, temos que combater resolutamente esses brotos de coletivismo. Podemos derrubá-los, é claro, mas a única maneira de fazê-lo é com ideias que terminem por se impor e vencer.[26]

Fiel à chave cultural impressa em seus discursos, Vargas Llosa concluiu a atividade lendo a antes mencionada declaração relativa ao caso Venezuela, alegando:

---

[25] *Idem* (tradução própria).

[26] Vargas Llosa, 2003b (tradução própria).

UM ATLÂNTICO LIBERAL

Nós temos a obrigação de nos solidarizarmos com os venezuelanos e ajudá-los. Não só por uma solidariedade de tipo moral, mas também por egoísmo. O que está ocorrendo na Venezuela pode ocorrer em nossos países. Muitas coisas das que estão ocorrendo na Bolívia, Equador e Peru são reverberação do que ocorre na Venezuela.[27]

É possível afirmar que tanto ao abrir como ao encerrar o evento, o escritor peruano se encarregou de delimitar discursivamente as ameaças e os cenários de conflito, estabelecendo também linhas de demarcação entre os modelos de ação a apoiar e a combater em nome da civilização e da modernidade. Assim, embora tanto o narcotráfico, as guerrilhas e o populismo fossem apontados como os maiores agentes de ameaça no contexto latino-americano daquele momento, alguns cenários nacionais conseguiam se projetar como exemplo, e outros, como ameaças. Ao mesmo tempo em que o problema da fragilidade do Estado de Direito se colocava como eixo a partir do qual intercambiar e sobrepor significados sobre o resto dos assuntos da constelação de problemas, sem que necessariamente existissem fatos concretos que demonstrassem seus pontos de conexão.

Colômbia e Venezuela representavam o principal par de opostos analisados ao longo das jornadas, enlaçando sobre esses países a trama da agenda liberal em cena e prefigurando suas possíveis consequências e seus desdobramentos. Diante desse panorama, se o resto dos países andinos, como Bolívia, Peru e Equador, era apenas mencionado como possíveis territórios de difusão das ameaças terroristas e populistas, e Cuba, o caso debilitado, embora latente, do perigo passado, o modelo chileno se colocava como o horizonte a partir do qual orientar as ideias apresentadas durante este e outros eventos.

Como aponta Murray Edelman, a corrida pela explicação de um problema depende em parte da aceitabilidade da premissa ideológica que ele implica. Nesse sentido, enquanto um problema social não é

---

[27] *Idem* (tradução própria).

A FUNDACIÓN INTERNACIONAL PARA LA LIBERTAD EM ALTO-MAR

uma entidade verificável, mas uma construção que promove interesses ideológicos, sua explicação tem que ser parte do processo de construção de modo tal que se possam oferecer razões e soluções particulares para a aceitação pública. Então, cabe perguntar: quão nova era a agenda em construção e os antídotos propostos ao longo do seminário?

Como mencionado nas seções anteriores, no transcorrer do fim da Guerra Fria e durante a década de 1990 a agenda de segurança continental assumida pela maioria dos países da região foi a defesa da democracia liberal como princípio central sob a tutela estadunidense. Nesse contexto, se a presença e a intervenção militar norte-americana não diminuíram, a relevância dos acordos bilaterais no campo da assistência militar foram elementos de continuidade com o período imediatamente anterior, que deu um passo da noção de ameaça externa para o advento de fenômenos endógenos, como as drogas, as migrações e a fragilidade das instituições políticas associada ao estatismo, e para a incorporação da sub-região andina e principalmente da Colômbia à principal zona de influência dos Estados Unidos. Um processo que correu em paralelo e como resposta às turbulências das periferias do Sul e aos processos de impugnação popular ao liberalismo, fatores a partir dos quais se buscou delimitar os cenários de atuação no novo contexto latino-americano.

Dessa forma, antecipando as definições realizadas na Grande Estratégia Nacional II, de 2006, promovida entre as potências do Norte pelos Estados Unidos como continuidade das estratégias de segurança impulsionadas após os atentados de 11 de setembro, e mantendo os principais eixos da agenda liberal ofensiva que referenciamos nos documentos de Santa Fe, é possível notar nas ações da FIL a promoção de uma narrativa do presente baseada no velho problema de "civilização ou barbárie",[28] arcaísmo ou modernidade, agora orientado segundo o

---

[28] O problema "civilização ou barbárie" ocupa um lugar chave no desenvolvimento do pensamento social latino-americano como par de opostos estruturante das primeiras discussões em torno do ser nacional e da construção do Estado-nação.

UM ATLÂNTICO LIBERAL

regime de verdade neoliberal, modelado à nova conjuntura regional como um cosmopolitismo atlântico ou limitado.

Apoiando-nos nas análises de Stella Calloni e de Darío Salinas Figueredo, poderíamos afirmar que a escolha da Colômbia como sede real e eixo narrativo do repertório aqui analisado deixa registro das práticas dirigidas a conceder certificados políticos como diagnóstico de boa conduta, o que contribui como antessala para criar percepções e justificar medidas diante das possíveis turbulências. Da mesma forma, a partir da troca de vozes provenientes do campo militar, intelectual, político e midiático, também agrupou e promoveu uma constelação de ideias como estratégia na defesa dos valores ocidentais no resto da região. Nesse sentido, é possível dizer que, se por um lado as discussões promovidas pela FIL não eram necessariamente novas, transparecendo marcas das orientações estratégicas assumidas pelos defensores da agenda liberal ofensiva apenas iniciado o novo milênio, por outro, é de destacar-se o esforço por abrir canais de intercâmbio, encenação e coordenação na definição desses problemas, suas causas e soluções, permitindo a transferência de experiências e coordenando o debate orientado a definir o cenário latino-americano ao abrir-se o novo milênio.

Assim, se a FIL pode ser entendida como aparelho privado internacional dirigido à defesa do liberalismo na América Latina, ancorado no cosmopolitismo atlântico como horizonte de expectativa, a pergunta *como atua* evidencia o dedicado esforço de traduzir essa

---

O assunto tem promovido um amplo debate no campo historiográfico e no da teoria crítica literária, por seu impacto tanto no campo político quanto cultural. Como aponta a socióloga argentina Maristella Svampa, essa dicotomia funcionou como enquadramento dos debates que sustentaram o programa das oligarquias latino-americanas após os processos independentistas, permitindo criar e recriar uma matriz teórica e explicativa da problemática latino-americana baseada na encruzilhada da barbárie indígena *versus* a civilização ocidental (europeia e americana), natureza *versus* cultura, que ainda permeiam a cultura política argentina e regional. Consulte Svampa, 2010.

A FUNDACIÓN INTERNACIONAL PARA LA LIBERTAD EM ALTO-MAR

agenda e essa cosmovisão aos processos concretos segundo seus interesses, a médio e curto prazo, agrupando, distinguindo e excluindo cenários e atores. Apoiar, legitimar, sentenciar e alertar modelaram os repertórios desta e de outras atividades promovidas pela FIL no quindênio analisado.

Então, o regime cubano era apresentado como o rebrotar de um velho (e necessário) inimigo e o chavismo na Venezuela era "uma lição e um aviso", apontava Enrique Krauze.[29] Na próxima seção nos dedicaremos ao processo de definição das ameaças e de construção dos inimigos.

X. VELHOS/NOVOS INIMIGOS: O ANTIPOPULISMO E O ANTICOMUNISMO COMO BANDEIRA

O III Foro Atlântico (2006) e a definição elástica do populismo

A terceira edição do Foro Atlântico foi intitulada "Um diálogo para a democracia e a liberdade" e teve lugar em 5 de julho de 2006, na Casa de América em Madrid. Como nas oportunidades anteriores, o foro foi realizado com o apoio da FIE, que então comemorava o 25º aniversário, e da Comunidad de Madrid, como expressou Mario Vargas Llosa ao abrir e encerrar o evento. Segundo os registros da página oficial, reproduzidos quase por inteiro no portal digital *El Diario Exterior*, o III Foro Atlântico contou com a participação de 30 painelistas da Espanha, dos Estados Unidos e de países latino--americanos, e com a inscrição de mais de 200 especialistas provenientes de 25 países para participar como assistentes.

Em leitura sequencial, pode-se afirmar que se o Seminário em Bogotá em 2003 teve entre seus objetivos definir uma agenda em torno

---

[29] Krauze, 2003 (tradução própria).

UM ATLÂNTICO LIBERAL

das ameaças e cenários de conflito, e o III Foro Atlântico, organizado três anos depois, não poupou esforços para definir o perfil dos inimigos concretos, mas também para dar visibilidade aos territórios promissores.

Sob esse segundo objetivo, a conferência de abertura e encerramento desse terceiro foro esteve a cargo de dois ex-mandatários considerados exemplares pela implementação das reformas de abertura e pela liberdade econômica em seus respectivos países: o ex-presidente salvadorenho Francisco Flores (1999-2004), que expôs o que considerava como "sucessos" do modelo neoliberal em El Salvador durante seu mandato, após o fim do conflito armado que ele mesmo entendia como o "último cenário da Guerra Fria";[30] e também o espanhol José María Aznar, que, como dito anteriormente, participava pela segunda vez de um evento da FIL como conferencista, mantendo uma lógica discursiva praticamente intacta em relação à registrada pelo escritor Marcos Aguinis nas crônicas de 2004.

O III Foro Atlântico aconteceu em uma única jornada, estruturada entre os referidos momentos de abertura e encerramento, tendo quatro painéis com seus respectivos debates,[31] sendo dois painéis pela manhã e dois painéis pela tarde. Tanto o primeiro quanto o quarto painéis se dedicaram explicitamente aos assuntos latino-americanos, e para isso as mesas se compuseram principalmente de *thinktankers* latino--americanos. Intitulados "Ameaças à democracia na América Latina: o neopopulismo e tendências autoritárias" (Painel 1) e "A globalização e suas oportunidades para a América Latina" (Painel 4), tiveram entre os painelistas Rocío Guijarro do Cedice, Enrique Ghersi do Citel, o escritor Marcos Aguinis, Luis Secco, da então recentemente criada Fundación

---

[30] Flores, 2006 (tradução própria).

[31] No acervo digital consultado, só tivemos acesso aos registros audiovisuais dos painéis e das conferências de abertura e encerramento, e não aos da roda de imprensa e da exposição de Jaime García.

A FUNDACIÓN INTERNACIONAL PARA LA LIBERTAD EM ALTO-MAR

Pensar (Argentina), o economista Ernesto Talvi, diretor do Ceres do Uruguai, Cristián Larroulet, diretor do Instituto Libertad y Desarrollo do Chile, o escritor e poeta cubano Raúl Rivero, o analista político e ex-ministro mexicano Jorge Castañeda, o escritor chileno Mauricio Rojas e o escritor Enrique Krauze, que não conseguiu participar pessoalmente devido aos seus compromissos com as eleições que estavam sendo realizadas no México, mas mandou uma comunicação que foi lida pelo secretário de redação da revista *Letras Libres*.[32] Além desses painéis estiveram presentes o espanhol Pablo Izquierdo Juárez, Mark Falcoff, analista em temas internacionais dos EUA, Manuel Pérez, representante do conselho de imigração da Comunidad de Madrid, e Gustavo de Aristegui, deputado das cortes da Espanha.

Em contrapartida, o segundo e terceiro painéis, intitulados "Nacionalismo, fundamentalismo e segurança" e "Globalização, pobreza e imigração", respectivamente, buscaram um enquadramento menos regional, embora sob a preponderância de assuntos e oradores espanhóis e americanos. "É possível a segurança com tanto nacionalismo e tanto fundamentalismo?",[33] perguntou o jornalista Germán Yankee ao abrir o segundo painel, do qual participaram Edurne Uriarte, da Fundación para la Libertad da Espanha e catedrática de ciência política na Universidad del País Vasco, Miguel Ángel Cortés, patrono da Faes e deputado das cortes da Espanha, o ex-secretário do PP do País Basco Nicolás Redondo, o professor Robert Lieber, da Georgetown University (EUA), e o professor chileno Jaime García, do Center for Hemispheric Defense Studies, dos Estados Unidos. Neste caso, o foco foi colocado sobre as políticas de segurança enquadradas na "guerra ao terrorismo" a partir de uma visão geral dos assuntos do mundo "para que os Bascos que estamos aqui se deem conta de que não têm

---

[32] Sobre a revista *Letras Libres* do México, a divulgação das ideias liberais e Enrique Krauze como intelectual, autor e editor, consulte Saferstein, 2020.

[33] Yankee, 2006 (tradução própria).

necessidade de exagerar; muitos dos problemas que os preocupam também se dão em outros lugares", ironizou Yankee.[34] E em um tom menos alarmista que o segundo, embora não por isso mais auspicioso, o Painel 3 "Globalização, pobreza e imigração" foi moderado pelo economista e membro fundador da FIL Lorenzo Bernaldo de Quirós, e reuniu o jovem analista sueco Johan Norberg, autor de *Em defesa do capitalismo global* (2001), Lucía Figar, do conselho de imigração da Comunidad de Madrid, Ron Kaufman, do Partido Republicano dos Estados Unidos, John O'Sullivan, editor da *National Review* (EUA), e o economista espanhol Pedro Schwartz, membro do conselho acadêmico da FIL.[35]

Em termos de conexões e unidade em torno dos assuntos abordados ao longo da jornada, se o primeiro e o quarto painéis tiveram uma perspectiva regional/latino-americana e o segundo e o terceiro uma internacional/atlântica, a conexão entre o primeiro e o segundo se estabeleceu pelas ameaças à democracia liberal e aos direitos individuais como assuntos de segurança. Por outro lado, o terceiro e o quarto painéis se enlaçaram nas reflexões sobre as oportunidades e os desafios da globalização, entendida como a mundialização dos princípios liberais centrados na livre circulação de ideias, de bens capitais e (embora não compartilhado por todos) de pessoas.

Sob a avaliação de um momento de ressurgimento econômico regional após as grandes crises econômicas do final dos anos 90 e sob a pergunta "A América Latina pode dar-se ao luxo de ter a democracia ameaçada?", Luis Secco abriu o primeiro momento do foro lançando como questão uma afirmação com a qual concordaram todos os painelistas: a democracia está ameaçada.[36] Mas foi a *thinktanker* venezuelana Rocío Guijarro que, apresentando-se como

---

[34] *Idem* (tradução própria).

[35] Sobre a *National Review* como empreendimento editorial criado pelos setores ultraconservadores estadunidenses, consulte Bianchi, 2015.

[36] Secco, 2006 (tradução própria).

A FUNDACIÓN INTERNACIONAL PARA LA LIBERTAD EM ALTO-MAR

vítima denunciante, relatou em primeira pessoa o que considerava "atrocidades" do governo na Venezuela. Acusada de rebelião civil e após enfrentar grandes burocracias migratórias para ter autorizada sua saída do país e participar do evento, Guijarro aproveitou seus dez minutos de exposição para compartilhar sua visão sobre o que considerava como o projeto autocrático do presidente Chávez. "Populismo aprofundado em uma mistura de comunismo inspirado pelo presidente cubano, que é – acreditamos nós, os venezuelanos – quem realmente dirige nosso país", apontou a presidenta do Cedice, que também acrescentou que o governo estava criando um aparato militar, reservas militares "como os exércitos sandinistas", "inspirados em Lênin", sob a ideia de "guerra assimétrica contra o imperialismo ianque, o mesmo discurso dos anos sessenta".[37] Ainda que as eleições presidenciais na Venezuela estivessem marcadas para dezembro daquele ano, para Guijarro o governo bolivariano estava querendo dar um "verniz de democracia para que a comunidade internacional não o visse tão mal".[38] Nesse sentido, mesmo que o panorama eleitoral não fosse nada alentador, devido à baixa aceitação que tinham os candidatos da oposição, o chamado à unidade e a denúncia se mantiveram firmes e foram repetidos em outras das participações.

Embora a ideia de farsa eleitoral fosse o argumento central que buscava questionar as garantias constitucionais do governo chavista, a situação eleitoral no resto do continente serviu como ponta de lança para as avaliações do panorama político regional. Assim como as palavras enviadas por Krauze do México aliviavam a maioria dos presentes, prenunciando o triunfo de Felipe Calderón, do Partido Ação Nacional (PAN) sobre a candidatura do Partido da Revolução Democrática (PRD), encabeçada por Andrés Manuel López Obrador, também a vitória do uribismo na Colômbia e o considerado "mal

---

[37] Guijarro, 2006 (tradução própria).

[38] *Idem* (tradução própria).

UM ATLÂNTICO LIBERAL

menor" peruano após a eleição de Alan García frente ao então presidente Ollanta Humala, do Partido Nacional Peruano (PNP), davam indícios do que Cristián Larroulet denominara como "um freio à maré chavista".[39] Contudo, e de maneira inversa, a vitória presidencial de Evo Morales e do Movimento al Socialismo – Instrumento Político por la Soberania de los Pueblos (MAS-IPSP), os processos contestatórios do movimento indígena equatoriano e o fortalecimento do processo bolivariano na Venezuela provocaram um ambiente em que, usando o jogo de palavras proposto pelo *thinktanker* chileno, "o copo meio vazio conseguia antepor-se ao meio cheio".[40]

Como também apontam André Kaysel Velasco e Cruz e Jorge Chaloub,[41] considerando que as controvérsias em torno do populismo têm dado lugar a numerosas abordagens e posições entre os analistas dos processos históricos latino-americanos, avaliamos que essa forte carga normativa/pejorativa, a naturalização da democracia liberal como ordem política e o predomínio do mercado como ideal econômico da maioria dos discursos congregados nesses eventos não devem fazer desconsiderar as particularidades das abordagens presentes durante os debates. De maneira acumulativa, eles foram dando forma mais ou menos homogênea a um corpo narrativo e, portanto, à ação empreendida desde a FIL.

Em termos gerais, é possível distinguir quatro camadas de compreensão, que, para o caso aqui analisado, estão representadas principalmente nas apresentações de Marcos Aguinis e Enrique Ghersi durante o primeiro painel, e Jorge Castañeda, Cristián Larroulet e Ernesto Talvi, no quarto. A primeira faz referência ao populismo como um mecanismo de dominação baseado no que Aguinis referenciava como uma conduta social centrada no "autoritarismo ativo e passivo",

---

[39] Larroulet, 2006 (tradução própria).

[40] *Idem* (tradução própria).

[41] Cruz & Chaloub, 2021.

A FUNDACIÓN INTERNACIONAL PARA LA LIBERTAD EM ALTO-MAR

reforçada por uma elite autoritária que quer dominar e uma sociedade "medíocre" que prefere obedecer a assumir a responsabilidade individual. A partir dessa perspectiva, o problema afunda suas raízes em elementos históricos estruturais, mas também na personalidade do líder, que consegue exaltar os sentidos de coletividade (povo) cancelando as liberdades individuais. O desfecho negativo seria a concretização do totalitarismo. O populismo, dizia Aguinis fazendo uso de recursos psicossociais, é a manifestação da "tensão entre o impulso ao crescimento e a regressão ao infantil".[42] Nessa mesma linha sentenciava Mauricio Rojas no painel da tarde: "o marxismo é a doença infantil da modernidade".[43]

A partir dessa perspectiva nitidamente elitista, o processo político era resultado da manipulação de um grupo com desejo de poder e de uma sociedade em estado infantil, produto da ignorância e da pobreza. Condição que por sua vez respondia a dois mecanismos que combinados imprimem um tipo de dominação particular ao populismo: "o elogio e o presente", apontou o escritor argentino, realizando uma análise sócio- -histórica fortemente referenciada no peronismo. O primeiro teria caráter discursivo e normativo e implicaria reforçar a ideia de que a pobreza é uma virtude e a riqueza, uma perversidade, condenando a livre competência e, portanto, o crescimento e a modernização. O segundo, de caráter econômico-material, geraria um Estado assistencialista baseado na centralização do controle e da repartição de recursos, e no descontrole dos cofres públicos. Um Estado descontrolado que consolida o *status* de "sociedade de mendigos", dizia Aguinis ao referir- -se ao seu país. Mantendo a chave explicativa da sociedade de livre- -mercado como caminho iniludível ao progresso, o escritor enlaçava o problema do populismo à ideia de uma sociedade arcaica, reforçando o esquema argumentativo apresentado por Enrique Ghersi (Citel, Peru), que o havia antecedido na exposição. Dizia Aguinis:

---

[42] Aguinis, 2006 (tradução própria).

[43] Rojas, 2006 (tradução própria).

Nessa mentalidade, o importante não é olhar para frente, não é avançar, não é crescer, porque isso seria degenerar-se, isso seria a sociedade de consumo, a sociedade da perdição. O importante é olhar para trás. E olhar para trás significa idealizar o passado, o paraíso perdido, que é o único paraíso que existiu e que existe, o paraíso perdido que está atrás. E isso se enlaça obviamente com as teorias indigenistas. O paraíso perdido seria o paraíso que a América Latina perdeu quando se produziu a conquista espanhola.[44]

Embora essa leitura seja pouco original se considerarmos o acúmulo bibliográfico em chave liberal produzido sobre os processos políticos latino-americanos de pós-Guerra, ela aponta algumas luzes sobre um segundo elemento que compõe esse enquadramento: o populismo e seu novo visual.

Como o resto dos painelistas, para o advogado peruano Enrique Ghersi a esfera política e econômica da região estava sob ameaça. Tratava-se da emergência deliberada de grupos políticos antidemocráticos, sentenciou o peruano a partir da perspectiva elitista estruturante do pensamento neoliberal. O foco de atenção do rebrotar populista deveria ser colocado em um esforço de reengenharia política como forma de reinvenção dos discursos e das práticas das esquerdas latino--americanas, "órfãs" após a dissolução da URSS, mas agora abraçadas ao velho recurso ao indigenismo como movimento estético, agregava Ghersi, fiel às ideias plasmadas por Mario Vargas Llosa em *La utopía arcaica*.[45] Para o *thinktanker* peruano:

> Esse neoindigenismo é essencialmente uma cobertura superficial de indigenismo para ocultar o velho discurso estatista intervencionista e profundamente antidemocrático. Tornou-se um estratagema político para justificar em primeiro lugar o reempacotamento, que é uma espécie de

---

[44] Aguinis, 2006 (tradução própria).

[45] Vargas Llosa, 1996.

técnica de *merchandise* da esquerda dura e pura ibero-americana, mas em segundo lugar um discurso político, uma retórica política que tem colhido triunfos eleitorais importantes ou resultados insuperáveis nos processos eleitorais que estão sendo conduzidos em todo o continente nos últimos dois anos.[46]

Como denunciado na exposição de Rocío Guijarro, o apoio material do governo venezuelano aos processos eleitorais e não eleitorais que orientavam o cenário político regional à esquerda reatualizava o problema do militarismo. Embora fosse corrigido por Aguinis (que apontou a antecipação do líder peronista), para o analista peruano, Hugo Chávez tinha o *copyright* de um novo recurso: a simulação de um golpe de Estado como técnica de legitimação. Esta consistia em tentar provocar um processo de insurgência sem ânimos de vitória com o objetivo de ir preso e alcançar maior visibilidade e apoio popular eleitoral. O que significa dizer: uma técnica democrática para alcançar um processo democrático com resultados antidemocráticos. Ideia esta que anos depois enquadraria as denúncias empunhadas pela oposição boliviana contra o governo de Evo Morales. Ghersi agregava que o recurso ao golpe de Estado:

> [...] é particularmente notório porque não está desenhado para ganhar. O golpista latino-americano de hoje não quer ganhar, não dá um golpe para triunfar. Não pretende ser um revolucionário triunfante. Pretende certamente fazer um gesto. Mas, passando brevemente pela prisão, conquistar eleitoralmente uma vitória em aparência democrática, para impor um projeto autoritário.[47]

Associado ao caráter militar de novos líderes sociais latino-americanos, como Chávez, Lucio Gutiérrez e Ollanta Humala, mas

---

[46] Ghersi, 2006 (tradução própria).

[47] *Idem* (tradução própria).

fazendo questão de separar a figura de Evo, a quem entendia como um "velho político de carteira civil" do sistema político democrático boliviano, Ghersi descrevia o recurso ao golpe falido como um "ato gestual", uma "encenação militar", mas que significava o "renascimento do militarismo ibero-americano", do caudilhismo como fenômeno latino-americano. Acrescentava:

> Trata-se, portanto, de uma ameaça dolorosa, uma ameaça existente. Não é um perigo latente nem uma hipótese. Encontramo-nos, praticamente todos os países da América Latina, frente a esse tipo de projeto político, deliberado, organizado, que está tentando conquistar diretamente o poder.[48]

Para Aguinis, fazendo uso de um tom gravemente pejorativo, "a América Latina lamentavelmente está se africanizando". O devir de possíveis "guerras étnicas" e "reivindicações indígenas associadas com idealizações absurdas, utópicas, com sonhos associados a uma mentalidade autoritária" conduziriam à deterioração da república, ao "retrocesso do pensamento ilustrado".[49]

Diante da premissa de que, como dizia Germán Yankee ao abrir o segundo painel do foro, a deterioração moral e institucional não era exclusiva da Iberoamérica nem da Espanha, o assunto apelava à escala internacional como chave explicativa e orientação para a ação. Em um tom quase calcado no do I Foro Atlântico (2004), embora sem a presença de representantes do governo espanhol do momento, e com a completa omissão do caso colombiano, que anos antes havia sido o centro do debate, o problema da segurança internacional na chave atlântica foi abordado com base exclusivamente em assuntos norte-americanos e espanhóis. Partindo da ideia compartilhada no segundo painel, de

---

[48] *Idem* (tradução própria).

[49] Aguinis, 2006 (tradução própria).

A FUNDACIÓN INTERNACIONAL PARA LA LIBERTAD EM ALTO-MAR

que o 11 de setembro de 2001 havia significado um divisor de águas na história das relações internacionais, sob a "guerra ao terrorismo" e invertendo a lógica do discurso proposto no painel anterior, para o representante parlamentar do Partido Popular de Valhadolid Miguel Ángel Cortés o indigenismo era a expressão do nacionalismo europeu e do fundamentalismo islâmico em chão ibero-americano. "É um salto para trás", qualificou.[50]

A partir dessa perspectiva, para a cientista política espanhola Edurne Uriarte a guerra à democracia e à liberdade se expressava em dois perigos internacionais: as ameaças da violência propriamente terrorista; e as ameaças daqueles que "justificam, desculpam e cedem ante os terrorismos". Dessa forma, agregava um componente central ao debate das políticas internas de segurança e da responsabilidade internacional, criticando explicitamente as negociações do governo espanhol com o ETA e o impulso ao programa Alianza de Civilizaciones como resposta ao fundamentalismo, e chamando atenção para as novas pressões da questão catalã.[51]

Nesse contexto, as ideias "sociedade em guerra" e "ameaças à segurança internacional" evidenciavam a existência de tensões em torno de "o que fazer?"/"como agir?", embutidas na crítica a uma suposta falta da compreensão generalizada, que na maioria dos fóruns tomaria a forma das posições adotadas pelo governo da Espanha durante a presidência de Rodríguez Zapatero (PSOE, 2004-2011). À luz de discussões em torno da globalização, pobreza e imigração, o terceiro painel colocou timidamente sobre a mesa de debate as divergências

---

[50] Cortes, 2006 (tradução própria).

[51] Alianza de Civilizaciones é o nome do programa adotado pela ONU em abril de 2007 com o objetivo de criar canais de diálogo e cooperação entre o Ocidente e o mundo árabe e muçulmano, para combater o terrorismo internacional por meios diferentes dos militares. A proposta foi feita pelo presidente do governo da Espanha, José Luis Rodríguez Zapatero (PSOE), em setembro de 2004, meses após o atentado em Madrid.

que agregariam a quota de amplitude liberal tão celebrada por Mario Vargas Llosa.

Em síntese: se para o escritor Johan Norbeg a globalização representava o caminho irreduzível ao progresso, comparável com os positivos resultados (em termos técnicos, humanos e materiais) do mundo futebolístico, para Lucía Figar, mais centrada nas experiências concretas no conselho madrilense, era um problema de integração, enquanto para os americanos Ron Kaufman e John O'Sullivan, fiel à linha republicana, era um problema de segurança em tempos de guerra e de controle da estabilidade econômica interna. Embora não tenha sido possível acessar os registros dos debates posteriores a essas apresentações, é possível apontar que elas serviram como chão a partir do qual foi exposto o resto das camadas de compreensão em que se enquadraram coletivamente a agenda latino-americana e o que eles entendiam como uma virada populista.

Adotando a visão otimista da globalização impressa nas exposições de Norberg e do economista espanhol Pedro Schwartz, mas colocando como problema os limites dos setores majoritários na América Latina para acessar seus benefícios e apontando criticamente o fracasso das reformas estruturais neoliberais na região, o escritor mexicano Jorge Castañeda entendia o "giro à esquerda" regional como "uma falsa resposta a problemas reais".[52] Se para o estadunidense Mark Falkoff o populismo deveria ser entendido como uma ideologia contestatória associada à antiglobalização, para Castañeda o populismo era uma "reação" que ameaçava a globalização liberal.

> O que pode ser feito? Bem, obviamente é possível subscrever as teses de Chávez, de Fidel Castro, de outros, de que outro mundo é possível. Aqueles que não acreditamos que outro mundo seja possível nem desejável, aqueles que não acreditamos que esse seja o caminho, de

---

[52] Castañeda, 2006 (tradução própria).

qualquer forma devemos dar uma resposta, porque o problema e o desafio existem.[53]

Recuperando parte das reflexões expressas no artigo de opinião intitulado "As duas esquerdas latino-americanas", publicado no ano anterior no jornal argentino *La Nación*, para o mexicano uma alternativa era encontrar "as opções locais do neoliberalismo ou a tradução interna da globalização", referindo-se ao caso do Chile como "a primeira geração" e ao de El Salvador como a "promessa" regional. A outra alternativa era a busca por uma ordem internacional, um andaime jurídico internacional "muito mais intervencionista, muito mais vigoroso, que vá criando um terreno de jogo muito mais plano entre os países, para que os frutos da globalização sejam cada vez mais distribuídos equitativamente".[54] Dessa forma, Castañeda incorporava o problema do populismo como assunto de política econômica e como questão de responsabilidade internacional.

O primeiro aspecto (política econômica), embora implícito na exposição de Aguinis, foi orientador da apresentação de Ernesto Talvi, do Ceres (Uruguai). Entendendo que a virada à esquerda ocorreu por "motivos de ordem sistêmica", com raízes nas crises econômicas do final dos anos 90 (Ásia e Rússia), e referenciando-se nas distinções propostas por Castañeda, para o diretor do *think tank* uruguaio, na América Latina coexistiam uma centro-esquerda "atualizada" para a democracia liberal e uma esquerda populista, sem base programática, de caráter nacionalista e autoritário, de orientação intervencionista e de redistribuição das riquezas a partir do controle dos recursos naturais, com estruturas corporativas e políticas. Dessa forma, dando um tom economicista à apresentação, contribuía para a ideia também defendida por Jorge Castañeda da existência de uma esquerda "vegetariana",

---

[53] *Idem* (tradução própria).

[54] *Idem* (tradução própria).

UM ATLÂNTICO LIBERAL

inofensiva, respeitosa do jogo democrático liberal e das regras do mercado, e de uma esquerda "carnívora", que ameaçava o presente com as velhas receitas da ditadura política e da economia centralizada, tese ilustrada por Carlos Alberto Montaner, Álvaro Vargas Llosa e Plinio Apuleyo Mendoza no livro *El regreso del idiota*.[55] A realidade obrigava a matizar sem perder o maniqueísmo como padrão.

Baseando-se em dados coletados do Índice de Liberdade Econômica produzido pela Heritage Foundation, o economista Talvi propôs analisar os impactos da "virada à esquerda" nas economias latino-americanas a partir da comparação de variáveis macroeconômicas (inflação e disciplina fiscal) e microeconômicas dirigidas a verificar a ação do Estado que limita a ação do mercado e compromete a segurança jurídica e os direitos de propriedade (impostos, regulamentações, barreiras ao comércio e gasto público). Para o expositor, embora fosse possível detectar um fenômeno diferente daquele do passado na estabilidade macroeconômica das economias dirigidas pela centro-esquerda e pela esquerda populista, nesta última ele apontava retrocessos microeconômicos dramáticos. Nesse sentido, se por um lado "já não é uma esquerda ingênua", dizia Talvi ao mencionar também o efeito de "vento a favor", produto do aumento dos preços internacionais das *commodities*, por outro lado, as tendências não especificadas de aumento do controle das economias e da centralização do Estado eram um elemento que acendia alertas. Ele afirmou:

> Há uma esquerda que avança em todas as dimensões, embora muito menos na dimensão macro; há uma esquerda híbrida, que abrange muitos países, que hoje são até elogiados pela comunidade internacional. Enquadrados sob políticas macro extremamente razoáveis, estão comprometendo a liberdade de mercado e a segurança jurídica de maneira sutil, pouco visível, pouco estrondosa. Nesse sentido, eu digo que estamos

---

[55] Apuleyo; Montaner & Vargas Llosa, 2005.

A FUNDACIÓN INTERNACIONAL PARA LA LIBERTAD EM ALTO-MAR

diante de um perigo que devemos olhar com atenção, porque esse tipo de cerceamento da liberdade não mata por explosão, mata por asfixia.[56]

Embora Chile, Costa Rica e Brasil tenham sido mencionados como exceções, como países que após a crise e a virada à esquerda mantiveram as garantias das políticas micro e macro, o panorama regional era diverso e pouco promissor para os defensores da sociedade de livre-mercado, advertia o economista uruguaio do Ceres.

Como apontado por Castañeda, uma das respostas ao problema político e econômico em curso tinha caráter interno, e, para compartilhar receitas, além do ex-presidente salvadorenho Francisco Flores, o evento contou com a participação do *thinktanker* chileno Cristián Larroulet, que em tom vitorioso chamava a atenção para as oportunidades diante do complexo panorama latino-americano. Para o economista, as políticas implementadas no Chile evidenciavam que a abertura e a liberalização da economia eram a garantia para a competitividade e o crescimento, um limite concreto ao estatismo populista e ao corporativismo empresarial. Nesse sentido, dizia Larroulet, era urgente avançar regionalmente em uma agenda de abertura unilateral das economias. "Não há meias águas, não há meias tintas", afirmou ao disparar mísseis contra o Mercosul, entendido como um obstáculo ao livre comércio.

Temos que criticar firmemente o Mercosul. O Mercosul é uma vergonha, é um fracasso e tem sido um obstáculo, um limite para que o resto dos países avance nessa linha, e felizmente a estratégia mais liberal está funcionando. O Peru assinou com os Estados Unidos, a Colômbia assinou com os Estados Unidos, bom, Chile fez isso muito antes, assinou o Chile também com o Canadá [...]. Mas temos que enfrentar diretamente o tema do Mercosul e aí temos que ter um objetivo específico. E temos que

---

[56] Talvi, 2006 (tradução própria).

aproveitar que aqui está Mark Falkoff, e é o seguinte: temos que conseguir que o Brasil assine um acordo de livre comércio com os Estados Unidos. Esse é o caminho. Nosso objetivo nos próximos dez anos é que o Brasil tenha um acordo de livre comércio com os Estados Unidos, e imediatamente muitos outros países se juntarão. A tarifa média da América Latina hoje em dia é 15%, ou entre 10 e 15%. Não deve ser maior que 5%. E eu estou otimista. Por que estou otimista? Eu disse recentemente que Chávez aparecia cada vez mais como a lepra em matéria política. Sabem de uma coisa: Chávez, se não me engano, assina hoje ou amanhã um acordo de incorporação da Venezuela ao Mercosul. Essa é a melhor notícia que podemos ter.[57]

Cabe destacar que embora o Mercosul fosse um assunto pouco discutido durante esse evento, a forma de apresentar o problema transparece em uma discussão que anos depois ocuparia um lugar mais destacado, durante o Seminário Internacional em Lima/ III Foro de Lima, em 2014, após a criação da Aliança do Pacífico. Adiantando alguns pontos levantados mais adiante, é possível dizer que, embora não houvesse unanimidade de rechaço do bloco regional e da necessidade de dissolvê-lo, pouco a pouco foi construído o entendimento de que o bloco Mercosul (às vezes usado como sinônimo do Alba) representava os interesses dos setores que promoviam economias fechadas, associado aos governos de tendência populista, enquanto o bloco no Pacífico representava o esforço dos países embandeirados na construção de economias livres, com institucionalidade forte e garantias à propriedade privada. Mas também se evidencia um mecanismo discursivo constante entre os membros e convidados da FIL, dirigido ao esforço de distinguir certas zonas cinzentas entre o par de opostos liberdade-populismo reforçado durante o quindênio analisado.

Essas zonas cinzentas, referentes a comportamentos governamentais políticos e/ou econômicos, como o caso do Brasil durante os anos do

---

[57] Larroulet, 2006 (tradução própria).

governo Lula, ou o do Peru após a vitória de Ollanta Humala, bem como referentes a blocos regionais, como o Mercosul, citado anteriormente, permitiam delinear territórios em disputa, embora não de ataque frontal imediato, colocando em evidência a distinção apontada por Murray Edelman entre o inimigo e o adversário, enquanto oponente político, permitindo uma margem de deslocamento conjuntural nos níveis de intensidade do alarme sempre latente. Em concordância com essa análise, a distinção entre inimigos e adversários depende de que o foco da atenção se localize na natureza intrínseca ou nas táticas que o oponente emprega nos procedimentos considerados como desvios. O caso brasileiro, como referenciaremos mais adiante, será um bom exemplo desse desenho discursivo.

Por fim, como dizíamos ao nos referirmos ao Seminário em Bogotá (2003), em parte contraditório, o populismo enquanto resposta aos limites da globalização ou à crise sistêmica mundial, e manifestação autoritária, arcaica e oposta às garantias de liberdade de mercado e de direitos individuais, deveria ser contido com políticas de abertura e liberalização; mas também, ressaltava Castañeda adiantando as palavras de encerramento de José María Aznar, com uma ordem política internacional "mais intervencionista" na garantia da liberdade. Sob essa ideia, como costura e em coro às exposições pronunciadas durante o III Foro Atlântico, o ex-mandatário espanhol encerrou a jornada dizendo:

> Esta reunião, felizmente, não foi neutra nem equidistante, falou-se com clareza a favor da democracia, da liberdade para todos e dessa grande oportunidade que é a globalização, e também das oportunidades que ela oferece para criar prosperidade. Também se discutiram as ameaças que a liberdade sofre por parte do nacionalismo excludente ou do populismo revolucionário e a necessidade de europeus e americanos defenderem conjuntamente esses valores. Qualidade no diagnóstico e clareza na conduta que deve ser adotada. Não se pode pedir mais [...]. Queridas amigas e amigos, se pensarmos no que nos une, a europeus e americanos,

UM ATLÂNTICO LIBERAL

descobriremos valores que fundamentam nossos modos de vida. É verdade que a democracia e a liberdade são valores universais, mas também é verdade que seu desenvolvimento histórico e sua matriz têm sido ocidentais. Por isso dizemos com firmeza que Iberoamérica é uma parte substancial do Ocidente, que pertence por direito próprio às partes do mundo que não podem ser entendidas sem os conceitos de liberdade, dignidade da pessoa, igualdade entre homens e mulheres, direitos humanos e Estado de Direito. Iberoamérica é uma parte que não pode ficar à margem e deve sem dúvida trabalhar de forma integrada com as outras duas que formam o triângulo atlântico: Europa e a outra América. Sobretudo em momentos em que a liberdade e a democracia enfrentam sérias ameaças globalmente e em que a própria sobrevivência das sociedades livres exige adotar uma atitude decidida de defesa e difusão de nossos princípios.[58]

Para o ex-presidente espanhol, a liberdade estava "em uma situação incerta, em que avança e retrocede em outras partes do mundo".[59] Em linha com o exposto no foro anterior em modo atlantista, centrado na ideia de civilização ocidental como valores universais, e expressado durante o segundo e o terceiro painéis da jornada, 11 de setembro de 2001 era visto como uma data-chave. "Declararam-nos a guerra", dizia Aznar carregando com novas tintas a crítica às leituras pluralistas que disputavam as narrativas do conflito internacional: "Não é uma guerra de civilizações".[60] Para o líder do PP espanhol, tratava-se de uma guerra dos "bárbaros contra os civilizados, a guerra dos que tentam impor e buscam impor a tirania absoluta e acabar com os que querem viver em liberdade e aspiram que as liberdades de todas as pessoas sejam reconhecidas e amparadas".[61] Assim, como reforçado durante a jornada,

---

[58] Aznar, 2006 (tradução própria).

[59] *Idem* (tradução própria).

[60] *Idem* (tradução própria).

[61] *Idem* (tradução própria).

A FUNDACIÓN INTERNACIONAL PARA LA LIBERTAD EM ALTO-MAR

o problema do populismo latino-americano não poderia ficar fora do dever internacional de proteger o Ocidente da aparente ameaça. Ele acrescentou:

> Iberoamérica se encontra hoje diante de um dilema, e de sua evolução depende o futuro de toda uma região. Ou escolhe o caminho da democracia liberal e da integração no Ocidente, ou segue o caminho que se afasta do Primeiro Mundo, que é o caminho a que incentiva o populismo revolucionário, a utopia socialista e o ilusionismo indigenista. Eu não apenas desejo, mas espero que a opção seja continuar o caminho que leva ao Primeiro Mundo, à liberdade e ao progresso. E acredito também que os que desejamos o melhor para toda essa região temos de nos unir e fazer uma batalha, uma boa batalha, de ideias e propostas políticas. Sem desfalecer, porque a luta à qual me refiro também será longa. [...] Por isso é preciso nos unir, difundir nossas ideias e ser constantes.[62]

Somado à chamada a uma união eleitoral pragmática realizada pela *thinktanker* venezuelana, Aznar acrescentaria ênfase à união pragmática na batalha de ideias em torno dos valores liberais, tarefa que para ele estava bem representada na figura de Mario Vargas Llosa e nas atividades da FIL. Como antecipava o economista espanhol Pedro Schwartz durante o terceiro painel, a tarefa dos defensores da liberdade era "convencer e envergonhar": demarcar e desacreditar o inimigo; convencer contra o senso comum e sinalizar os próprios acertos e os próprios erros, os de aliados e os de não tão aliados. Nessa linha, e quase preanunciando os debates do V Foro Atlântico organizado em 2008, o escritor cubano Raúl Rivero dizia: "A única coisa em que Cuba pode ser útil agora para a América é sendo um espelho de raiva e desastre. Quem ainda estiver a tempo, olhe com atenção para esta terra".[63]

---

[62] *Idem* (tradução própria).

[63] Rivero, 2006 (tradução própria).

O V Foro Atlântico (2008) e o anticastrismo como questão de responsabilidade internacional

Como dito até aqui, embora o comunismo fosse geralmente referenciado como uma ideologia em "desuso" e a revolução cubana como um processo agonizante e falido, o caso Cuba e o anticomunismo se colocaram como um elemento estruturante dos discursos promovidos pela FIL desde sua criação. O castrismo, enquanto sinônimo do regime comunista cubano, era entendido como o exemplo vivo da velha ameaça soviética, do regime totalitário e da esquerda órfã após a desintegração da URSS, e, ao mesmo tempo, como mentor do novo experimento populista enraizado na Venezuela e personificado em Hugo Chávez. Mas também era visto como um regime dependente dos recursos derivados do petróleo venezuelano e, como repetido sem dados factuais desde os anos 90, do lucro derivado do narcotráfico. Sempre prestes a desfalecer, embora de pé. Em um jogo de complementos, o regime cubano representava a ameaça histórica então revigorada pelo processo bolivariano.

Nesse sentido, deve-se destacar que, se o referencial normativo mobilizado durante os eventos e as declarações promovidos pela FIL tende a sobrepor as ideias de comunismo e populismo enquanto regimes totalitários, trazendo poucas novidades às operações discursivas do inimigo promovidas pelas direitas na região desde a segunda metade do século XX. Por outro lado, o novo contexto de turbulência, contestação social e virada à esquerda do mapa institucional regional permitiu a atualização do processo de estruturação cognitiva do "anticomunismo" como chave de união pragmática.

Como formulado em análise realizada junto ao professor André Kaysel Velasco e Cruz,[64] isso permitia, como outrora, mobilizar velhos e novos problemas, reatualizando imaginários consolidados e

---

[64] Giménez & Cruz, 2021.

ressignificando cenários, adversários, inimigos, autoridades e soluções no novo contexto regional. Sobre essa questão nos ocupamos nesta seção.

Como em outras edições, o V Foro Atlântico (2008) foi realizado em Madrid, mas nessa única vez a edição teve como palco o recém--inaugurado centro cultural CaixaForum (da instituição financeira e previdenciária La Caixa), localizado no Paseo del Prado. O evento aconteceu em um único dia, 7 de julho, e teve como título: "Cuba, da ditadura à democracia". Mas, por que a ilha caribenha foi o foco da quinta edição do foro organizado pela FIL?

Como apontam Bohoslavsky e Vicente,[65] é a partir de 1959 e após o início da Revolução em Cuba que o comunismo se torna um problema de segurança, criando concepções sobre as "fronteiras ideológicas" e a centralidade da pauta geopolítica que acabaram transnacionalizando muitas das representações, agendas e recursos das direitas anticomunistas da região. Passados 50 anos, e apesar das numerosas transformações fora e dentro da Ilha, o governo cubano mantinha o *status* de inimigo imposto em tempos de Guerra Fria, materializando a ameaça sempre latente à ordem da democracia liberal na região. No entanto, o ano de 2008 registrava uma série de mudanças que colocou a Ilha no centro da discussão internacional, e, no dizer dos organizadores do evento, a FIL não poderia ficar alheia ao debate.

Em 15 de fevereiro de 2008, Fidel Castro anunciava a renúncia à presidência, abrindo uma janela de oportunidade na Ilha para possíveis reformas graduais, dentro das fronteiras do socialismo, e que agora seriam lideradas por seu irmão, Raúl. Para a data, a assunção de Raúl Castro ainda era uma incógnita e levantava certo otimismo no âmbito internacional, interessado na abertura e na transição do regime. Embora a Casa Branca não tenha chegado a considerar a suspensão

---

[65] Bohoslavsky & Vicente, 2014.

UM ATLÂNTICO LIBERAL

do embargo econômico que então completava 48 anos, como pedra angular da política contra o regime castrista, nesse mesmo ano, após fortes gestões do governo espanhol presidido pelo reeleito José Luis Rodríguez Zapatero, do PSOE, os chanceleres da União Europeia suspenderam as sanções diplomáticas impostas a Cuba em 2003, e com isso foi retomada a cooperação europeia em troca da garantia dos direitos humanos, do diálogo político e do início de reformas de abertura do país.[66]

Ao iniciar o prólogo à versão impressa das memórias do V Foro Atlântico, publicadas no *Cuaderno Estudios Iberoamericanos* n. 10, da FIE, como parte do projeto "Programa de pesquisa e sensibilização em valores democráticos", cofinanciado pelo Conselho de Imigração e Cooperação da Comunidad de Madrid,[67] Pablo Izquierdo Juárez manifestou:

> Não eram poucos os que queriam ver nisso [a renúncia de Fidel] uma porta para a esperança democrática, e milhares de páginas se encheram de argumentos. Como sempre fazemos, quisemos organizar um evento aberto e plural. Dirigimo-nos a governos, embaixadas, partidos políticos, jornalistas, intelectuais e personalidades da Cultura, tanto da Espanha como da América Latina e dos Estados Unidos, sem reparar em ideologias e posicionamentos. Também queríamos contar com as vítimas da ditadura, exilados e presos políticos, pois entendíamos que nosso Foro não poderia silenciar suas vozes [...]. Não nos cabia organizar esse debate, mas sim

---

[66] As sanções diplomáticas a Cuba consistiam em limitar as visitas governamentais bilaterais de alto nível e em convidar os dissidentes cubanos para os eventos realizados pelas embaixadas dos 27 países membros, em Havana. As sanções foram adotadas em 2003, após a condenação de 75 dissidentes (chamada de Primavera Negra), que também deu origem ao movimento de denúncia conhecido como Damas de Blanco.

[67] Ao lançar o caderno n. 10, em 2009, foi adicionado o prólogo por Pablo Izquierdo Juárez. A publicação também transformou o lema e o título da convocatória em sua pergunta equivalente: "Cuba: de la dictadura a la democracia?".

reivindicar, a partir da livre opinião de nossos convidados, que isso pudesse acontecer alguma vez.[68]

Como dizíamos anteriormente, a organização de eventos, a reunião e a circulação de figuras do âmbito político/diplomático, empresarial, cultural, jornalístico e de ativistas foram a forma prioritária utilizada pela FIL para empreender sua tarefa de defesa dos valores liberais: reunir, discutir, divulgar. Segundo Izquierdo Juárez, os convidados haviam sido escolhidos "sem reparar em ideologias e posicionamentos",[69] embora, cabe acrescentar, o anticastrismo tenha sido uma característica unânime.

Essa edição do foro contou com cinco momentos. A abertura, que, como em outras oportunidades, consistia em discursos oferecidos por membros da FIL e o que poderíamos entender como aliados políticos, patrocinadores ou coorganizadores, nesta ocasião representados por Álvaro Vargas Llosa, pelo ex-presidente boliviano Jorge Quiroga (2001--2002) e por Javier Fernández Lasquetty, membro do PP e apontado como a mão direita de Esperanza Aguirre, presidente da Comunidad de Madrid.

Os quatro painéis que se seguiram à abertura foram organizados por temas (política internacional, economia e direito, cultura e experiências de vida), embora os conteúdos abordados transgredissem as fronteiras temáticas, às vezes fazendo referência em acordo ou desacordo com apresentações anteriores, mas sempre evitando interrupções ou intercâmbios espontâneos. O primeiro painel foi intitulado "A responsabilidade da comunidade internacional"; o segundo, "Economia e direitos: é possível uma transição?"; seguiu-se o painel intitulado "Toda Cuba: futuro e democracia"; o quarto painel foi denominado "Cultura e liberdade: um diálogo com Mario Vargas

---

[68] Izquierdo Juarez, 2009, p. 10 (tradução própria).

[69] *Idem* (tradução própria).

Llosa"; e o quinto e último momento foi dedicado a uma homenagem ao falecido escritor e dissidente cubano Guillermo Cabrera Infante.

Se a participação de membros da FIL foi reduzida ao seu presidente e aos jornalistas Carlos Alberto Montaner e Álvaro Vargas Llosa (três militantes contra o regime cubano), a lista de convidados externos à organização foi mais ampla e pode ser organizada em dois grupos: o dos parlamentares, funcionários de instituições governamentais e políticos; e o dos cubanos dissidentes que, embora suas fronteiras não sejam tão nítidas, poderíamos subdividir em um grupo de analistas e agentes da cultura e um dos exilados/vítimas. Nesse evento participaram membros das Damas de Blanco, da Federación de Asociaciones Cubanas (Fecu), da Mothers and Women Against Repression in Cuba (MAR) e do Consejo Unitario de Trabajadores Cubanos (Cutc).

Ambos os grupos compunham o que os membros da FIL denominavam como "verdadeiros protagonistas", de acordo com o recorte temático pré-desenhado. Por exemplo, o tema "Direitos e economia em Cuba" focava a denúncia à violação de direitos e liberdades econômicas e, portanto, os "verdadeiros protagonistas" eram os exilados. Essa mesma lógica quando se tratou da agenda internacional: o recorte foi o protetorado atlântico dos Estados Unidos e da Espanha sobre a América Latina, e os "verdadeiros protagonistas", a diplomacia norte--americana e a espanhola.

Diversas figuras públicas e não tão públicas, e seguramente diversas intenções: marcar posições, justificar ações, compartilhar análises, denunciar, pedir solidariedade e especular sobre o futuro da Ilha. Mas todos manifestaram uma ideia compartilhada: em Cuba se vive um regime ditatorial e é urgente uma transição. Embora Fidel tivesse renunciado antes de sua morte (em 2016), contradizendo as previsões da maioria de seus oponentes, e Raúl se apresentasse então como uma incógnita diante do aparente aceno favorável a uma reforma progressiva do regime, o clima de desconfiança era predominante. "Raúl Castro matou toda esperança de que em Cuba se inicie em breve

A FUNDACIÓN INTERNACIONAL PARA LA LIBERTAD EM ALTO-MAR

uma transição para o Estado de Direito e a economia de mercado. [...] o objetivo primordial do sucessor é a autopreservação",[70] manifestou Álvaro Vargas Llosa em seu discurso inaugural, que sentenciava o horizonte pouco promissor para os defensores da democracia liberal. Além das delimitações apresentadas nos painéis temáticos, propomos organizar os discursos a partir de quatro temas-problemas abordados e dos recortes apresentados. O primeiro é o regime cubano, ligado ao conceito de ditadura (comunismo = totalitarismo/ autoritarismo/tirania) herdado da gramática anticomunista consolidada ao longo da Guerra Fria. Para a totalidade dos painelistas, a ausência de garantias políticas para os opositores e a falta de liberdade econômica eram os sinais desse mal, enfatizado pelo grupo de exilados e sustentado em experiências pessoais. Na mesma linha desdobrada por Pablo Izquierdo Juárez na introdução das memórias impressas, Sylvia Iriondo, membro da organização Mothers and Women Against Repression in Cuba, dizia:

> O tema deste painel também nos leva a refletir sobre se em Cuba é possível uma transição da ditadura para a democracia. Quero começar por reiterar que em Cuba, até o momento, não houve transição alguma, mas sim uma sucessão de um ditador para outro. A transferência de poder ilegítimo do ditador Fidel Castro para seu irmão Raúl não constitui uma transição para a democracia. É uma sucessão ditatorial que deveria ter suscitado uma rejeição total por parte da comunidade democrática internacional, mas que infelizmente não foi assim. Com grandes exceções, como as que muitos de vocês representam, governos e líderes democráticos têm legitimado a ditadura mais longeva do hemisfério por meio de ações injustificadas e imerecidas.[71]

---

[70] Vargas Llosa, 2009, p. 35 (tradução própria).

[71] Iriondo, 2009, pp. 204-205 (tradução própria).

UM ATLÂNTICO LIBERAL

Entendendo o regime cubano como uma ditadura, o assunto se apresentava como um tema-problema transversal passado-presente, o que facilitava seu acomodamento ao léxico da Guerra Fria. O segundo tema-problema tinha como gatilho o ditador, o que permitia traçar derivadas ao tempo imediato, e de modo geograficamente móvel, reatualizando o espírito macartista na figura do líder bolivariano. "O venezuelano Hugo Chávez também faz parte da equação cubana", advertia o jornalista cubano Carlos Alberto Montaner em sua longa apresentação. Ao longo do documento que contém a memória do evento, Fidel aparece mencionado 71 vezes, Raúl, 78, e Chávez-chavismo-chavista, 46, em todos os casos com conotações pejorativas. Nessa linha, o ex-presidente boliviano Jorge Quiroga abria o evento dizendo:

> Quero me referir especificamente ao que Hugo Chávez denomina Socialismo do Século XXI, um termo demasiado benigno para refletir o perigo que encerra. O Socialismo do Século XXI de Hugo Chávez é a instauração de um regime tirânico em todo o hemisfério da América Latina, sustentado por um líder carismático, genial comunicativamente, que se mantêm graças a um petróleo cujos preços são cada vez mais altos, apoiado em uma estratégia hemisférica baseada em uma mão branca e uma mão negra. A mão branca para acobertar o trânsito da cocaína e do narcotráfico, e a mão negra, o controle da energia, seja da Venezuela, do Equador, do gás da Bolívia ou de outros países onde possa meter as mãos. Além disso, tem vinculações extrarregionais de altíssima gravidade e periculosidade, como são as estreitas relações com Irã, Rússia e as Farc, que são uma organização dedicada ao narcoterrorismo. Obviamente que tudo isso é feito com a assistência de missões cubanas, de inteligência cubana, com a inspiração cubana, com a poderosa carga ideológica e simbólica que tem no hemisfério a revolução cubana. O chamado Socialismo do Século XXI é o maior projeto político da história da América Latina, a maior ameaça para a democracia e a liberdade na América Latina. O socialismo e o populismo não permitem captar a dimensão do que este projeto traz para a região: a instauração de regimes tirânicos, profundamente antidemocráticos, que acabam com as

liberdades, que esmagam as instituições e que buscam perpetuar-se no poder através dos regimes que instauram.[72]

Embora nenhum outro processo político regional ocupe o lugar destacado que teve a Venezuela (obviamente, depois de Cuba), não podemos omitir as menções aos governos do Equador, da Nicarágua e da Bolívia e suas aproximações ao processo bolivariano, o que marcava um sinal de alerta. De forma oposta, o exemplo peruano, o costarriquenho e principalmente a denominada "chilenização", embora não tenham sido temas centrais, serviram de referência quando o objetivo foi contrapor modelos econômicos e políticos baseados na liberdade de mercado. Na mesma apresentação, Quiroga concluiu reforçando:

> Este país [Peru], em 2001, para o Congresso Americano era um estado falido, e o Estado Americano queria excluí-lo das preferências tarifárias que nos davam aos andinos. Mas, num ato de caridade, o presidente do BID e os bolivianos que fazíamos as gestões conseguimos manter o Peru dentro dessas preferências tarifárias. Veja só: cinco anos depois o Peru conta com acordos de livre comércio, e meu país, a Bolívia, crê em Chávez quando este diz que um acordo de livre comércio é o demônio e, portanto, não assina acordos de livre comércio. Assim muda o panorama, o que significa que alguns estão aproveitando, como o Peru, que está mais próximo do Chile. Para mim, "chilenizar" significa que as políticas não são determinantes para a economia e que a economia funciona além das mudanças de governo, que esse é o mundo ideal, que o político não importa.[73]

Embora o assunto não tenha ficado fora das críticas de uma das pessoas do público que se pronunciou quando foi aberta uma rodada de perguntas durante o quarto painel, também não provocou

---

[72] Quiroga, 2009, pp. 28-29 (tradução própria).

[73] *Idem* (tradução própria).

discordâncias entre os convidados. Coisa que não aconteceria quando o assunto se enfocou nas relações internacionais.

Competiria ao povo cubano traçar seus rumos, mas o futuro da Ilha seria um assunto de "responsabilidade da comunidade internacional", manifestou a maioria dos painelistas. Assim foi denominada a primeira mesa do evento, que contou com a participação de pessoas do âmbito diplomático e parlamentar da Espanha e dos EUA, de acordo com o atlantismo fomentado pela FIL. E a partir dessa perspectiva, quando o assunto era Cuba, o comportamento da Casa Branca, do governo espanhol e o histórico de relações entre esses países resultavam central para o futuro da Ilha.

Embora Javier Fernández Lasquetty, do PP de Madrid, tenha lançado a pedra de toque no discurso inaugural, ao se pronunciar "profundamente em desacordo com a decisão da UE", foi o representante estadunidense Hugo Llorens quem dedicou grande parte da apresentação a fundamentar o que entendia como um erro tático. "A verdade é que não venho aqui para estar em desacordo com a Espanha sobre Cuba", disse ao iniciar sua exposição o ex-encarregado de negócios especiais da embaixada dos Estados Unidos em Cabul (Afeganistão), que em setembro daquele ano assumiria como embaixador dos EUA em Honduras até 2011, atravessando como tal o convulsivo período que acabou no golpe contra o presidente Manuel Zelaya. "Os amigos podem compartilhar objetivos, embora estejam em desacordo quanto à tática", apontou o diplomata em um discurso carregado de críticas à decisão da UE (União Europeia) de suspender as sanções à Ilha e sublinhou o tema que traria mais controvérsias durante o evento. Sem rodeios, Llorens manifestou:

> Estamos esperando a mudança política. A UE espera que as mudanças econômicas desemboquem em uma mudança política. No entanto, transcorrido apenas um dia de a UE suspender as sanções impostas em 2003, as autoridades cubanas detiveram sete ativistas da oposição [...]. No final das contas, a verdade é que o regime e sistema implantado em Cuba

há quase 50 anos hoje está, em termos políticos, econômicos, sociais, e em seu caráter moral, em total falência. O sofrido povo cubano esperou meio século para recuperar sua liberdade. Não creio que a paciência com a ditadura e o esforço para acomodar o regime sejam justificáveis do nosso ponto de vista. Pelo contrário, uma política excessivamente ativa em dialogar e fomentar novos investimentos e comércio com Cuba pode dar oxigênio ao regime castrista. [...] De novo, não somos otimistas quanto ao fato de que o governo de Castro vá dar resposta ao que consideramos uma recompensa imerecida.[74]

Poderíamos dizer que, embora nem todos os painelistas se manifestassem a respeito, a posição assumida por Llorens era compartilhada pela maioria, apesar de não ser unânime. A espanhola Meritxell Batet Lamaña, do Partido dos Socialistas da Catalunha (PSC-PSOE), justificava a posição assumida pela UE: a diferença com a política norte-americana é que a europeia "dirige a pressão às autoridades e não ao povo cubano", afirmou ao iniciar sua apresentação em um tom aparentemente humanista. Sem por isso perder de vista a linha central que convocava (regime cubano = ditadura), a questão deveria ser entendida a partir do dilema entre a asfixia ou a hiperventilação do inimigo. Para os parlamentares catalães, essa última tática garantia a desconstrução da lógica da Guerra Fria, que acabava servindo como desculpa para sustentar o regime, ao mesmo tempo em que fortalecia a classe média, apontada como protagonista da transição. Nessa linha, Meritxell Batet Lamaña argumentou:

> Pensamos que a linha de atuação proposta pela União Europeia é potencialmente a mais efetiva porque é a única que supõe romper o jogo do ditador. Fidel Castro sabe qual é o cenário que mais lhe interessa e no qual se sente mais confortável: o da Guerra Fria, isto é, o da confrontação. Ele se define em função dos ataques dos outros. Ele justifica todos os males dos cubanos em função das políticas que os países ocidentais temos com

---

[74] Llorens, 2009, pp. 52-53 (tradução própria).

ele. Terminar com as sanções e suspender o embargo dos EUA seria como desnudá-lo para que se desse de bruços com seu fracasso, sem pretextos e sem desculpas. O desnudamos da retórica que alimentou seu discurso todos esses anos [...]. Por que não romper com seu jogo diabólico? Por que não deixá-lo sem argumentos? Vocês lembram a doutrina Nixon para a China? Pois bem, essa é a proposta: surpreendamos o regime cubano, surpreendamos o ditador e deixemo-lo deslocado. Desprovido de sua retórica ditatorial teremos rompido a dinâmica amigo-inimigo e a técnica totalitária da confrontação.[75]

Em síntese, se havia unanimidade em torno do caráter do problema, não havia tanta em relação a como a comunidade internacional deveria tratá-lo. Seguindo uma linha similar à de Batet Lamaña, mas sem por isso deixar de marcar distância com relação às políticas assumidas pelo governo espanhol, o catalão Jordi Xuclá, então deputado espanhol pela Convergência e União, dizia:

> Quero expressar que eu creio que a melhor estratégia para derrubar esse sistema totalitário e conseguir a democracia em Cuba não é bloquear as relações com ela, mas realizar um desembarque cultural e informativo. Felizmente, a informação e a nova sociedade da informação tornam mais possíveis essa difusão das ideias, e um desembarque de pessoas que individualmente tenham contato com a sociedade cubana para tentar transmitir-lhe novas ideias, novos livros, novos ventos de liberdade. Quero insistir no desbloqueio das relações com a sociedade civil, que é uma questão distinta do chamado "diálogo político" que inaugurou o atual governo espanhol com o cubano.[76]

Se o assunto exigia a responsabilidade internacional, outro dos temas-chave transversal ao evento foi a comunidade intelectual e cultural e seus vínculos com o processo revolucionário cubano. A

---

[75] Lamaña, 2009, pp. 63-64 (tradução própria).

[76] Xuclá, 2009, pp. 82-83 (tradução própria).

A FUNDACIÓN INTERNACIONAL PARA LA LIBERTAD EM ALTO-MAR

revolução cubana não era apenas um marco fundamental no devir da trajetória pública da autoridade máxima da FIL, presente em seu relato autobiográfico, mas também um imaginário "com poderosa carga ideológica e simbólica", como dizia Jorge Quiroga. Se para o ensaísta cubano Rafael Rojas o apoio "acrítico" da comunidade intelectual ao regime cubano "tem a ver com a eficaz difusão de fantasias sobre o passado e sobre o presente que a ideologia castrista promove desde os inícios dessa revolução",[77] para a representante da Comunidad de Madrid, Esperanza Aguirre, era algo "especialmente obsceno".[78] Para ela, a liberdade do povo cubano dependia do exemplar caminho de apoio e posterior arrependimento/deserção traçado tanto pelo homenageado Guillermo Cabrera Infante como por Mario Vargas Llosa. Sobre esse assunto também não houve discordâncias entre os painelistas, embora na comovida intervenção de Miriam Cabrera Infante, viúva do homenageado, no quinto painel, fossem deixados (provavelmente sem intenções) alguns indícios dos limites do léxico político que contornava o evento. Ela narrou:

> Eu tinha vinte anos e estava aterrorizada porque via esse homem chorando. Além disso, desde aquele momento, ele disse que era preciso sair de Cuba e denunciar o que estava acontecendo. Assim ele fez e desde aquele momento lhe fizeram a vida impossível em Cuba e nos Estados Unidos. Eles apresentaram uma denúncia dizendo que ele, embora se passasse por anticomunista, era o maior espião que Cuba tinha. Não tinha sido permitido a Guillermo entrar nos Estados Unidos. Depois, entre os intelectuais correu a mentira de que ele era um agente pago pela CIA. Guillermo teve que aguentar tudo isso... o que realmente lhe causou um problema mental muito grande... porque enchiam as salas de gente para vaiá-lo, cuspir nele e muito mais... Agora somos muitos, mas antes ele estava sozinho.[79]

---

[77] Rojas, 2009, p. 201 (tradução própria).

[78] Aguirre, 2009, p. 236 (tradução própria).

[79] Cabrera Infante, 2009, p. 232 (tradução própria).

Embora o que Llores denominou como "tática" abrisse algumas disjunções, é possível notar a existência de acordos quanto à forma do inimigo e ao ponto de desenlace do conflito, a projeção do passado e do presente no futuro. A chamada "transição" era esse ponto de chegada, algo assim como o desenlace inevitável (embora incerto). Ela serviu como eixo da argumentação elaborada pelo cubano Carlos Alberto Montaner, segundo o qual a morte do líder levaria seus sucessores a admitir o fracasso de seu modelo, abrindo o jogo político e/ou militar, o que mais cedo ou mais tarde conduziria à transferência do poder.

> Como terminará a longa era do castrismo? Meu prognóstico é que, após a morte de Fidel, Raúl Castro ou seus sucessores, dado que Raúl é um idoso de 77 anos, diante do contínuo desastre material do país, já sem legitimidade e carentes da aura protetora que proporcionam os ditadores carismáticos (desde Franco a Trujillo, passando pelo paraguaio Stroessner), como aconteceu na Europa do Leste e ainda na Espanha pós-franquista, se verão obrigados a enfrentar o inapelável desmantelamento de um sistema disparatado no qual já ninguém acredita. Nesse momento, quem ocupar o poder em Havana terá diante de si duas opções. A primeira, abrir o jogo democrático ampliando as margens de participação a toda a sociedade, incluindo os democratas da oposição, como, *grosso modo*, ocorreu na Europa, ainda sabendo que a médio ou longo prazo perderão o poder, embora já saibam que há vida após o comunismo, como se comprovou até a saciedade. A segunda é fazer isso mesmo, mas reservando-se o controle das Forças Armadas para tutelar o processo de mudanças, como garantia de que não se produzirão vinganças, tal como aconteceu na Nicarágua após a derrota dos sandinistas ou no Chile quando Pinochet perdeu o referendo.

Apresentados os prognósticos desejados, para Montaner não deviam iludir-se com uma terceira possibilidade. Mesmo que em última instância, para o cubano sempre cabia a possibilidade de uma insurreição armada, como aconteceu em mais de uma oportunidade sem êxito na Venezuela, ou na Bolívia conseguindo a renúncia do recém-reeleito Evo Morales, em 2019. Ele agregava:

O que aconteceria se nada disso ocorrer e o governo optar por manter o poder pela força, em meio ao descrédito do sistema e à inconformidade quase total da população? Talvez então o desenlace seja violento e incontrolável. Um dia, provavelmente nos quartéis, um grupo de homens armados tentará iniciar a tiros as mudanças que o governo, agindo irracional e covardemente, se negava a enfrentar. A partir desse momento, qualquer coisa poderá acontecer, incluindo o temido e evitável banho de sangue que os pobres cubanos não merecem após tantas décadas de sofrimento e frustrações. Esperemos que pelo menos uma vez os cubanos ajam razoavelmente.[80]

Ainda que não tenha sido possível acessar informações sobre a composição da plateia, o convite para o evento foi aberto ao público e, segundo a capacidade da sala, deve ter contado com a assistência de cerca de 200 pessoas. No texto com as memórias aparecem mencionadas oito pessoas do público que realizaram intervenções durante a rodada de comentários e perguntas aberta ao final do quarto painel. Embora não haja maiores detalhes, quatro delas parecem ser cubanas: três nitidamente anticastristas (uma manifestou estar plenamente a favor do embargo norte-americano) e a outra (que não se identificou) questionou a suposta obrigação do povo cubano de ter que escolher uma forma de transição. Também houve uma pessoa na plateia que se pronunciou favorável à decisão da UE, e outra, provavelmente membro da *Revista Hispano Cubana*, pois aproveitou para anunciar o lançamento do último número da publicação com conteúdos relacionados à questão cubana.[81] E, nesta oportunidade, foi registrada uma participação que colocou em tela de juízo o caráter do evento. Dizia:

---

[80]   Montaner, 2009, p. 117 (tradução própria).

[81]   *Revista Hispano Cubana*, n. 32, 2009. Disponível em <http://www.cervantes virtual.com/research/num-32-otono-octubre-diciembre-2008/58b9180b-cb22-4936-be6a-b05f449b5df3.pdf>. Acesso em 30/1/2020.

Da mesma maneira que nesta mesa se criticaram aqueles que têm um amor idealizado por Cuba, noto igualmente dogmáticos vocês, pois sustentam que tudo é horrível. Além disso, foram falseados alguns dados de informes que disse o senhor Rojas, especificamente os informes sobre desenvolvimento econômico e social, que a ONU [também] dá, e estão na internet ao alcance de todos. [...] Ratifico-me então no que afirmei antes, e é que com este tipo de mesa não chegamos a lugar nenhum, porque, se estão os dogmáticos de um lado para defender o regime, e do outro lado os que vão derrubar tudo, que fraco favor estamos fazendo ao povo cubano![82]

Mostrando sua grandiloquência, Mario Vargas Llosa não deixou passar as críticas do público, nem se omitiu de mencionar um ato de repúdio que estava sendo realizado fora do prédio do ForumCaixa enquanto se desenvolvia o evento.[83] Reforçando o esquema dicotômico a partir da demarcação das bondades deles próprios e das misérias do inimigo, ele respondeu:

Creio que nas distintas intervenções, incluída a sua naturalmente, houve diferentes matizes de opinião. Há uma grande diferença em relação ao que ocorre em Cuba. Talvez pudéssemos ter trazido mais matizes diferenciais. Porém, ninguém arriscou nada aqui vindo para dar sua opinião. Entendo que na rua há uma manifestação de defensores da revolução cubana contra nós. O que é perfeito já que isso é um direito que a democracia reconhece, e nenhum desses manifestantes vai arriscar nada por ter vindo aqui nos insultar e nos chamar de imperialistas. Essa é a grande diferença. Isso em Cuba não é possível. Isso é o que marca a grande diferença entre uma sociedade livre e uma sociedade fechada.[84]

---

[82] Membro da plateia *apud* Izquierdo Juarez, 2009, p. 211 (tradução própria).

[83] Não encontramos notas ou repercussões na imprensa que forneçam informações sobre esse ato, seu caráter e as pessoas ou organizações que o convocaram.

[84] Vargas Llosa, 2009, p. 221 (tradução própria).

As manifestações de repúdio não eram frequentes, mas naqueles tempos também não eram um episódio excepcional. Como mencionado anteriormente, meses antes do encontro em Madrid, durante o Seminário Internacional realizado em Rosário junto à Fundación Libertad, o ônibus que transportava a comitiva havia sido apedrejado por um grupo de *piqueteros*, no âmbito do longo conflito pelo projeto de retenções móveis à exportação apresentado pelo governo kirchnerista. Mas, além disso, o evento, em nítido tom anticastrista, provocou o descontentamento do empresário madrilense Juan Manuel Morales Iglesias, dono da empresa de fabricação, comercialização e montagem de alumínio Euroal. Segundo publicaram alguns páginas da *web* cubanas, o empresário espanhol tinha remetido uma carta de protesto a La Caixa pelo patrocínio do que considerava um "ato contra a soberania do povo cubano", na qual solicitava a não renovação na referida entidade de um depósito financeiro correspondente a € 225.000,00. A iniciativa foi respondida com o pedido de desculpas do próprio diretor-geral da Fundación La Caixa, que lhe garantiu que atos de semelhante natureza não voltariam a ser celebrados nos espaços da instituição, disse à imprensa.[85] Após esse episódio, não foram registrados mais eventos da FIL em CaixaForum. Assim como também não aconteceu a transição do regime cubano, insistentemente projetada ao longo dessa encenação atlântica.

Partindo das discussões sobre o anticomunismo e a tradução cultural, durante o V Foro Atlântico o assunto cubano foi enquadrado pela FIL segundo o par de opostos ditadura-democracia, fortalecido

---

[85] Cfr. "Empresario retira fondos de La Caixa en protesta por patrocinio de encuentro contra Cuba", *Cuba Informa*, 9 de julho de 2008. Disponível em <https://cubainformacion.tv/solidaridad/20080709/5802/5802-empresario-retira-fondos-de-la-caixa-en-protesta-por-patrocinio-de-encuentro-contra-cuba>. Acesso em 20/4/2020; "Fundación La Caixa pide disculpas por patrocinio de foro contra Cuba", *Cuba Debate*, 25 de julho de 2008. Disponível em <https://cubainformacion.tv/contra-cuba/20080725/6013/6013-fundacion-la-caixa-pide-disculpas-por-patrocinio-de-foro-contra-cuba>. Acesso em 20/4/2020.

por todos os painelistas convidados ao evento. Como assinalado antes, diferentemente de outros eventos, os pronunciamentos emitidos pelo grupo de convidados ocuparam um lugar destacado em relação à participação de membros da FIL, grupo composto de parlamentares e diplomatas espanhóis e norte-americanos e por exilados e dissidentes cubanos, todos anticastristas. Nesse sentido, a diversidade de atores revelou também a heterogeneidade de interesses imediatos: justificar ou questionar comportamentos diplomáticos, denunciar o regime, fortalecer o apoio e a solidariedade da comunidade internacional aos dissidentes, sancionar o campo intelectual e/ou cultural pelo apoio ao processo revolucionário. Mas também encenou um objetivo comum: terminar com o regime castrista e dar passagem a uma transição democrática liberal.

Partindo de temas transversais (a ditadura, o ditador e a transição), o jogo de equivalências passado-presente cubano e passado-presente latino-americano permitiu reforçar o caráter ameaçador dos vínculos entre o processo cubano e o então presidente venezuelano Hugo Chávez, incorporando-o como chave explicativa dos fatores internos e externos que renovavam o discurso anticomunista na região e reforçando os alertas de possíveis repercussões no resto do subcontinente. As outras duas ideias que organizaram o discurso foram a da responsabilidade da comunidade internacional e a da comunidade intelectual/cultural, que, se por um lado também permitia realizar o movimento passado-presente, por outro deixava em segundo plano o comportamento do inimigo, focando a crítica ou a justificação das ações externas à Ilha e redefinindo o caráter da ameaça que, como dizia a cientista política espanhola Edurne Uriarte no III Foro Atlântico analisado em item anterior, não se refere apenas ao comportamento do inimigo, mas também ao dos que "cedem, desculpam e justificam" os inimigos. Poderíamos dizer, recuperando o primeiro Documento de Santa Fe, uma reatualização à espanhola da crítica ao "pluralismo ideológico" do governo Carter. Embora mostrando pontos de discórdia interna

A FUNDACIÓN INTERNACIONAL PARA LA LIBERTAD EM ALTO-MAR

e não estando isentos de embates e denúncias, ratificava o papel dos Estados Unidos e da Espanha como guardas dos interesses sobre a Ilha e a região.

Em síntese, em meio ao processo de transformações políticas é possível verificar oportunidades concretas em que o anticomunismo conseguiu recolocar-se como eixo articulador das discussões em torno ao passado, do presente e do futuro regional, com uma série de deslocamentos semânticos que buscou delimitar o cenário em disputa, definir as ameaças, os inimigos e os aliados. Nesse sentido, se por um lado a tradução do assunto cubano ao léxico da Guerra Fria não era uma tarefa complexa, visto que o processo revolucionário caribenho é desde a década de 1960 tanto um símbolo do imaginário latino-americano anti-imperialista como, apesar dos embates e transformações internas, um regime comunista em pé, por outro lado, o comportamento da diplomacia internacional e as novidades no cenário regional deram lugar a processos de tradução em ida e volta de novos/velhos problemas e velhas/novas palavras que aglutinaram os esforços por garantir a então questionada hegemonia neoliberal.[86]

Chegados a este ponto, fica evidente que, como propõe Murray Edelman, as diversas construções e os usos dos problemas sociais geralmente atuam em conjunto e não como influências únicas, evocando-se reciprocamente, complementando-se, deslocando-se ou qualificando-se entre si em vistas a justificar um curso de ação. Nesse sentido, diz o autor, cada ação ou termo leva as marcas dos outros, construindo um conjunto de cenas e sinais explosivos que irradiam as ações e a linguagem que definem seu significado, evocando outros atos e termos suplementares.

Assim, parafraseando Edelman, se a construção dos problemas é um modo de conhecer e um modo de agir estrategicamente como forma de descrição, proporcionando-lhes uma origem e características

---

[86] Giménez & Cruz, 2021.

UM ATLÂNTICO LIBERAL

elásticas e por reflexo, é também uma justificação razoada para investir de autoridade pessoas que afirmam ter algum tipo de competência para denunciá-los, criticá-los, analisá-los e, talvez, anulá-los.

Dessa forma, como propõem André Kaysel Velasco e Cruz e Jorge Chaloub,[87] pode-se entender que o populismo e o comunismo, quando usados em forma pejorativa, funcionam como um espelho projetando não a imagem invertida da democracia, mas aqueles que a utilizam para estigmatizar seus oponentes. Como afirmam os autores citando o estudo de Otávio Dulci sobre a União Democrática Nacional no Brasil e o estudo do italiano Marco D'Éramo sobre os debates europeus sobre o populismo, trata-se de uma arma na luta político-ideológica que, se não diz muito sobre os atores que busca caracterizar, sim o faz sobre os grupos políticos e intelectuais que a empregam para rotular seus oponentes.

XI. TRIPULAR NA TEMPESTADE: O III FORO EM LIMA (2014) E A PROJEÇÃO DE LÍDERES REGIONAIS

Entre os dias 24 e 25 de março de 2014, ocorreu o Seminário Internacional "América Latina: desafios e oportunidades", também chamado III Foro de Lima. Era o terceiro ano consecutivo que a Universidad de Lima, localizada na capital peruana, se tornava sede de um evento promovido pela Fundación Internacional para la Libertad. De acordo com as contas anuais de 2014, o evento fazia parte de uma atividade dupla, a primeira no Peru e a segunda na Venezuela, declarada como educativa e de pesquisa, com o objetivo de "constituir--se como um ponto de referência da agenda internacional, participando ativamente e expressando sua opinião nos grandes debates mundiais".[88]

---

[87] Cruz & Chaloub, 2021.

[88] FIL, 2014 (tradução própria).

No entanto, ao contrário do restante das atividades declaradas, não há menções aos gastos relativos a esses eventos. As colunas referentes a essa atividade nas tabelas com a prestação de contas, de receitas e despesas anuais, aparecem vazias.

De acordo com o relatado no registro de fundações, e que parece condizer com as imagens do evento disponíveis no canal oficial no YouTube da instituição de ensino superior peruana, a atividade contou com cerca de 200 pessoas, 20 das quais, segundo informado por Mario Vargas Llosa ao encerrar o evento, pertenciam ao novo Conselho Empresarial, lançado em 2012 pela FIL, e alguns dos quais haviam contribuído com a realização do Seminário. Segundo listou o escritor peruano ao abrir a primeira jornada, o evento havia contado com o apoio do Banco Azteca, da Compañia Minera La Poderosa, de Cobra Peru S.A., da Imobiliária Almonte, da Imobiliária Alquife, da Imobiliária Los Portales, de Intercorp, de Inversiones Têxteis el Peñon, de LAN Peru, de Produtos Paraíso, da Refinaria La Pampilla, da Sociedad Suízo-Peruana de Embutidos, da Starbucks, da Unimed Peru, do Cato Institute, da Atlas e da Universidad de Lima, que oficiou como anfitriã do evento.

Se esse havia sido o cenário da entrega do *Doutor Honoris Causa* a Vargas Llosa em 1997, nesta oportunidade foi palco para o anúncio de seu ingresso no grupo dos membros notáveis da Mont Pèlerin Society. Contudo, o acontecimento ficou em segundo plano. Em parte produto da discrição que caracteriza a Mont Pèlerin Society, mas também da enorme convulsão que gerou entre os painelistas os últimos acontecimentos na Venezuela.

O motivo deste evento, dizia o escritor peruano na abertura, "é trocar ideias e informações sobre o estado de uma região que, fazendo as somas e os restos, vai avançando no caminho da modernização".[89] Embora convocasse a criar uma "tribuna sossegada de ideias e não de

---

[89] Vargas Llosa, 2014a (tradução própria).

paixões", a onda de protestos iniciada em fevereiro daquele ano contra o governo de Nicolás Maduro, o aumento dos encarceramentos por razões políticas, as denúncias de violações aos direitos humanos e o conflito com parlamentares, que tinha levado à destituição de alguns e ao cessar das atividades da Assembleia Nacional, foram o ponto de referência ineludível de todos os painelistas e foram carregando os ânimos da sala. Ao abrir a jornada, Mario Vargas Llosa dizia:

> Quero me referir especialmente às amigas e aos amigos que vêm da Venezuela [aplausos]. Um país onde, como vocês sabem, há um mês e meio, liderados pelos estudantes venezuelanos, milhares e milhares de mulheres e homens da terra de Bolívar resistem aos esforços ditatoriais do governo para acabar com os últimos resquícios de liberdade que ainda restam nesse país querido. Mais de 40 pessoas perderam a vida lutando para salvar a liberdade na Venezuela, há várias centenas de feridos e mais de 1.500 presos. Em uma onda repressiva, a pior que a Venezuela experimentou desde que infelizmente a democracia começou a enfraquecer, a se desintegrar, essa democracia que agora está praticamente prestes a desaparecer. Tínhamos para falar esta manhã com María Corina Machado, um desses líderes corajosos, profundamente comprometidos com a democracia, como Leopoldo López, agora na prisão por defender a liberdade, como Enrique Capriles, como Antonio Ledesma. E não sabemos se María Corina Machado vai conseguir chegar ou não. Ontem teve sérios problemas no aeroporto de Caracas, e entendo que tem problemas também para sair, como era seu propósito, e estar aqui em Lima para participar do foro. Aqui, ao contrário do que aconteceu em Washington, naquela "carabina de Ambrosio" que é a OEA, ninguém vai fechar as portas para ela – vamos abri-las de par em par para que ela fale sobre a luta pela liberdade na Venezuela.

De fato isso aconteceu durante o evento, não se tratava de metáforas. Embora também não demorasse em abrir o jogo de translações entre a responsabilidade internacional e a defesa do neoliberalismo, vital para iniciar o exercício de tradução. Continuou dizendo Mario Vargas Llosa:

A FUNDACIÓN INTERNACIONAL PARA LA LIBERTAD EM ALTO-MAR

É triste, é vergonhoso, que governos democráticos latino-americanos mantenham essa neutralidade diante do que está acontecendo em todos os estados venezuelanos, como se a luta dos resistentes venezuelanos não fosse uma luta pela liberdade da América Latina. Para que na América Latina não surja uma nova sátira totalitária, para que a América Latina não se afaste da legalidade e da liberdade que felizmente é hoje o que ocorre na maior parte dos países latino-americanos. A luta dos venezuelanos não é apenas uma luta pela Venezuela, é uma luta pela América Latina. E todos os latino-americanos que acreditamos na democracia, na liberdade e na civilização têm o dever moral de apoiá-los com nossa solidariedade, com nossas vozes, com nossos escritos.[90]

Sem dúvida, o evento funcionou como um espaço onde as manifestações de solidariedade às ações de oposição ao presidente Nicolás Maduro se encadearam, dando caráter de apoio, acolhimento e escuta interamericana, o que lhes havia sido negado pela OEA, segundo denunciava Vargas Llosa e vários dos expositores. Nas somas e nos restos do balanço geral, o crescimento e a visibilidade das manifestações contra o governo na Venezuela deixavam um saldo positivo, diria María Corina Machado em sua vigorosa apresentação. À equação dessa jornada deveriam ser adicionados outros dois elementos centrais: o desenvolvimento dos processos eleitorais na região (Brasil e Uruguai naquele ano e Argentina no ano seguinte) e a estruturação do bloco regional Aliança do Pacífico em 2012, formado por Chile, Colômbia, México e Peru, com a intenção de incentivar a integração regional, "avançando progressivamente em direção ao objetivo de alcançar a livre circulação de bens, serviços, capitais e pessoas".[91]

Esses três assuntos estiveram presentes de uma ou de outra forma na maioria das apresentações, embora também tenha havido momentos

---

[90] *Idem* (tradução própria).

[91] "Declaración de Lima", 28 de abril de 2011. Disponível em <www.alianzapacifico. net/en/download/declaracion-de-lima-28-abril-de-2011/>. Acesso em 15/7/2020.

específicos para abordá-los. E não faltou tempo para tratar outros em que, sem perder a orientação liberal, se abria espaço para expressar certos desacordos. Esses temas foram "educação" e "drogas", que nessa oportunidade ultrapassou o problema da guerra ao narcotráfico para se colocar como um problema de legalização ou liberação (do uso de substâncias) e de saúde.

O seminário foi organizado em seis painéis, três realizados durante o primeiro dia e os três restantes no dia seguinte. O primeiro, intitulado "A visão dos protagonistas", contou com a participação de Sebastián Piñera, que acabara de concluir seu primeiro mandato presidencial no Chile, e do ex-presidente mexicano Felipe Calderón, com a moderação de Luis Bustamante Belaunde, reitor emérito da Universidad Peruana de Ciencias Aplicadas (Peru). O segundo foi denominado "O desafio do neopopulismo" e teve entre os painelistas a já mencionada deputada e líder da oposição ao chavismo María Corina Machado, o chefe do governo portenho (e futuro presidente) Mauricio Macri, o ex-parlamentar da oposição boliviana em Santa Cruz Oscar Ortiz, o candidato à presidência no Uruguai Jorge Larrañaga, do Partido Nacional, e a moderação de Álvaro Vargas Llosa. O terceiro foi chamado "Educação, cultura e liberdade", e participaram o escritor cubano Carlos Alberto Montaner, o escritor chileno Arturo Fontaine, o economista espanhol José Luis Delgado, o poeta e ex-vice-presidente da Nicarágua Sergio Ramírez, com a moderação de Lorenzo Bernaldo de Quirós. O quarto painel foi intitulado "O problema das drogas", com as exposições do ensaísta e analista espanhol Antonio Escohotado, Ian Vásquez, do Cato Institute, o jornalista mexicano Héctor Aguilar e a moderação de Gerardo Bongiovanni, da Fundación Libertad (Argentina). O quinto foi denominado "A experiência do modelo", e participaram Eva Arias, presidente da Sociedad Nacional da Minería y Petróleo (Peru), o brasileiro Fernando Schuler, do Fronteiras do Pensamento, e o colombiano Plinio Apuleyo Mendoza, com mediação de Miguel Vega Alvear, da Capebras (Peru). E por último, com um

A FUNDACIÓN INTERNACIONAL PARA LA LIBERTAD EM ALTO-MAR

enfoque muito mais local, o painel "Peru, a agenda pendente", com a presença do empresário gastronômico Gastón Acurio, do escritor peruano Alfredo Banechea, da ex-primeira-ministra peruana Beatriz Merino e a moderação do *thinktanker* do Citel Enrique Ghersi, que durante os dois dias do evento atuou como mestre de cerimônias.

Embora o termo "protagonistas" desta vez tenha sido usado para se referir aos ex-mandatários convidados na primeira mesa, o conceito foi transferido para os painéis seguintes sob a ideia de reunir as vozes dos atores que desafiam o neopopulismo, com a presença de líderes da oposição argentina, boliviana, uruguaia, venezuelana e brasileira. Mas também aos chamados empreendedores da modernização: os empresários, que tiveram uma participação diferencial nas últimas duas mesas, com suas análises e experiências pessoais.

De acordo com a ordem proposta, embora a pedra de toque tenha sido dada pelo assunto venezuelano e pela situação conflituosa que afetava até mesmo as pessoas convidadas como painelistas, a primeira mesa ficou a cargo dos ex-mandatários do México e do Chile, que, na opinião de Mario Vargas Llosa, eram exemplares no respeito às instituições democráticas e aos resultados econômicos. Foi ao longo desse painel que as discussões em torno dos projetos de integração regional tomaram melhor forma. A esse respeito, afirmou o professor peruano Luis Bustamante Belaunde ao abrir o primeiro painel:

Há apenas um ano, neste mesmo espaço de reflexão sobre a América Latina, oportunidades e desafios, falávamos sobre esse lugar comum que qualifica a América Latina como cenário de contraste e contradição, e dizíamos que apareciam sinais que aguçavam o desconcerto. Por um lado, um grupo de países onde parecia que estavam se estabelecendo políticas sensatas, onde regia uma ordem macroeconômica estável, onde essa estabilidade também alcançava, embora precariamente, instituições públicas, que cumpriam a regularidade institucional, a economia de mercado e o fortalecimento do sistema democrático, com uma valorização da ordem jurídica e uma diminuição efetiva da pobreza. Mas dizíamos que também, por outro lado, outro grupo de países parecia sofrer uma espécie de erupção do populismo contagioso e epidêmico caracterizado pela irresponsabilidade no manejo econômico, crescente intervenção do Estado na economia e limitação da iniciativa privada em diversas ordens: tanto no econômica produtiva como na expressão das ideias. E dizíamos que tudo isso havia avançado diante da passividade e da perplexidade dos países que estavam situados no primeiro grupo, que se haviam situado em uma confortável condição de observadores, e que esta havia alcançado seu clímax quando os chefes de Estado que tinham sua origem em sistemas democráticos participaram ativamente nas homenagens fúnebres do extinto ditador venezuelano. Hoje teríamos que dizer com tristeza que essa contradição entre os países do primeiro e do segundo grupo parece exacerbada. O segundo grupo de países adotou uma atitude agressiva e hostil, enquanto no primeiro grupo há mais passividade, tolerância e complacência.[92]

Recuperando os princípios da "Carta Democrática Interamericana" da OEA assinada na cidade de Lima em 2011,[93] e acusando a Celac como uma forma de "acobertar o regime ditatorial dos irmãos Castro e seus seguidores na Venezuela", José Luis Bustamante Belaunde aproveitava seus minutos iniciais para se posicionar contra a neutralidade diante do conflito na Venezuela e para passar a palavra às referências do que enquadrava como "primeiro grupo".

As palavras do ex-presidente chileno Sebastián Piñera foram dedicadas a comentar de forma muito esquemática os sucessos de seu mandato, apoiando-se em vídeos esportivos para explicar perspectivas de crescimento e evitando qualquer referência às grandes manifestações estudantis que voltavam a agitar o clima das ruas nas principais cidades do país. A palestra do ex-mandatário mexicano Felipe Calderón deu

---

[92] Bustamante Belaunde, 2014 (tradução própria).

[93] Disponível em <https://www.oas.org/pt/democratic-charter/default.asp>. Acesso em 15/2/2020.

A FUNDACIÓN INTERNACIONAL PARA LA LIBERTAD EM ALTO-MAR

uma projeção regional à sua exposição, buscando explicar o contexto de criação da Aliança do Pacífico, evidenciando o esforço, nem sempre efetivo, de sobrepor o quadro econômico ao político.

Tal como havia manifestado o *thinktanker* uruguaio Ernesto Talvi, do Ceres, durante o III Foro Atlântico, para Felipe Calderón, durante a primeira década do século XXI a América Latina havia atravessado um período de crescimento homogêneo, tanto nos países tendentes à liberalização das economias, como naqueles abraçados a políticas mais protecionistas. Tratava-se de uma resposta às tendências globais de aceleração e interdependência dos países e seus povos (globalização, aumento do intercâmbio de mercadorias, ideias, informações) que haviam provocado uma mudança estrutural nas formas de produzir e consumir e um deslocamento de crescimento do Atlântico para a costa do Pacífico. A razão desse crescimento, prosseguiu o ex-mandatário mexicano, havia sido o crescimento das exportações, principalmente no setor das *commodities*, com o aumento exponencial dos preços das matérias-primas. "Uma boa aventura", dizia Calderón, como que minimizando o assunto. Associado ao aumento dos preços dos produtos de consumo e, portanto, ao aumento da pobreza, o projeto sustentado nas *commodities* tinha uma morte anunciada. "O bom é que as *commodities* cresceram, o ruim é que está começando a decrescer", sentenciou.[94]

Colocando como homônimos o Alca e o Mercosul, e recuperando de forma argumentativa os fundamentos das teorias desenvolvimentistas referenciados explicitamente na Cepal e em Prebisch, Calderón apontava que a especialização dos países do Mercosul na produção e na exportação de *commodities* (combustíveis e minerais) explicava o crescimento imediato desse bloco de países, embora não necessariamente significasse a certeza das próprias políticas públicas. Pelo contrário, acrescentava, "infelizmente garantiu a prevalência dos governos de

---

[94] Calderón, 2014 (tradução própria).

políticas ditatoriais derivadas do preço do petróleo".[95] Para Calderón, no longo prazo, os termos da troca se deterioram contra os produtores e os exportadores de matérias-primas; nesse sentido, o primeiro desafio era separar-se de um padrão estritamente dependente do preço das *commodities*. Algo que segundo ele havia sido iniciado pelos países da Aliança do Pacífico. Depois de uma breve instrumentalização teórica e sem demorar em recuperar a senda liberal que fundamentava seu argumento, prosseguiu:

> O que determina o que pode potencializar a diversificação da economia? Isso pode ser dado pelo grau de abertura comercial, e aqui Chile, Peru e México, penso que tomamos a estratégia correta, nosso primeiro ponto de separação no econômico em relação a economias fechadas e autoritárias. É que nossa aposta no livre comércio é uma aposta correta. Não apenas por uma questão de princípios, que é a mais importante, que é uma aposta pela liberdade. É uma aposta, precisamente no sentido correto, que nos vincula às possibilidades de crescimento de todo o mundo. E aqui tudo o que dizemos sobre o comércio é verdadeiro. O comércio, quanto mais amplo, gera mais oportunidades. A perspectiva de ver o comércio internacional apenas como vencedores e perdedores, como se fossem equivalentes a exportadores e importadores, é totalmente equivocada. No comércio todos ganhamos: produtores, consumidores. Todos ganhamos em termos de qualidade, preço, oportunidade de crescimento na economia. Aqui se vê um pouco os graus de abertura que se observam em nossa região. Se vocês observarem, isso é medido entre exportações e importações sobre PIB. Aqui está a Aliança do Pacífico [29%], aqui está o Mercosul [16%]. O peso da Bolívia [42%], por exemplo, é pelo tamanho de sua economia *versus* exportações de gás. Mas o fato é que, em geral, a Aliança do Pacífico registra uma abertura muito mais notável. Países como México [23%] e Chile [21%] refletem precisamente no tamanho de seu comércio internacional o grau de abertura. E a chave para a América Latina está precisamente em elevar seu grau de abertura comercial.[96]

---

[95] *Idem* (tradução própria).

[96] *Idem* (tradução própria).

A FUNDACIÓN INTERNACIONAL PARA LA LIBERTAD EM ALTO-MAR

"A chave para ser competitivas é competir, economias abertas", dizia Calderón em um jogo de palavras que fazia alusão às competências de atletismo projetadas por Piñera em sua exposição.[97] Embora, em uma mistura de vaidade e sinceridade, o mexicano tenha expressado que o aumento dos índices de exportações de manufaturas referentes ao bloco Aliança do Pacífico estava sobredimensionado pela forte atividade do México no setor, sua exposição acompanhada por imagens, mapas e gráficos percentuais buscou comparar os projetos de integração em questão, demonstrando a importância das manufaturas para o bloco do Pacífico. Fato que, vale destacar, poderia facilmente ser questionado com as apresentações realizadas pela presidente da Sociedade Nacional de Mineração do Peru, Eva Arias, ou pelo escritor Alfredo Banechea, nos painéis do segundo dia, fortemente voltada para apontar a importância dos projetos extrativistas de recursos estratégicos (gás, minerais e petróleo) no Peru, que o próprio mexicano também destacou.

Em síntese, o problema era de integração econômica e projeto político e dependia não apenas da forte dependência das *commodities*, mas também de desenvolver a via institucional. "É aqui onde a ruptura antidemocrática que está vivendo a América Latina em alguns países se constitui em um dos freios mais importantes do nosso potencial desenvolvimento", insistiu Calderón. E com isso dava passagem à leitura de um comunicado realizado pelo Club de Madrid em que se manifestava preocupação pela situação na Venezuela e se exigia o fim da perseguição e da hostilização da oposição.

Dessa forma, dava passagem ao segundo painel, que, devido aos contratempos no voo de Mauricio Macri e à incerta participação de María Corina Machado, foi adiado para o terceiro momento do seminário. Ao abrir a sessão, Álvaro Vargas Llosa manifestava:

---

[97] *Idem* (tradução própria)

No momento em que ela pousava, há poucos minutos, o presidente da Assembleia Nacional da Venezuela anunciava ao mundo que María Corina foi destituída de seu cargo e que a partir deste momento já não pertence à Assembleia Nacional da Venezuela. Tenho certeza de que seus filhos, netos e bisnetos se lembrarão deste momento como um grande emblema de honra para María Corina Machado. É a resposta do regime ditatorial da Venezuela à sua bela luta pela liberdade.[98]

Como já havia feito seu pai ao abrir o evento, o jornalista peruano comparava o processo de resistência ao governo venezuelano com as gestas da independência do século XIX, abrindo o momento onde os protagonistas da cena se transferiam dos projetos bem-sucedidos à promessa dos "heroicos" opositores frente ao avanço do populismo. Depois de um breve histórico em torno do problema e colocando sua reflexão em tempo presente um pouco além da Venezuela, Vargas Llosa dizia:

> A outra versão emblemática do populismo latino-americano hoje, claro, a Argentina. Que não levou tão longe o regime de concentração de poder e verticalidade como na Venezuela, mas que sim contribuiu muito para prestigiar nos últimos anos algo que na realidade deveria ter ficado desacreditado para sempre pelo que foi a experiência do peronismo tradicional, que acabou com a prosperidade desse belo país. Somente a grande riqueza argentina, somente a visão extraordinária de sua classe empresarial, especialmente vinculada ao mundo do campo, e somente o legado dessa sociedade civil educada fizeram possível que a Argentina não chegasse mais longe do que está hoje no modelo populista. No entanto, e essa é a grande notícia que tenho para vocês, estamos a um ano, seis meses, vinte e quatro dias e vinte horas do fim da década K e do início da recuperação da Argentina para a causa da liberdade. E um dos homens que está sentado ali desempenhará um papel extraordinário nessas eleições.[99]

---

[98] Vargas Llosa, 2014 (tradução própria).

[99] *Idem* (tradução própria).

A FUNDACIÓN INTERNACIONAL PARA LA LIBERTAD EM ALTO-MAR

Demarcando o lugar da heroica opositora venezuelana e da nova promessa argentina, a abertura desse painel, que também contava com a participação de um representante da oposição boliviana ao MAS e da uruguaia ao Frente Amplio, não podia iludir um elemento transversal ao tema: a denúncia da neutralidade internacional. Sobre o assunto, acrescentava Álvaro Vargas Llosa:

> Não deixo de lamentar que nosso país, o Peru, tenha a triste honra de ter sido o lugar onde, em 19 de abril do ano passado, os países da Unasul, governos da Unasul assinaram um documento reconhecendo apressadamente o senhor Maduro como presidente legítimo em troca de uma vaga promessa de auditoria eleitoral que nunca ocorreu, e que, com a única exceção do presidente Piñera, todos saíram daqui diretamente para Caracas para reconhecer o senhor Maduro, argumento que a Venezuela usa hoje na OEA para acusar de golpismo aqueles países que ousam expressar uma voz de incentivo aos venezuelanos e venezuelanas que estão lutando arduamente pela liberdade nas ruas da Venezuela. Não se deve ser neutro nessa luta, nessa batalha entre o populismo e a liberdade, a neutralidade é uma forma de cumplicidade. Todos os organismos hemisféricos têm que estar resolutamente orientados e dirigidos a fazer da América Latina uma terra livre, uma terra próspera, como demonstram muitos dos países que, tendo feito seu esse modelo, avançaram hoje de maneira notável em sua situação em relação ao que era há poucas décadas. E tenho certeza de que uma das mensagens importantes que vocês recolherão nestes dois dias de foro é que não apenas há grandes esperanças, mas um dever de compromisso com aqueles que estão lutando por esses valores, que neste foro estão em festa.[100]

O empresário de Santa Cruz e representante da Cámara de Industria y Comércio de Bolívia, Oscar Ortiz, abriu o painel dedicado aos desafios do neopopulismo colocando a chave de compreensão na natureza do regime. Neste caso, expressou:

---

[100] *Idem* (tradução própria).

UM ATLÂNTICO LIBERAL

Certamente, quando vocês terminarem de ouvir as apresentações desta sessão do foro, notarão a diferença com o que ouvimos no primeiro painel. Enquanto os presidentes Piñera e Calderón estão falando sobre educação... talvez nós estejamos falando sobre as liberdades mais básicas que podem caracterizar uma sociedade. O neopopulismo como sistema político que governa alguns países latino-americanos demonstrou ser um modelo tão perverso e efetivo na destruição do Estado de Direito, da ordem democrática e das sociedades abertas quanto os regimes totalitários. [...] Uma vez no poder, esses partidos, esses movimentos, esses líderes desenvolveram um processo de controle da institucionalidade democrática por meio de reformas constitucionais que lhes assegurassem o controle dos órgãos do Estado, concentrando no presidente a subordinação da justiça e do sistema eleitoral ao Executivo. [É] O desaparecimento do Estado de Direito e a busca pela perpetuação no poder.[101]

Como dizia entrelinhas Enrique Ghersi durante o III Foro Atlântico (2006), Oscar Ortiz agregava: "Tudo isso conseguido sob a legitimidade do voto. Destroem-se os fundamentos da democracia desde a própria democracia".[102] Voltando-se ao caso boliviano, o empresário *santacruceño* denunciava o assédio judicial de tipo penal ao qual supostamente estavam submetidos aqueles que se atreviam a assumir posições contra o governo de Evo Morales, o que, junto à manipulação midiática, gerava uma "espiral de silêncio". E incluía como agravante o importante crescimento da economia boliviana, o que derivava no aumento do emprego público e de programas sociais e em oportunidades de negócios privados que, para Ortiz, mantinham ocupados e satisfeitos os setores do empresariado nacional, gerando desinteresse na luta pela liberdade econômica na Bolívia e garantindo os altos níveis de popularidade do governo. Quanto a isso, dizia Ortiz

---

[101] Ortiz, 2014 (tradução própria).

[102] *Idem* (tradução própria).

em referência à apresentação realizada por Calderón, "a bonança econômica mantém a festa neopopulista".[103]

Dessa maneira, e somando-se às vozes de protesto pela posição assumida pela OEA em relação à Venezuela, Oscar Ortiz aproveitava para trazer à tona o caso boliviano e denunciar a ausência de mecanismos legais nos processos que deram lugar à sanção da nova constituição, à suspensão de autoridades eleitas e aos conflitos em torno da reeleição, que cinco anos depois foram ponta de lança do golpe de Estado na Bolívia.

Esse também foi o argumento esboçado pelo *thinktanker* venezuelano Rafael Alfonso, do Cedice, que foi colocado para ocupar o lugar de María Corina Machado enquanto ela se dirigia finalmente para a universidade onde se realizava o evento. Em linha com as apresentações de seu par Rocío Guijarro, Alfonso denunciava o uso da renda petrolífera para sustentar a ditadura na Venezuela, qualificava a ação da oposição ao chavismo como "uma luta contra o governo castro-comunista" e em tom fervoroso qualificava a OEA como "um clube de ditadores".[104] Embora a demora de María Corina tenha obrigado a modificar a ordem das exposições do painel, sua chegada ao salão entre aplausos e ovações interrompeu e encerrou de forma abrupta a exposição do diretor do Cedice.[105]

"Se as coisas estivessem em seu lugar no mundo, María Corina Machado seria secretária-geral da OEA ou presidente da Venezuela, e não teria que estar arriscando sua vida pela liberdade em seu país",[106]

---

[103] *Idem* (tradução própria).

[104] Alfonso, 2014 (tradução própria).

[105] Cabe explicitar que a interrupção do discurso de Rafael Alfonso não foi seguida pela apresentação de María Corina Machado. Por questões de ordem e, provavelmente, de relevância, a ordem de exposição do painel foi alterada. A seguir expôs Larrañaga, seguido por Macri, e a mesa foi encerrada por Machado. A fim de facilitar a organização deste texto, reagrupamos as exposições dos representantes venezuelanos.

[106] Vargas Llosa, A., 2014 (tradução própria).

diria Álvaro Vargas Llosa na apresentação. "O título mais importante de todos, sempre digo, é que tem o septo nasal mais indestrutível da América", acrescentava de forma descontraída, fazendo alusão aos golpes que ela tinha recebido em maio de 2013 após um violento incidente dentro da Assembleia Nacional e que resultara na fratura do nariz da líder da oposição venezuelana.[107]

Poucas horas depois que Diosdado Cabello, presidente da Assembleia Nacional da Venezuela, anunciou sua destituição, María Corina Machado abriu sua exposição dizendo: "O cargo que tenho não troco por nenhum: sou cidadã venezuelana e sou deputada da Assembleia Nacional da Republica até quando o quiserem meus compatriotas venezuelanos".[108]

Em uma exposição que Vargas Llosa qualificou como "elétrica", María Corina Machado dizia estar atravessando uma sensação de "agonia e êxtase". Trazendo diversas anedotas das manifestações nas ruas da Venezuela contra o governo, a parlamentar expunha e denunciava violações aos direitos humanos que lhe provocavam dor – aí a agonia. O êxtase, segundo a expositora,

> [...] consiste em percorrer as ruas da Venezuela e ver os olhos, ver o olhar dos jovens que estão protestando engolindo gás, recebendo balas de borracha, golpes, ameaças, mas que continuam firmes e conscientes do caráter e da transcendência da luta que estamos dando.[109]

"Venezuela acordou", dizia fazendo referência a um processo que considerava transversal e irreversível em seu país, mas que também deixava entrever possíveis vínculos com as manifestações que já abalavam o governo da então presidenta Dilma Rousseff (PT) no Brasil. E ligando a ideia de um real governo castrista e de uma gesta libertária

---

[107] *Idem* (tradução própria).

[108] Machado, 2014 (tradução própria).

[109] *Idem* (tradução própria).

A FUNDACIÓN INTERNACIONAL PARA LA LIBERTAD EM ALTO-MAR

patriótica, a deputada colocava em questão a presença cubana na estrutura administrativa e militar e denunciava "ultrajada a soberania nacional, sem um tiro, financiada desde a Venezuela".[110] Dessa forma, apontando para a sempre apelada responsabilidade internacional, dizia:

> À comunidade internacional: para esses regimes totalitários que se disfarçam de democracias com algumas práticas como a repetição frequente de eleições, a legitimidade que lhe dá a comunidade internacional é um pilar fundamental. No ano passado eu dizia que isso vai desde a indiferença até a cumplicidade, mas hoje não posso dizer o mesmo. Depois dessas oito semanas de brutal repressão como a que não vimos os venezuelanos nem mesmo nas ditaduras militares do século XX, hoje o governo passou uma linha vermelha que já não se pode esconder. Então, nesta altura, aos democratas da comunidade internacional devemos dizer que a indiferença é cumplicidade, a indiferença é cumplicidade![111]

Os discursos de Macri e Larrañaga não se afastariam dessa linha, embora o horizonte eleitoral no Cone Sul desse às intervenções um tom mais institucional. Jorge Larrañaga, então pré-candidato pelo Partido Nacional nas eleições a serem realizadas em outubro daquele ano no Uruguai, dedicou-se a falar dos males da sociedade dividida entre "os bons e os maus" e a apontar o que considerava erros do Frente Amplio, como a Lei de Responsabilidade Penal Empresarial, o impulso a uma lei de regulamentação dos meios de comunicação e a política de legalização do cultivo e da comercialização de *cannabis*, este último ponto que iria na contramão das expressões menos proibicionistas que predominaram neste evento durante o quarto painel dedicado ao tema das drogas.[112]

---

[110] *Idem* (tradução própria).

[111] *Idem* (tradução própria).

[112] Por questões de organização argumentativa, não faremos referência ao painel intitulado "O problema das drogas", do qual participaram Ian Vásquez, Antonio

Como dizíamos antes, se Machado assumia o papel de heroína, Macri era a promessa. E em tom de campanha, o futuro presidente argentino manifestou:

> Eu, como líder do meu país, me comprometo a que a partir de 2015 a Argentina entre neste processo de crescimento acompanhando o resto da América, baseando-se em outros parâmetros de convivência. E muitos dirão: por que desta vez e não em outras em que tivemos oportunidade de fazê-lo? Porque acredito que nos últimos tempos tivemos um notável aprendizado, um notável crescimento. Muito tem a ver com nosso despertar. E por outro lado, talvez tenha a ver com as trilhas que começaram a percorrer países irmãos, como hoje relatavam os expositores da Venezuela ou Bolívia, que também nos permitiram perceber isso que dizia o senador Larrañaga, que pela liberdade se deve lutar todos os dias. E talvez, todos tenham maior consciência graças a essas visitas. Porque eu tive uma discussão com Corina há alguns anos, e ela me dizia que eu subestimava o assunto. E a verdade é que algum tempo depois tive que denunciar em meu país uma tentativa de chavização de nossa sociedade [...]. Em termos de América Latina, a Argentina tem que fazer sua contribuição. Sabemos que com a Argentina fazendo parte deste bloco de países que abraçam a qualidade institucional, as liberdades, o respeito e a boa convivência haverá um futuro melhor para todos. Temos que nos comprometer em relançar e potencializar o Mercosul para convergir com a Aliança do Pacífico. Isso vai aumentar e realmente potencializar as oportunidades da região.[113]

As palavras de Macri não apenas carregavam de esperança os anfitriões do evento, que colocavam no empresário argentino o desafio de mudar o rumo da década de governo kirchnerista, mas também davam conta do duplo acerto na aposta realizada pela FIL. O primeiro,

---

Escohtado e Héctor Aguilar. Os registros dessas intervenções podem ser consultados no capítulo "Fontes".

[113] Macri, 2014 (tradução própria).

A FUNDACIÓN INTERNACIONAL PARA LA LIBERTAD EM ALTO-MAR

referente à própria candidatura, visto que, como dizia Álvaro Vargas Llosa, transcorridos um ano, seis meses, e 24 dias da realização do III Foro de Lima, Macri alcançaria a presidência da República Argentina, colocando em marcha um programa de liberalização que, como manifestou na exposição, em termos regionais buscou se entroncar com o projeto da Aliança do Pacífico. O segundo, vinculado à promoção desse tipo de encontros com a intenção de gerar o intercâmbio de visões, experiências e formas de atuação.

As referências a encontros anteriores e à transferência de experiências apareceram como um elemento recorrente das exposições realizadas durante esse evento, o que evidencia os frutos do trabalho desenvolvido pela FIL e por outras redes de defesa liberal ao longo dos anos estudados. Nesse mesmo sentido, a breve apresentação realizada pela médica cubana Hilda Molina para divulgar o trabalho desenvolvido pela Asociación Civil Crecer en Libertad e o lançamento do livro intitulado *Mi verdad*, em benefício dos dissidentes castristas que vivem em Cuba, deixava explícito em forma de agradecimento o manifesto esforço da Fundación Libertad da Argentina em apoiar e promover outros institutos ou associações na região.

Como mencionado acima, embora os painéis dirigidos a debater o problema das drogas e da educação parecessem abrir o leque de assuntos discutidos ao longo dos dois dias de encontro, foi durante o terceiro painel – "Educação, cultura e liberdade" – que se evidenciaram posicionamentos discordantes. Para o escritor cubano Carlos Alberto Montaner, apresentado desta vez por Pablo Izquierdo Juárez como um "sobrevivente da mais sangrenta ditadura do continente", as universidades latino-americanas deveriam iniciar o caminho para a liberalização e a privatização, ao modo estadunidense. Fazendo um balanço entre a pobreza, a má formação dos profissionais da educação e a falta de pressão social, o cubano insistiu nas vantagens de introduzir lógicas empresariais no âmbito da educação. Proposta que, sem perder a tônica liberal e crítica ao populismo, seria respondida pelo poeta e ex-vice-presidente da Nicarágua, Sergio Ramírez. Para o nicaraguense,

UM ATLÂNTICO LIBERAL

Na Nicarágua existem setenta e tantas universidades a mais do que na Alemanha. Não é o único caso na América Latina, grande paradoxo que amarra atraso e universidades. Qualquer beco é bom para abrir uma universidade, assim como se abre uma mercearia ou salão de beleza. Um quadro-negro, giz e saliva são os insumos básicos das lúmpen-academias. Portanto, ao lado de universidades que oferecem títulos profissionais sem controle de qualidade, há milhares de jovens que não têm acesso à educação e ficam no analfabetismo residual, e há outros milhares que no ensino médio não sabem ler corretamente um texto. Não sabem se comunicar e também não sabem fazer uma conta nem resolver uma equação e são suspensos, mas passam de ano porque, ocorre na Nicarágua, cumprem cursos complementares de alto conteúdo político. Ou seja, aprendem a recitar o catecismo ideológico que substitui as matemáticas.[114]

Usando a ideia de uma orquestra como metáfora da educação, dizia Ramírez: "essa partitura não lhe servirá para tocar nenhum instrumento". Em linha com a análise proposta por Ortiz para o caso boliviano, lamentava-se da autocomplacência gerada pelo próprio Estado, que, segundo acrescentava, "cobre os abismos desse atraso com demagogia, que continua tirando instrumentos da orquestra enquanto aparenta dá-los".[115]

Foi Arturo Fontaine que levou ao evento um olhar diferente da situação chilena apresentada até então, trazendo um balanço das grandes mobilizações estudantis que já colocavam em questão a exemplaridade da "chilenização". Para o escritor chileno, os resultados econômicos "muito bons" (inflação mínima, estabilidade nos índices de desemprego e baixa do dólar, a qual permitia a importação de bens de *status* simbólico) tinham como contrapartida uma mudança na agenda política nacional: "a agenda se moveu para a esquerda, uma esquerda bastante populista".[116] Por que diante desse contexto de bonança se

---

[114] Ramírez, 2014 (tradução própria).

[115] *Idem* (tradução própria).

[116] Fontaine, 2014 (tradução própria).

produzia esse deslocamento? Por que naquele momento? "Porque agora são os gatos que estão encarregados do açougue",[117] dizia Fontaine parafraseando a resposta que lhe havia dado uma jovem chilena como forma de ilustrar os problemas gerados pela concentração do poder político e econômico.

A partir dessa ótica, dizia Fontaine, embora o crescimento econômico tenha melhorado as condições de consumo e educação da população, tornando o país numa sociedade de classe média, de forma paralela gerou uma sociedade mais exigente que começou a perder a confiança no capitalismo financeiro. O forte endividamento pessoal e a ausência de empregos qualificados não só provocavam a angústia em setores sociais cada vez mais amplos que alcançavam estudos superiores sem capacidade de se inserir no mundo laboral, mas também as falências e as fraudes realizadas por empresas privadas do setor educativo haviam desencadeado uma sensação de engano e raiva com potencial expansivo, explicava o escritor chileno.

Assim, sem perder a visão elitista que estrutura o pensamento liberal, Fontaine apontava a existência de dois grupos em competição pelo poder: as elites comerciais ("os gatos" na lógica apresentada pela jovem chilena) que haviam alcançado enormes vantagens econômicas e políticas durante os anos de crescimento; e, por outro lado, uma elite cultural, "a inteligência nacional" (agentes da justiça, acadêmicos, professores do ensino médio, funcionários públicos), que estava conseguindo canalizar esse descontentamento das classes médias, servindo de guia para o novo programa do segundo governo de Michelle Bachelet. "Um governo reformista, que tenta canalizar o mal-estar, mas com propostas populistas", qualificava Fontaine.[118]

Visto dessa perspectiva, o caso chileno trazia novos elementos para pensar os desafios do populismo e os modelos de liberalização na região.

---

[117] *Idem* (tradução própria).

[118] *Idem* (tradução própria).

UM ATLÂNTICO LIBERAL

Na mesma perspectiva proposta pelo boliviano Oscar Ortiz, chamava a traçar uma linha divisória entre "o empresário mercantilista que se pendura no Estado para armar um negócio" e "aquele que realmente é o empresário que compete, sem confundir as duas coisas".[119] E colocando à luz as tensões internas da coalizão no governo, acrescentava:

> Pela primeira vez no Chile, há muitos anos, um tema internacional tem verdadeira importância local: Venezuela. Porque a Venezuela divide a nova maioria, porque o grupo comunista e alguns grupos maximalistas [grupos estudantis] estão a favor de Maduro, com matizes, segundo os casos, mas, em definitivo, com uma postura distinta da Democracia Cristã. Ou seja, há tensões internas muito fortes.[120]

Se o "ambiente antiempresarial" era alarmante, as divisões internas simbolizadas no assunto venezuelano davam sinais de possíveis negociações e limites às posições de tendência populista. Foi sobre esse eixo de tensões que o brasileiro Fernando Schuler se somou ao debate, carregando com novos elementos o desafio eleitoral que atravessava seu país.

> Penso que o que acontece no Brasil é o que acontece nas democracias consolidadas na América Latina. Temos duas Américas Latinas, uma América Latina trágica, como apresentado por María Corina e, hoje, com a senhora de Cuba [Hilda Molina]. E temos democracias estabilizadas na América Latina, que também têm seus desafios de modernização econômica, do avanço da democracia, da redução da pobreza. Vou falar sobre isso.[121]

Se para o novo *thinktanker* brasileiro seu país havia superado o problema da violência e do conflito armado com institucionalidade

---

[119] *Idem* (tradução própria).

[120] *Idem* (tradução própria).

[121] Schuler, 2014 (tradução própria).

democrática e imprensa plenamente livre, o modelo de estado brasileiro resultante, herança do governo de Getúlio Vargas e consolidado pela constituição de 1988, havia dado lugar a um "estado autocrático, muito custoso", dizia em portunhol num nítido esforço para comunicar o caso à plateia, em sua maioria hispanofalante. E embora os anos do presidente Fernando Henrique Cardoso (1995-2002) tivessem dado novos ares de modernização à institucionalidade pública, para Schuler a década de governo PT havia sido atravessada sem grandes reformas da estrutura fiscal, da estrutura política, do sistema previdenciário e laboral, embora marcada pelo crescimento, devido ao já mencionado aumento do preço das *commodities* e à forte transferência em gasto público e em programas de assistência social.

Contudo, não se omitiu de mencionar os êxitos do Programa Universidade Para Todos (Prouni), ao qual qualificava "algo assim como um *voucher* educação para que os jovens possam estudar em universidades privadas".[122] E agregava com sarcasmo: "um curioso acerto latino-americano: é um país socialista e faz um programa liberal que os próprios liberais brasileiros não conseguiram fazer".[123]

Nesse sentido, dizia ao se referir ao PT, é um governo paradoxal. Por um lado, não se define por um consenso liberal modernizador, mas mantém a institucionalidade; por outro lado, atravessa grandes escândalos de corrupção (referindo-se ao caso mensalão),[124] mas consegue manter altos índices de popularidade. "É uma operação gramsciana muito bem feita, em um país de 200 milhões de pessoas. É um caso para estudar: estrutura de movimento popular, bases na imprensa, sindicatos, movimentos sociais", argumentava o *thinktanker*

---

[122] *Idem* (tradução própria).

[123] *Idem* (tradução própria).

[124] Mensalão é o nome pelo qual ficou conhecido o caso de supostos desvios de recursos públicos para pagar deputados federais aliados em troca de votos favoráveis aos projetos do governo PT, durante o primeiro mandato de Luiz Inácio "Lula" da Silva.

UM ATLÂNTICO LIBERAL

fazendo uso das ideias do chamado marxismo cultural e da influência gramsciana para explicar o caso de seu país.[125]

Embora naquela oportunidade Schuler não tenha injetado grande importância às manifestações de 2013, por outro lado, em consonância com o escritor peruano, reforçou o problema da responsabilidade internacional como chave de avaliação e condenação ao governo petista. Sendo a Venezuela o divisor de águas do esquema político internacional consolidado ao longo da jornada, Schuler se desculpava publicamente perante os venezuelanos pelo comportamento dos representantes do Brasil na OEA ao impedir a manifestação da oposição ao chavismo durante uma das sessões, e acrescentava:

> Lula, o PT, inclusive a presidente Dilma, não fez uma política bolivariana, uma política socialista. Está muito longe em termos internos de manter uma política chavista. Mas, em termos externos, há 12 anos que sustenta a política bolivariana na América Latina. Inclusive na OEA eu vi María Corina. Ontem o embaixador brasileiro fez tudo para que ela não falasse na OEA. Então todos os anos a representação brasileira na ONU vota contra as sanções ao Irã em função dos direitos humanos. E a presidente Dilma, que se emociona ao falar de Chávez... É uma política externa muito curiosa, comandada pelo MAG, Marco Aurélio Garcia, que eu conheço muito bem, rompendo uma tradição secular no Brasil, de autonomia do Itamaraty, do ministério da política externa.[126]

Dessa forma, fazendo coro aos desafios expostos por Mauricio Macri, as eleições presidenciais a serem realizadas em outubro daquele ano no Brasil representavam a possibilidade de transformar o caráter da liderança regional, e a candidatura de Aécio Neves era vista como o melhor horizonte para "tornar a agenda liberal na agenda da sociedade", dizia o diretor de Fronteiras do Pensamento.[127]

---

[125] Schuler, 2014 (tradução própria).

[126] *Idem* (tradução própria).

[127] *Idem* (tradução própria).

Em um ambiente nitidamente pré-eleitoral e provavelmente seduzido pela oratória do reconhecido *chef* e empresário gastronômico peruano Gastón Acurio, que com suas posições públicas em chave liberal parecia insinuar seu interesse em futuras candidaturas, Mario Vargas Llosa encerrou o Seminário Internacional em Lima afirmando:

> Precisamos que a política mude de imagem e mude de substância. Que não esteja nas mãos de partidos que já não representam quase nada. A democracia precisa de partidos, mas partidos autênticos, aos quais acuda verdadeiramente a cidadania, convencida da probidade, da integridade e também da seriedade e responsabilidade de seus líderes. Partidos que compitam em um ambiente de liberdade, com propostas que permitam ao eleitorado escolher com seriedade, responsabilidade e não a partir da pura paixão sentimental.[128]

No ano seguinte, a FIL abriu caminho para um novo repertório inexplorado até então: o apoio público a candidaturas eleitorais. Começando com Mauricio Macri na Argentina, seguido por Sebastián Piñera, que em 2017 se lançou ao segundo mandato no Chile, pelo colombiano Iván Duque e pelo equatoriano Guillermo Lasso (que fracassou na primeira tentativa, mas venceu em 2021). No entanto, como advertia Vargas Llosa ao encerrar o III Foro de Lima, as eleições eram tanto uma oportunidade quanto um desafio. Se por um lado abriam as esperanças de uma região mais alinhada às políticas de liberalização econômica sustentadas em democracias representativas, também poderiam ser a porta para o desastre referenciado na Venezuela. E agregou:

> Tivemos um extraordinário testemunho sobre o que está acontecendo na Venezuela. A situação da Venezuela tem sido uma presença constante nestes dois dias, e o testemunho de María Corina Machado sobre a

---

[128] Vargas Llosa, 2014b (tradução própria).

UM ATLÂNTICO LIBERAL

repressão e o heroísmo dos que resistem é a melhor prova, a melhor demonstração de que não se deve abrir as portas para um inimigo da liberdade, porque o resultado é o que está vivendo agora a Venezuela. Os votos dos venezuelanos criaram o monstro do qual hoje estão tentando se emancipar, e já veem quão difícil é. Quanto sacrifício, quanto heroísmo, quanto sangue custa! [129]

Assim aproveitava a presença empresarial para insistir em que "é preciso convencer os empresários de que não são os ditadores que garantem a estabilidade" e na necessidade de avançar na consolidação de um bloco que defendesse os princípios liberais como chave para o crescimento e a garantia da institucionalidade democrática na região, sublinhando a importância de reforçar os laços e a comunicação do Brasil com o resto da comunidade latino-americana. Talvez por mera casualidade, dias após o evento, em 4 de abril de 2014, María Corina Machado participava do programa de televisão brasileiro Roda Viva (o mesmo que tinha entrevistado Mario Vargas Llosa semanas antes das Jornadas de Junho), onde repetiu quase textualmente a exposição realizada na Universidad de Lima.[130]

Como propõe Edelman, junto à construção de inimigos, a construção do líder político personifica uma gama de temores e esperanças que se reforçam reciprocamente como componentes do espetáculo político, prestando profundidade emocional e satisfação intelectual, permitindo transformar "a incerteza, a ambivalência e a complexidade em um fenômeno compreensível".[131] Tarefa à qual a FIL contribuiu com entusiasta dedicação em seu confronto com um inimigo histórico, elástico, difuso e sempre latente.

---

[129] *Idem* (tradução própria).

[130] Programa Roda Viva exibido pela TV Cultura de São Paulo em 7 de abril de 2014, com a participação de María Corina Machado. Disponível em <https://youtu. be/OjJ71U_uDEA>. Acesso em 18/2/2020.

[131] Edelman, 1991, p. 50 (tradução própria).

XII. "BANDEIRA VELHA HONRA CAPITÃO": O SEMINÁRIO INTERNACIONAL MARIO VARGAS LLOSA (2016)

A Fundación Internacional para la Libertad é uma organização que nasceu com a ideia de servir como guarda-chuva para diferentes organizações que na Espanha, nos Estados Unidos e na América Latina tinham propósitos comuns, ou seja, defender a democracia, defender a liberdade e difundir fundamentalmente as ideias que defendem essas causas. Enfrentar ideológica e intelectualmente os inimigos da liberdade que em nome da utopia coletivista e estatista combatiam a democracia, às vezes com armas na mão. Uma ideologia que, embora esteja em franco retrocesso no mundo, na América Latina, entre os anos 60 e 70, chegou a ter raízes entre os jovens. E nos pareceu que essas organizações democráticas e liberais trabalhavam de maneira dispersa, o que fazia com que em muitos casos seus esforços se esgotassem sem maior alcance. Pensávamos que as reunindo, organizando um trabalho conjunto, essas organizações poderiam ser muito mais eficazes. E algo disso eu acredito que tenhamos conseguido nestes últimos dez anos, organizando conferências, congressos, simpósios, colóquios em diferentes países da América Latina, nos Estados Unidos e na Espanha. Dessa forma, vinculamos muitas pessoas que se desconheciam e que não coordenavam seus esforços em defesa desta cultura da liberdade, que é não só a cultura que reconhece os direitos humanos, a soberania individual, mas também a doutrina que traz progresso, modernidade e permite a vigência dos direitos humanos na sociedade. Esta é a tradição da Fundación Internacional para la Libertad, e com a qual esperamos contribuir por meio deste simpósio.[132]

---

[132] Vargas Llosa, 2016 (tradução própria).

UM ATLÂNTICO LIBERAL

Com essas palavras, Mario Vargas Llosa dava as boas-vindas a um evento que tinha como objetivo homenageá-lo em seu octogésimo aniversário. O "Seminário Internacional Mario Vargas Llosa: Ideias, cultura e liberdade" aconteceu nos dias 28 e 29 de março de 2016. Segundo os registros da FIL, cerca de 750 pessoas participaram do evento, que demandou um gasto de € 79.382,15 destinado quase totalmente a serviços exteriores.[133] Segundo os cartazes com o convite, publicados no Facebook, o evento contou com o patrocínio da Atlas, dos *think tanks* chilenos Fundación para el Progreso e Fundación Chile Hoy, da Consejería de Políticas Sociales y Familiares da Comunidad de Madrid e das fundações mexicanas Krea e Caminos de la Libertad, as duas do Grupo Salinas, cujo presidente e membro do Conselho Empresarial da FIL foi convidado a iniciar o segundo dia do evento para compartilhar algumas reflexões em torno dos valores do empresário como motor da economia e da sociedade.

O seminário aconteceu apenas pela tarde, no Anfiteatro Gabriela Mistral da Casa de América. O primeiro dia contou com duas conferências de abertura, dois painéis e uma conferência de encerramento, e o segundo dia, com as já referidas palavras de abertura de Ricardo Salinas Pliego, do Grupo Salinas, seguido por outros dois painéis. Tomando como fio condutor a trajetória do escritor presidente da FIL, durante a primeira jornada o foco de atenção foi colocado sobre o panorama latino-americano, sobre o qual Vargas Llosa se havia transformado em uma referência, de luta pelos valores da economia e da sociedade de mercado. A segunda jornada se voltou inteiramente para refletir sobre a literatura e os dilemas éticos e criativos do escritor, e a figura "do intelectual comprometido com sua época", recuperando de alguma forma a raiz sartriana do aniversariante.

Para tratar desse último assunto, contou-se com a participação de referências do campo literário espanhol, como Carmen Riera,

---

[133] FIL, 2016.

A FUNDACIÓN INTERNACIONAL PARA LA LIBERTAD EM ALTO-MAR

Fernando Savater, Javier Cercas e o escritor turco, e Prêmio Nobel da Literatura de 2006, Orhan Pamuk. A primeira parte do evento foi estruturada segundo a lógica dos protagonistas, anteriormente utilizada. Além do sempre presente José María Aznar, essa jornada foi aberta pelo presidente em exercício do governo da Espanha, Mariano Rajoy (PP), que antecedeu o primeiro painel intitulado "Os desafios ibero-americanos: uma visão presidencial", com a participação dos ex-mandatários colombianos Andrés Pastrana e Álvaro Uribe, do ex-presidente uruguaio Luis Alberto Lacalle e do ex-presidente chileno Sebastián Piñera. Em seguida, o segundo painel foi completado com a participação de três figuras com forte dinamismo na batalha das ideias empreendida pelos *think tanks* liberais da região: os cubanos Carlos Alberto Montaner e Yoani Sánchez ("a heroína moderna", segundo Cristián Larroulet), o escritor chileno Mauricio Rojas e o economista e *thinktanker* Alejandro Chafuén. E foi encerrado pelo ex-presidente espanhol Felipe González (1982-1996), trazendo no velho líder do PSOE a dose de amplitude política que caracterizava o homenageado.

Embora o relato inaugural de Vargas Llosa se organizasse em sentido passado, dando a entender um aparente ponto de chegada que referenciava o assertivo caminho percorrido até então pela FIL, o presente mais uma vez estava cheio de desafios para os "amantes da liberdade". Como nos eventos anteriores, esse foi o eixo condutor das exposições apresentadas durante o primeiro dia do encontro, associado à fragilidade do Estado de Direito e às supostas ameaças autoritárias do populismo na América Latina.

Embora o tom realista e atlantista da intervenção realizada por José María Aznar em chave internacional não trouxesse grandes novidades às já citadas sobre os eventos anteriores, o pronunciamento de Rajoy, dirigido a refletir sobre as históricas relações entre Espanha e América Latina, adiantaria três elementos centrais do debate suscitado ao longo do seminário-homenagem. Em primeiro lugar, a vitória da oposição ao chavismo, nucleada na Mesa de Unidade Democrática (MUD), nas eleições para a Assembleia Nacional, as tensões com o poder executivo e o judiciário venezuelano, a grave crise de desabastecimento e a inflação, que continuavam fornecendo elementos para denunciar o suposto projeto autoritário do governo de Nicolás Maduro. Em segundo lugar, a inicial reabertura do diálogo entre o governo estadunidense e o cubano, que parecia dar sinais de "oxigenação" e maior margem de manobra para o ingresso de capitais e liberdades individuais na Ilha. E por último, a vitória eleitoral de Mauricio Macri na Argentina esperançava as pretensões de reintroduzir no Cone Sul uma nova onda de liberalizações e abertura econômica, e, como diria Luis Alberto Lacalle, "desideologizar o Mercosul".[134] Três "vitórias" que, segundo o próprio Alejandro Chafuén, eram impensáveis um ano antes.

No entanto, o horizonte se complicava. As tramitações dos acordos de paz em Havana, iniciadas pelo presidente Juan Manuel Santos (2010--2018) com as guerrilhas colombianas, eram vistas pelos presidentes Pastrana e Uribe, dois convictos impulsionadores do Plan Colombia, como uma ameaça aos pilares da democracia republicana daquele país. Ao mesmo tempo em que a crise econômica e política no Chile evidenciava retrocessos no devir do modelo exemplar. "Nunca estamos além de uma geração de perder as liberdades",[135] dizia Chafuén ao se referir ao caso chileno, parafraseando Ronald Reagan.

Nesse mesmo tom alarmante, o presidente Lacalle reiterava os perigos de um "projeto gramsciano" no Uruguai e na região, e chamava a fortalecer os partidos políticos e a "replicar a tarefa cultural em cada lugar em que se associe gente".[136] A influenciadora digital cubana Yoani Sánchez reiterava a importância das novas tecnologias da informação e a circulação clandestina de conteúdos como fenômenos-chave do processo de aparente esgotamento do regime cubano. E os escândalos

---

[134] Lacalle, 2016 (tradução própria).

[135] Chafuén, 2016b (tradução própria).

[136] Lacalle, 2016 (tradução própria).

de corrupção agregavam um novo componente à luta contra o estado patrimonialista, como caracterizava Mauricio Rojas, ao mesmo tempo em que voltava a colocar em tela o lugar do empresário vinculado aos grandes negócios públicos. "Teremos que nos tornar campeões em monitorar essa corrupção",[137] acrescentava Chafuén ao qualificar como dramática a situação política e econômica no Brasil, "semear dúvidas sobre o favoritismo empresarial e o chamado 'socialismo dos amiguinhos'", e lançar como pedra de toque a chave discursiva que enquadraria os embates políticos antipetistas empreendidos nos anos subsequentes, vingando a já amadurecida tática do *lawfare*.[138]

O sempre presente Carlos Alberto Montaner buscou, em síntese, caracterizar o populismo a partir de uma série de chaves analíticas em torno da ameaça que ainda rondava a região. Embora repetitivo, talvez em um esforço para alcançar o número treze (13) associado popularmente ao azar, o cubano apontava para a demagogia, o protecionismo, o clientelismo, o gasto público excessivo, a inflação, a desvalorização da moeda, a corrupção, a violação das regras da democracia para se perpetuar no poder, o conluio imoral entre as empresas e os políticos corruptos, o aumento substancial dos impostos, o enfraquecimento do sistema judiciário ao colocá-lo a serviço do poder executivo, o nacionalismo exacerbado e o antiamericanismo como facetas comuns, suficientemente ambíguas para identificar um inimigo difuso e suficientemente amplas para garantir a unidade discursiva que permitiu potencializar e vincular as vozes dos defensores do livre-mercado para a região.

---

[137] Chafuén, 2016b (tradução própria).

[138] *Lawfare* se refere ao uso ou manipulação das leis ou perseguição judicial como instrumento para combater um adversário político, ignorando os procedimentos legais e os direitos dos indivíduos ou grupos que se pretende eliminar politicamente. Esses procedimentos também dependem de combinações externas, como a mídia, para criar um clima de culpa e legitimar a perseguição judicial. Sobre *lawfare*, consulte o trabalho de Rafael Valim, consulte Zanini *et al.*, 2019.

UM ATLÂNTICO LIBERAL

Próximo de alcançar os 15 anos de atividade, a FIL podia se orgulhar de ter reunido centenas de pessoas do campo político, diplomático, militar, acadêmico, cultural, empresarial, jornalístico e representantes de outras tantas organizações espanholas, estadunidenses e latino-americanas sob um mesmo lema, a defesa da liberdade, e uma mesma lógica: organizar encontros, propor temas comuns, promover o debate e facilitar o intercâmbio, buscando influenciar com ideias o desenho das agendas nacionais e internacionais. Como dito até aqui, a construção de problemas e soluções comuns, a definição de inimigos e a construção de líderes dependeu de um processo acumulativo e situado, em que os esquemas de inclusão e exclusão permitiram ir demarcando cenários e personagens, criando um espetáculo político em torno do processo de disputa de hegemonia latino-americano, após os episódios de impugnação ao liberalismo e abertura dos ciclos governamentais progressistas.

Embora a centralidade da Venezuela seja mais do que evidente, seria tendencioso afirmar que a FIL foi construída exclusivamente como um aparato para combater o processo bolivariano iniciado por Hugo Chávez naquele país, assim como afirmar que a questão venezuelana se restringia à Venezuela.

A reatualização do perigo comunista e do anticastrismo, assim como a tradução de experiências históricas, suas causas, características e consequências, para outros processos regionais, permitiu construir e reforçar um enquadramento em torno do acontecer regional, situando--se a partir de um jogo de aproximações aos campos político, empresarial, comunicativo e acadêmico, sendo a FIL um ator internacional com capacidade para articular e dar visibilidade a certas ideias e para influenciar os quadros de compreensão da realidade latino-americana ao iniciar o século XXI.

Foi eficaz? No momento de escrever este livro, alguns dos processos políticos combatidos pela FIL se mantêm cambaleantes, mas em pé. Contudo, é possível dizer que, chegado 2016, pelo menos uma batalha discursiva parecia (e ainda parece) ganha. Segundo o cubano Carlos Alberto Montaner:

> Na década de noventa, o que se converteu em um insulto foi a palavra neoliberal. Nas campanhas eleitorais se dizia: "Você é um neoliberal! Não, mais neoliberal é você!". Felizmente a palavra populismo e neopopulista tomaram essa conotação.[139]

Talvez essa tenha sido sua principal razão e, ao mesmo tempo, mais preciosa vitória política: voltar a erguer as bandeiras do antipopulismo e do anticomunismo como ideia articuladora dos discursos e dos imaginários políticos de que as direitas na América Latina se apropriaram e que difundiram como arma em defesa de uma liberdade individual, desigual e combinada, unida pelo atlantismo e expressa como cosmopolitismo limitado. Desmontar esse espetáculo é a tarefa.

---

[139] Montaner, 2016 (tradução própria).

COMENTÁRIOS FINAIS

NAVEGAR É PRECISO

Em 26 de março de 2019, a Fundación Libertad da Argentina comemorou seu 31º aniversário com um jantar organizado em conjunto com a FIL, na cidade de Rosário. O evento teve como atração principal um diálogo entre Mario Vargas Llosa e Mauricio Macri, então presidente da Argentina, que atravessava uma grave crise econômica e social. Antecipando as dificuldades para a reeleição, Vargas Llosa não economizou palavras ao questionar a gestão do empresário argentino. Entre preâmbulos e citações abstratas, ele afirmou: "o equívoco tem um nome, o gradualismo". Com isso, o escritor peruano defendia um "*sinceramento* da economia, por mais dramático que isso fosse". Macri respondeu: "Muitos aqui pensam o mesmo". E acrescentou: "[Se eu ganhar as eleições] vou tentar seguir na mesma direção em que estamos, o mais rápido possível", provocando aplausos dos presentes.[1] Seria um eufemismo para falar de um ajuste de choque?

Corroborando os sinais de tédio e desconfiança impressos no rosto do romancista peruano durante o diálogo, Macri saiu derrotado da disputa presidencial de 2019. No entanto, esse episódio teve certo impacto, abrindo caminho para uma série de posicionamentos que

---

[1] "Diálogo Mario Vargas Llosa y Mauricio Macri – Cena 31º Aniversario de Fundación Libertad", 26 de março de 2019. Disponível em <https://www.youtube.com/watch?v=EZcWs2sxCew&t=1014s>. Acesso em 30/3/2020.

não demorariam a ser assimilados por novos atores, os quais pareciam rejuvenescer o cenário das direitas liberal-conservadoras exaustas após uma década e meia navegando contra a maré. Nesse contexto não tardaram a aparecer novas figuras representantes de uma direita mais radical, sem eufemismos, para anunciar o choque e com a aprovação dos velhos lobos do mar, agora impacientes.

Talvez a irrupção do economista anarcocapitalista Javier Milei e sua vitória na disputa eleitoral à presidência argentina, em 2023, exemplifiquem esse deslocamento dentro do próprio campo das direitas latino-americanas, que, parafraseando Antonio Gramsci, nem novas nem velhas, são como os monstros que emergem no claro-escuro. Observar a atuação de redes como a FIL pode ser um caminho para desvendar as conexões transnacionais que, como incubadoras, criam condições para sua potencial emergência.

No transcorrer da pesquisa, buscamos analisar a coalizão reunida em torno da Fundación Internacional para la Libertad entre 2002 e 2016 como uma rede de *think tanks*, empresários, acadêmicos, políticos, agentes de segurança, agentes de cultura, analistas políticos, jornalistas e outras pessoas comprometidas com a defesa dos princípios e valores do liberalismo. Como disse Mario Vargas Llosa em vários de seus pronunciamentos como presidente da FIL, o liberalismo enquanto bandeira comum era entendida como "doutrina aberta que evolui e se adapta à realidade em vez de tentar forçar a realidade a se adaptar a ela".[2] Nesse sentido, destacamos que, se a amplitude de vínculos que atravessa as ações da FIL sempre teve o mote da defesa da liberdade, o turbulento contexto latino-americano, seus processos de crise e de impugnação ao modelo neoliberal e a progressiva consolidação de um novo ciclo de governos progressistas foram apontados como uma ameaça à institucionalidade da democracia. E isso foi pretexto para o surgimento desse novo empreendimento organizacional, que,

---

[2] Vargas Llosa, 2005 (tradução própria).

COMENTÁRIOS FINAIS – NAVEGAR É PRECISO

ao iniciar o século XXI, se acoplou à FIL e pretendeu articular uma série de organizações semelhantes de caráter nacional e internacional já atuantes na região, sob esse mesmo horizonte político.

Do mesmo modo notamos que, agrupada pelo elástico entendimento do liberalismo e sua defesa no novo contexto internacional, verifica-se uma nítida articulação para alcançar incidência política com ênfase nos assuntos latino-americanos, promovida por atores (pessoas e instituições) dos Estados Unidos, Espanha e vários países da América Latina, sustentada no cosmopolitismo limitado, de matriz atlântica (ou norte-atlântica, como precisa Alejandro Pelfini), articulação que pré-definiu uma escala de atuação a partir da qual englobar valores, princípios e imaginários circunscritos ao mundo europeu-ocidental e à sua prolongação norte-americana, reforçando e renovando os históricos dispositivos de tutela empreendidos pelos países do Norte sobre os do Sul. Mas também garantindo uma convergência entre o anticomunismo, o antipopulismo, o atlantismo e o neoliberalismo enquanto regime de verdade, capaz de forjar uma coalizão discursiva cuja interpelação poderia até mesmo superar os limites da direita liberal, potencializando sua vocação hegemônica.

Em diálogo com os estudos sobre *think tanks* em chave neo-gramsciana e motivados pela pergunta sobre o *como* da atuação desses aparelhos, no transcorrer desta pesquisa baseada na triangulação de uma grande quantidade e diversidade de fontes, deparamos com uma série de repertórios dirigida a encenar em momentos concretos a doutrina liberal ofensiva sobre os eixos centrais da agenda construída no transcorrer do fim da Guerra Fria, segundo tópicos que permitiram colocar os processos de impugnação ao neoliberalismo como um problema de segurança enquanto ameaça ao Estado de Direito, este configurado como garantia de uma institucionalidade democrática regida pelos valores e princípios da sociedade de livre-mercado. Nesse sentido, entendemos que a recuperação das gramáticas políticas centradas na ideia do perigo da tríade populismo/comunismo/

autoritarismo não só se tratou de uma estratégia narrativa que permitiu retomar imaginários do passado em seu uso presente, mas de um exercício prático de tradutibilidade orientado tanto ao assédio contra o inimigo quanto à organização e conectividade regional dos defensores da agenda liberal sob suposta ameaça.

Entendendo que o processo de universalização do ideário liberal, do qual a FIL e Mario Vargas Llosa tornaram-se referentes, dependeu da capacidade de traduzir essas ideias aos diferentes momentos e conflitos concretos, e que isso ao mesmo tempo foi condição que garantiu a atividade da coalizão, ao longo deste trabalho se pretendeu realizar um exercício analítico que incorporasse as condições que tornam possível a passagem de ideias de casos nacionais ou de momentos históricos para outros contextos, ou seja, a tradutibilidade em seu caráter histórico e político.

Retomando de modo instrumental a proposta metodológica de Peter Burke em torno da "cultura da tradução" como a análise dos sistemas, das normas ou das convenções, dos fins e dos meios que subjazem a essas práticas e nos quais elas se desenvolvem, nos primeiros capítulos deste livro é possível identificar os sujeitos e intenções da tradução. No entanto, as respostas sobre o que se traduz, de que maneira, para quem e com quais consequências dependeram da análise situada onde a construção do problema dos inimigos e das soluções encontra seus equivalentes, reforçando, ampliando ou circunscrevendo seus significados e permitindo de forma mais ou menos coordenada a definição dos contornos do possível, à luz das situações concretas.

Para isso, buscou-se reconstruir e analisar a ação empreendida pela rede internacional a partir de uma série de eventos institucionais, procurando capturar os processos de construção de coalizões e identificando os recursos discursivos e extradiscursivos que serviram de sustento a essa rede em momentos concretos; e, ao mesmo tempo, dar visibilidade a disputas que parecem ocultas sob os processos de seleção, retenção, reforço e recrutamento, e que tenderam a unificar as narrativas promovidas pela FIL.

COMENTÁRIOS FINAIS – NAVEGAR É PRECISO

Como acreditamos que fica mais bem ilustrado na última parte deste trabalho, o processo de tradução dependeu do ordenamento e do jogo de equivalências e elasticidades de sentidos que criam quadros de compreensão da realidade. Embora não sejam exclusivas, inspirado na já clássica proposta de Murray Edelman, apresentamos três chaves analíticas: a definição do problema, do inimigo e dos modelos exemplares ou líderes. Ao analisar o primeiro seminário internacional desenvolvido na América Latina, dizíamos que a agenda posta em cena em Bogotá trazia à tona os elementos centrais do liberalismo ofensivo que caracterizou o plano hemisférico para a América Latina, desenhado pelos Estados Unidos ao calor do fim da Guerra Fria. E que, como evidenciam os eventos posteriores, essa agenda acabou sendo reforçada com a construção de oponentes estabilizadores – os governos cubano e venezuelano –, que, com temporalidades diferentes, permitiam demarcar as continuidades e novidades da ameaça regional no transcorrer da primeira década do novo milênio. Da mesma forma, a apresentação de "alvos móveis" permitiu em conjunturas determinadas estender os sentidos de ameaça sobre outros processos políticos (como o caso boliviano, equatoriano e argentino), apontar zonas cinzentas ou de conflitividade latente (como o caso brasileiro ou peruano) e construir e aplaudir os bons exemplos ou promessas (como eram qualificadas as experiências colombiana, chilena ou salvadorenha), dependendo do contexto e dos objetivos imediatos.

Assim, foi possível à FIL construir uma cartografia relativamente móvel onde ir situando amigos e inimigos, vítimas, canalhas e heróis, desafios e oportunidades, a partir dos quais se garantiram a retenção e o recrutamento discursivo, e a elasticidade e difusão regional desta gramática política. Nesse sentido, como argumenta Edelman, a aparente independência dos problemas, dos inimigos e dos líderes oferece a esse tipo de aparato de ideias modos alternativos de centrar a atenção pública: "diversos relatos que podem ser evocados e complementados

UM ATLÂNTICO LIBERAL

entre si com uma implicação comum [...], perspectivas alternativas de uma transação única".[3]

Consequente à estratégia da Fundación de relacionar e coordenar, o público imediato dessas ações não exclui um público massivo, que ela busca atingir com a participação em vários meios de comunicação e com declarações públicas reproduzidas em seu *site* oficial e replicadas por outros, embora possamos dizer que seu receptor prioritário foi construído em torno da rede de *thinktankers*, empresários, figuras do sistema político, diplomatas, jornalistas e agentes culturais, replicadores de esquemas, discursos e posicionamentos, assim como tomadores de decisão, lobistas e influenciadores da opinião pública, em seus respectivos países.

Dessa forma, e desde o início, a presença de figuras e instituições espanholas e estadunidenses delimita na causa latino-americana o ponto nevrálgico da união pragmática em torno do Atlântico, embora não tenham se omitido de tomar posição sobre os assuntos do resto das regiões que conviviam na rede. Pelo contrário, e por causa disso, foram objeto de preocupação e ação constantes os limites e alcances da chamada "responsabilidade internacional". Primeiro, quando o assunto dizia respeito às medidas e aos posicionamentos assumidos pelo governo espanhol sob a administração do PSOE, para depois se

---

[3] Segundo explica Murray Edelman: "Os problemas criam autoridades para abordá-los, e as ameaças que nomeiam costumam estar personificadas como inimigos. Os líderes obtêm e conservam suas posições centrando-se em problemas de moda ou temidos, e enfatizando suas diferenças com relação aos inimigos cujos pecados do passado, e potenciais, do futuro, espalham e exageram. Os inimigos são um aspecto vívido dos problemas e uma fonte das diferenças que constroem líderes. Como influência no público e na política, então, há uma realidade única, mas é experimentada como várias entidades distintas. É provável que esse fenômeno fortaleça a confiança em crenças e julgamentos porque cada um dos componentes da transação parece fornecer provas independentes, mesmo que sua autonomia seja ilusória". *In*: Edelman, 1991, p. 140 (tradução própria).

COMENTÁRIOS FINAIS – NAVEGAR É PRECISO

estender como esquema de compreensão a partir do qual, por exemplo, zelar pelo comportamento dos governos amigos, e não tão amigos, e das agências internacionais de segurança e direitos humanos, e justificar ou legitimar uma eventual destituição ou ruptura da ordem constitucional, como no caso do Brasil. Dessa forma, evidenciam-se outras escalas e modos de atuação que, parafraseando Carlos Brandão,[4] delimitam, desenham e recortam, em processo constante de enfrentamentos e por interação/oposição, os compromissos sociopolíticos em movimento conflituoso e contingente.

Talvez por isso, a FIL tornou-se um facilitador de cenários transnacionais de socialização das elites políticas e econômicas, de acadêmicos, empresários, CEOs e *thinktankers* defensores da doutrina liberal e/ou interessados na manutenção do modelo político e econômico sustentado nos princípios liberais, comparável a empreendimentos como o Congreso por la Libertad de la Cultura ou a Confederación Anticomunista Latinoamericana, como insinuado na primeira parte deste livro. Assim, as ideias em torno do anticomunismo e do antipopulismo indicam o uso de ideias-força ou esquemas ideológicos históricos próprios dos anos de Guerra Fria, tingindo de sentidos passados o confronto presente. Ao mesmo tempo, a mobilização do atlantismo como chave da coalizão discursiva carregou--se de recursos semânticos, mas também materiais, que garantiram a institucionalização e a continuidade do empreendimento.

Em diálogo tanto com o campo de estudos das direitas latino-americanas quanto com o dos *think tanks* pró-mercado, entendemos que ao iniciar os anos 2000 a Fundación Internacional para la Libertad apresentou-se como um novo ator político internacional em resposta à aparente perda de dominação neoliberal na região. No entanto, essa novidade não recai necessariamente nos atores ou projetos (uma

---

[4] Brandão, 2008, p. 13.

"nova direita"), mas na forma pela qual a rede participa da criação e da reatualização dos repertórios de ação regional em tempos de crise. O que também não nega as potenciais derivações no surgimento de novas direitas. De algum modo, fenômenos como Jair Bolsonaro e Javier Milei atualizam esse dilema.

Da mesma forma, embora exista uma tendência em entender esse tipo de aparelho como parte de uma nova estratégia não eleitoral ou eleitoral não partidária, essas duas etiquetas são questionáveis diante do nítido interesse eleitoral expresso pela FIL e seus membros nas atividades promovidas por ela e diante dos estreitos vínculos com o Partido Popular da Espanha.

Verificada a convivência de diversos setores da burguesia latino-americana e do capital internacional atuando no interior da rede em defesa do livre-mercado como diretriz das relações comerciais, garantia de seus negócios e projetos, e em diálogo com as contribuições do professor Alvaro Bianchi a partir da chave gramsciana de análise das relações de forças políticas,[5] seria possível inscrever a FIL no momento da disputa ético-política em que há um entendimento de que os interesses desse grupo não podem ser defendidos apenas dentro dos limites corporativos, mas requerem a conquista de aliados, a organização política em partido e a luta pela conquista do Estado, objetivos atravessados pelas relações de forças nacionais e internacionais.[6] Nessa linha, adaptando a conceituação realizada por René Dreifuss e sem perder de vista a função educativa e diretiva, Virgínia Fontes pensa esse tipo de aparelhos privados como "frentes móveis de ação internacional" que, embora ancoradas em seus estados de origem, adquirem relativa autonomia de ação, independentes de um setor específico e apoiadas abertamente por generosas doações empresariais e governamentais, o que lhes permite expressar interesses

---

[5] Bianchi, 2007.

[6] Gramsci, 2000b, p. 42.

COMENTÁRIOS FINAIS – NAVEGAR É PRECISO

comuns de setores diversificados e a difusão cosmopolita de certos interesses, certas formas de agir e pensar.[7]

Mantendo esse enfoque, entendemos que o *como* da ação desenvolvida pela FIL dependeu de um processo de encenação internacional e de tradução dessa "realidade única" que buscou garantir o intercâmbio de capitais do campo político, econômico, jornalístico, cultural, acadêmico. Esses capitais forneceram os recursos discursivos e materiais que permitiram a continuidade das encenações ao longo do quindênio analisado. De tal modo, a análise das atividades promovidas pela FIL e por seus membros reforça a ideia proposta pelo presidente do Competitive Enterprise Institute, Fred Smith Jr., de que a ação desse tipo de organização é análoga à produção de um espetáculo. Para o *thinktanker* americano:

> Você sobe no palco, e faz malabarismos, e canta, e apresenta um número de equilibrismo. E então você corre atrás da cortina, e corre para o público, e aplaude com loucura. E então você volta ao palco e faz malabarismos. E então você... corre e aplaude com loucura. Se você fizer isso bem, de repente outras pessoas começam a aplaudir, e você tem um sucesso.[8]

A partir dessa metáfora e recuperando as análises de Murray Edelman, pode-se pensar que as entidades políticas que mais influenciam a consciência e a ação pública são então "fetiches": criações de observadores que posteriormente dominam e mistificam seus próprios criadores. Parafraseando Edelman, aqui se tratou de analisar "as profundas e difundidas consequências do fetichismo no núcleo da política, empresa nunca totalmente bem-sucedida porque é tentador exorcizar um fetiche construindo uma teoria racional da política".[9]

---

[7] Fontes, 2010a, pp. 174.

[8] Fred Smith Jr. *apud* Medvetz, 2010, p. 557 (tradução própria).

[9] Edelman, 1991, p. 17 (tradução própria).

UM ATLÂNTICO LIBERAL

Como já dissemos na introdução, a pesquisa aqui apresentada não é relevante pela novidade de seu objeto empírico, mas pela capacidade de articular o processo que buscamos compreender: a resiliência do neoliberalismo em tempos de impugnação, as redes transnacionais de pensamento pró-mercado e o rebrotar contemporâneo da gramática da Guerra Fria nas direitas da América Latina.

Esse rebrotar não só se refere aos significantes mobilizados, mas também a uma estratégia e a uma maneira de atuação (consolidada a par da agenda liberal contemporânea e reativada em sua ação ofensiva) que combinam o que, como jogo de palavras, poderíamos denominar "*arditi* de ideias" ou "intelectuais de assédio", organizados como patrulhas ideológicas prontas para o embate na arte de organizar ataques e assaltos com elementos selecionados. A partir dessa perspectiva e seguindo as análises de Waldo Ansaldi, pode-se dizer que o surgimento desses aparelhos na cena política nacional e internacional é parte de um processo histórico, e não de um acontecimento que irrompe subitamente. Novidades, sim, mas são orgânicas?

Para concluir, vale insistir que a análise desse tipo de aparelho privado capaz de administrar sentidos e promover incidência não pode omitir menções à racionalidade dessa forma política, germinada ao calor do que Pierre Dardot e Christian Laval em chave foucaultiana denominaram como a "grande virada" dos anos 1980, enquanto momento catalisador de pressões econômicas, políticas e sociais que abriram caminho para a consolidação de uma nova racionalidade, em que a concorrência consegue se constituir como norma de conduta e a empresa, como modelo de subjetivação; é dizer, o neoliberalismo como estratégia de governabilidade.[10]

Seguindo essa leitura, cabe perguntar-nos: como é que os *think tanks* conseguiram se inserir com sucesso dentro do jogo de conexões que configura essa nova racionalidade? Por que, como dizia Friedrich

---

[10] Dardot & Laval, 2016.

COMENTÁRIOS FINAIS – NAVEGAR É PRECISO

Hayek na carta antes citada a Antony Fisher, o "método" *think tank* é bem-sucedido após a "grande virada" para a sociedade neoliberal? É possível afirmar que, além das ideias que defendem ou modulam suas ações, a forma *think tank* avançou a par da decadência do Estado de bem-estar social, associado à nova gestão pública e privada. No entanto, sua gênese não deve nos fazer cair no erro de conceber os *think tanks* como uma resposta premeditada, inspirada na fobia ao Estado, nem como o resultado da invasão do mercado nos setores associativos e no Estado. Mais bem, ela espelha a vitória da forma-empresa como modelo universalmente válido para pensar a ação pública e social. Trata-se de um tipo de aparelho que ingressa no jogo político atravessando a trama do público e do privado, e incorporando a lógica do mercado de ideias como forma estratégica da ação constante sobre os tomadores de decisão.

Nesse sentido, vale repetir, embora os *think tanks* compartilhem funções com centros de pesquisa ou meios de comunicação, seu objetivo final não é produzir ou ser veículo de ideias, mas influenciar a orientação da ação/escolha – "criar ambiente", como diria a própria Thatcher em 1980. Enquanto a forma os define como um tipo de aparelho político atravessado pelo regime normativo da empresa, sua ação estratégica sobre a orientação das condutas nos induz a pensá--los a partir das técnicas de governabilidade fundadas na política de "ordenamento", de gestão de ideias.

Essa lógica, dizem Dardot e Laval, que consiste em dirigir indire-tamente a conduta, é o horizonte das estratégias de governabilidade neoliberal.[11] Dessa forma, se governar é estruturar o campo eventual de ação dos outros, os *think tanks* aqui analisados devem ser pensados como aparelhos inscritos nessa lógica e que participam do conjunto de técnicas de estruturação desses campos, variando conforme o contexto.

---

[11] *Idem.*

UM ATLÂNTICO LIBERAL

Nesse sentido, buscar compreender os *think tanks* pela via da reflexão política sobre o modo de governabilidade neoliberal modifica necessariamente a compreensão que se tem deles. Permite refutar análises simplistas e captar sua dinâmica além dos interesses defendidos, em relação à sua forma-empresa na política e além do Estado, em relação à ação humana, como um tipo de dispositivo constituído e atravessado por esse regime de verdade. Talvez aqui resida o sucesso da forma *think tanks* que Hayek, Fisher e Thatcher celebravam no início dos anos 1980, e sua capacidade de traduzir e dar resiliência ao neoliberalismo.

Entendendo que a batalha das ideias é o desafio das classes subalternas para assumir o controle do relato de sua realidade, que para isso é tarefa central desmontar e propor novos esquemas de compreensão da realidade, recuperar e transformar os sentidos em torno da democracia, do povo, da liberdade, da política, dos direitos humanos e da justiça (para mencionar algumas ideias-força centrais na disputa política contemporânea), é válido perguntar novamente: "O que se pode contrapor, por parte de uma classe inovadora, a este complexo formidável de trincheiras e fortificações da classe dominante?".[12] Nesse caso, como desmontar esse espetáculo sem entrar nele, sem alimentá-lo com público, malabaristas e iluminadores? A forma *think tanks* é uma ferramenta adequada na tarefa de construir alternativas ao domínio ecológico do neoliberalismo? Que lugar ou sentido têm os *think tanks* como aparelhos privados de administração de quadros de sentidos na construção de democracias populares e participativas? É a forma persuasiva do *think tanks* uma ferramenta útil à "classe inovadora" e ao "espírito de cisão"? A efetividade desse tipo de aparelhos na defesa do liberalismo tem a mesma correspondência quando eles são executados para o desenvolvimento de um programa de luta pela emancipação dos povos?

---

[12] Gramsci, 2000a, p. 79

COMENTÁRIOS FINAIS – NAVEGAR É PRECISO

O estudo desse tipo de aparelho amarrado à racionalidade política da qual faz parte nos leva a pensar que assim como a batalha das ideias não pode se basear na mera inversão de sentidos e na reapropriação de significantes, o enfrentamento dessa racionalidade e desse projeto não pode ser encarado adotando suas formas com outros conteúdos. Parafraseando Gramsci: "combater o *arditismo* com o *arditismo* é uma tolice".[13]

Sem menoscabar a importância e o acúmulo dos instrumentos já existentes, acreditamos que o desmonte desse espetáculo requer refletir sobre a racionalidade política que aspiramos construir; e, acima de tudo, valorizar, continuar criando e colocando em ação métodos e ferramentas locais, regionais, nacionais e internacionais de articulação, organização e formação política, ancorados em outras razões de mundo.

---

[13] Gramsci, 2000b, p. 128.

BIBLIOGRAFIA

ABELSON, D. *Do think tanks matter? Assessing the impact of public policy institutes.* Montreal, McGill-Queen's University Press, 2002.

ÁLVAREZ-RIVADULLA, M. J.; MARKOFF, J. & MONTECINOS, V. "The transamerican market advocacy think tank movement". *In:* GARCÉ, A. & UÑA, G. (ed.). *Think tanks and public policies in Latin América.* Buenos Aires, Fundación Siena Investigación Aplicada de Políticas Públicas, 2010, pp. 172-199.

ANDURAND, A. & BOISARD, S. "El papel de internet en la circulación del ideario neoliberal: una mirada a las redes de *think tanks* latinoamericanos de las dos últimas décadas". *Nuevo Mundo Mundos Nuevos,* Colloques, 2017. Disponível em <http://journals.openedition.org/nuevomundo/71443>. Acesso em 18/8/2021.

ANSALDI, W. "Arregladitas como para ir de boda. Nuevo ropaje para las viejas derechas". *Revista Theomai,* n. 35, 2017. Disponível em <http://www.redalyc.org/html/124/12452111003/>. Acesso em 18/8/2021.

APULEYO, P. M.; MONTANER, C. & VARGAS LLOSA, A. *Manual del perfecto idiota latinoamericano y español.* Madrid, Plaza & Janes, 1996.

____. *El regreso de idiota.* Buenos Aires, Sudamericana, 2005.

BIANCHI, A. "Estado e empresários na América Latina (1980-2000)". *Antropolítica,* vol. 16, n. 16, 2004, pp. 101-122.

____. "Empresários e ação coletiva: notas para um enfoque relacional do associativismo". *Revista de Sociologia e Política,* n. 28, jun. 2007, pp. 117--129.

BIANCHI, A. "Buckley Jr., Kirk e o renascimento do conservadorismo nos Estados Unidos". *In*: VELASCO E CRUZ, S.; KAYSEL, A. & CODAS, G. (org.). *Direita, volver! O retorno da direita e o ciclo político brasileiro*. São Paulo, Fundação Perseu Abramo, 2015, pp. 247-259.

BOBBIO, N. *Derecha e izquierda*. Buenos Aires, Taurus, 2014.

BOHOSLAVSKY, E. "Organizaciones y prácticas anticomunistas en Brasil y Argentina (1945-1966)". *Estudos Ibero-Americanos*, vol. 42, n. 1, 2016, pp. 35-52.

____. "La historia transnacional de las derechas argentinas en el siglo XX: ¿qué sabemos y qué podríamos saber?". *Revista Páginas*, n. 24, 2018, pp. 10-33. Disponível em <http://revistapaginas.unr.edu.ar/index.php/RevPaginas>. Acesso em 18/8/2021.

BOHOSLAVSKY, E. & IGLESIAS CARAMÉS, M. "As Guerras Frias do Cone Sul: Argentina, Brasil, Chile e Uruguai (1945-1952)". *Revista OPSIS*, n. 14, 2014, pp. 113-33. Disponível em <https://doi.org/10.5216/o.v14iEspecial.30060>. Acesso em 18/8/2021.

BOHOSLAVSKY, E.; SÁ MOTTA, R. & BOISARD, S. (org.). *Pensar as direitas na América Latina*. São Paulo, Alameda, 2019.

BOHOSLAVSKY, E. & VICENTE, M. "Sino el espanto: Temas, prácticas y alianzas de los anticomunismos de derecha en Argentina entre 1955 y 1966". *Anuario del Instituto de Historia Argentina*, 2014. Disponível em <https://www.memoria.fahce.unlp.edu.ar/art_revistas/pr.6731/pr.6731.pdf>. Acesso em 18/8/ 2021

BOISARD, S. "La llamada de la tribu: os exercícios de admiração de Mario Vargas Llosa". *In*: BOHOSLAVSKY, E.; PATTO SÁ MOTTA, R. & BOISARD, S. (org.). *Pensar as direitas na América Latina*. São Paulo, Alameda, 2018.

____. "Mario Vargas Llosa, de una autobiografía a la otra (1993-2018): (auto) retrato del artista como un liberal". *Historia y problemas del siglo XX*, vol. 11, 2019. Disponível em <http://revistacontemporanea.fhuce.edu.uy/index.php/Contemporanea/article/view/138/115>. Acesso 18/8/2021.

BOISARD, S. & GIMÉNEZ, M. J. "Defender el liberalismo con piedras y tanques: Mario Vargas Llosa y la Fundación Internacional para la Libertad". *Nuevo Mundo Mundos Nuevos*, 2022. Disponível em <http://journals.openedition.org/nuevomundo/87306>. Acesso em 18/8/2021.

BIBLIOGRAFIA

BOOTHMAN, D. "Traducibilidade". *In*: LIGUORI, G. & VOZA, P. (org.). *Dicionário gramsciano*. São Paulo, Boitempo, 2017, pp. 1.543-1.546.

BORÓN, A. "Golpes de Estado de nuevo tipo e involución democrática". *Revista América Latina en Movimiento*, n. 518, 2016, pp. 6-9. Disponível em <https://www.alainet.org/es/articulo/181309>. Acesso em 18/8/2021.

_____. *El hechicero de la tribu. Vargas Llosa y el liberalismo en América Latina*. Buenos Aires, Akal, 2019.

_____. *América Latina en la geopolítica del imperialismo*. Buenos Aires, Luxemburg, 2020.

BORÓN, A. & GONZÁLEZ, S. "¿Al rescate del enemigo? Carl Schmitt y los debates contemporáneos de la teoría del estado y la democracia". *In*: BORÓN, A. *Filosofía política contemporánea. Controversias sobre civilización, imperio y ciudadanía*. Buenos Aires, Clacso, 2003. Disponível em <http://bibliotecavirtual.clacso.org.ar/ar/libros/teoria3/boron.pdf>. Acesso em 18/8/2021.

BOURDIEU, P. *Sociología y cultura*. México, Grijalbo-Conaculta, 1990.

BRANDÃO, C. "Desenvolvimento, territórios e escalas espaciais: levar na devida conta as contribuições da economia política e da geografia crítica para construir a abordagem interdisciplinar". *In*: RIBEIRO, M. & MILANI, C. (org.). *Compreendendo a complexidade sócio-espacial contemporânea: o território como categoria de diálogo interdisciplinar*. Salvador, Editora da UFBA, 2008.

BRUCKMANN, M. "Recursos naturais e a geopolítica da integração sul--americana". *In*: VIANA, A.; BARROS, P. & CALIXTRE, A. (org.). *Governança global e integração da América do Sul*. Brasília, Ipea, 2011, pp. 208-214. Disponível em <http://repositorio.ipea.gov.br/bitstream/11058/3004/1/Livro_Governan%c3%a7a%20global%20e%20integra%c3%a7%c3%a3o%20da%20Am%c3%a9rica%20do%20Sul.pdf>. Acesso em 18/8/2021.

BURGOS, R. "La derecha y Gramsci: demonización y disputa de la teoría de la hegemonía". *In*: AA.VV. *Gramsci – La teoría de la hegemonía y las transformaciones políticas recientes en América Latina*. Asunción, *Actas* del Simposio Internacional Asunción, Centro de Estudios Germinal, 2019.

BURKE, P. "Cultures of Translation in Early Modern Europe". *In*: BURKE, P. & PO-CHIA, R. (org.). *Cultural Translation in Early Modern Europe*. Cambridge, Cambridge University Press, 2007, pp. 7-39.

CALDWELL, B. & MONTES, L. "Friedrich Hayek and His Visits to Chile". *The Review of Austrian Economics*, n. 28, 2015, pp. 261-309.

CALLONI, S. *Evo en la mira: CIA y DEA en Bolivia*. La Habana, Editorial de Ciencias Sociales, 2014.

CALLONI, S. & DUCROT, V. *Recolonización o independencia. América Latina en el siglo XXI*. Buenos Aires, Tesis-Norma, 2004.

CAMOU, A. "El saber detrás del trono. Intelectuales-expertos, tanques de pensamiento y políticas económicas en la Argentina democrática (1985--2001)". *In*: GARCÉ, A. & UÑA G. (org.). *Think tanks y políticas públicas en Latinoamérica*. Buenos Aires, Prometeo, 2007.

CANNON, B. *The right in Latin American: elite power, hegemony and the struggle for the state*. New York, Routledge, 2016.

____. "Coups, 'smart coups' and elections: Right power strategies in a context of Left hegemony". *Desenvolvimento em Debate*, vol. 5, n. 1, 2017, pp. 29-50.

CARDINALE, M. *Seguridad internacional y derechos humanos: en busca de una mirada autónoma para América del Sur*. Buenos Aires, UAI/Teseo, 2018.

CARROLL, W. K. *The making of a transnational capitalist class: Corporate power in the 21st Century*. London/New York, Zed Book, 2010.

CHALMERS, D.; CAMPELLO DE SOUZA, M. & BORÓN, A. (ed.). *The right and democracy in Latin America*. New York, Praeger, 1992.

COCKETT, R. *Thinking the unthinkable: Think-tanks and the economic counter-revolution, 1931-1983*. London, HarperCollins, 1995.

CRISTI, R. & RUIZ, C. *El pensamiento conservador en Chile*. Santiago de Chile, Editorial Universitaria, 1992.

CROCE, M. (org.). *Polémicas intelectuales en América Latina. Del «meridiano intelectual» al caso Padilla (1927-1971)*. Buenos Aires, Simurg, 2006.

CRUZ, A. K. V. & CHALOUB, J. "O enigma do populismo na América Latina: conceito ou estereótipo?". *In*: BATISTA, M., RIBEIRO, E. & ARANTES, R. *As teorias e o caso*. Santo André, Editora UFABC, 2021, pp. 143-190. Disponível em <https://doi.org/10.7476/9786589992295.0006>. Acesso em 18/8/2021.

D'ERAMO, M. "Populism and the new oligarchy". *New Left Review,* n. 82, 2013, pp. 6-28.

DARDOT, P. & LAVAL, C. *A nova razão do mundo: ensaio sobre a sociedade neoliberal.* São Paulo, Boitempo, 2016.

DAY, A. J. "Think tanks in Western Europe". *In:* MCGANN, J. & WEAVER, K. *Think tanks and civil societies.* USA/UK, Transaction Publishers, 2005

DE CASTRO, J. *Mario Vargas Llosa: Public intellectual in neoliberal Latin America.* Tucson, University of Arizona Press, 2011.

DE CASTRO, J. (org.). *Critical insights: Mario Vargas Llosa.* New York, Salem Press, 2014.

DE CASTRO, J. & BIRNS, N. (org.). *Vargas Llosa and Latin American politics.* New York, Palgrave Macmillan, 2010.

DENHAM, A. & GARNETT, M. "The nature and impact of think tanks in contemporary Britain". *In:* KANDIAH, M. D. & SELDON, A. *Ideas and think tanks in contemporary Britain.* London, Frank Cass, 1996.

____. *British think-tanks and the climate of opinion.* London, UCL Press, 1998.

DENORD, F. "French neoliberalism and its divisions: From the colloque Walter Lippmann to the Fifth Republic". *In:* MIROWSKI, P. & PLEHWE, D. (ed.). *The road to Mont Pèlerin. The making of the neoliberal thought collective.* Cambridge, Harvard University Press, 2009, pp. 45-67.

DOMHOFF, W. "Social clubs, policy-planning groups and corporations: A network study of ruling-class cohesiveness". *The Insurgent Sociologist,* n. 5, 1975, pp. 173-184.

DREIFUSS, R. *1964: A conquista do Estado.* Petrópolis, Vozes, 1981.

____. *O jogo da direita.* Petrópolis, Vozes, 1989.

DUARTE DA COSTA, J. "A ofensiva da direita na batalha das ideias: métodos e instrumentos". *In:* PALAU, M. (org.). *La ofensiva de las derechas en el Cono Sur.* Asunción, Base IS, 2010.

DULCI, O. *A UDN e o antipopulismo no Brasil.* Belo Horizonte, UFMG/ Proed, 1986.

EDELMAN, M. *La construcción del espectáculo político.* Buenos Aires, Manantial, 1991.

FALERO, A.; QUEVEDO, C. & SOLER, L. *Intelectuales, democracia y derechas.* Buenos Aires, Clacso, 2020.

FISCHER, K. "The influence of neoliberals in Chile before, during and after Pinochet". *In*: MIROWSKI, P. & PLEHWE, D. (ed.). *The road from Mont Pèlerin: The making of the neoliberal thought collective*. Cambridge Harvard University Press, 2009, pp. 305-346.

FISCHER, K. & PLEHWE, D. "Redes de *think tanks* e intelectuales de derecha en América Latina". *Nueva Sociedad*, n. 245, 2013.

____. "Continuity and variety of neoliberalism: Reconsidering Latin America's pink tide". *Revista de Estudos e Pesquisas sobre as Américas (Repam)*, vol. 13, 2019, pp. 166-200. Disponível em <https://ideas.repec.org/a/zbw/espost/205256.html>. Acesso em 18/8/2021.

FONTES, V. *O Brasil e o capital-imperialismo. Teoria e história*. Rio de Janeiro, Editora UFRJ, 2010a.

____. "Velhas e remodeladas formas da direita no Brasil". *In*: PALAU, M. (org.). *La ofensiva de las derechas en el Cono Sur*. Asunción, Base IS, 2010b, pp. 77-88. Disponível em <https://biblioteca.clacso.edu.ar/Paraguay/base-is/20170403044458/pdf_1249.pdf>. Acesso em 20/8/2021.

FOUCAULT, M. *Nascimento da biopolítica*. Lisboa, Ediciones, 2010.

FROST, G. *Antony Fisher: Champion of Lliberty*. London, Profile Book, 2002.

GÁRATE, M. "*Think tanks* y centros de estudio. Los nuevos mecanismos de influencia política en el Chile postautoritario". *Nuevo Mundo Mundos Nuevos*, 2008. Disponível em <https://journals.openedition.org/nuevomundo/11152>. Acesso em 20/8/2021.

____. *La revolución capitalista de Chile*. Santiago, Editorial Universidad Alberto Hurtado, 2012.

GARCÉ, A. "Panorama de la relación entre *think tanks* y partidos políticos en América Latina". *In*: MENDIZABAL, E. & SAMPLE, K. *Dime a quién escuchas... Think tanks y partidos políticos en América Latina*. Perú, Idea. 2009.

GARCÉ, A. & UÑA, G. (comp.). Think tanks *y políticas públicas en Latinoamérica. Dinámicas globales y realidades regionales*. Buenos Aires, Prometeo Libros, 2006.

GENTILI, P.; SANTA MARÍA, V. & TROTTA, N. (ed.). *Golpe en Brasil*: *Genealogía de una farsa*. Buenos Aires, Clacso, 2016.

GIMÉNEZ, M. J. *Direitos humanos e (ou) democracia no Brasil: a ação do Instituto Millenium no âmbito do PNDH3*. Rio de Janeiro, Universidade Federal Rural de Rio de Janeiro, Seropédica, 2015 (Tese de mestrado).

Disponível em <https://tede.ufrrj.br/jspui/handle/jspui/3298>. Acesso em 20/8/2021.

GIMÉNEZ, M. J. "La acción del Instituto Millenium como guardián mediático del consenso liberal en Brasil: los derechos humanos en cuestión". *Revue Interdisciplinaire de Travaux sur les Amériques*, n. 11, 2018. Disponível em <http://www.revue-rita.com/resumes-de-recherche-11/la-accion-del-instituto-millenium-como-guardian-mediatico-del-consenso-liberal-en-brasil-los-derechos-humanos-en-cuestion-maria-julia-gimenez.html>. Acesso em 20/8/2021.

_____. "A criação da Fundación Internacional para la Libertad: entre o fracasso e a contraofensiva neoliberal na América Latina". *In*: BOHOSLAVSKY, E.; SÁ MOTTA, R. & BOISARD, S. (org.). *Pensar as direitas na América Latina*. São Paulo, Alameda, 2019a, pp. 121- 142.

_____. "Derechas liberales en red: ¿Qué hay de nuevo, viejo?". *In*: BOHOSLAVSKY, E. (org.). *Actas y comunicaciones UNGS. Las derechas en el Cono sur, siglo XX. Actas del VIII Taller de Discusión*. Universidad Nacional de General Sarmiento, Los Polvorines, 2019b.

_____. *Navegar el Atlantico a contramera: la Fundación Internacional para la Libertad y la agenda liberal ofensiva en América Latina (2002--2016)*. Campinas, Universidade Estadual de Campinas, 2021 (Tese de doutorado). Disponível em <https://www.repositorio.unicamp.br/acervo/detalhe/1169356>. Acesso em 20/8/2021.

GIMÉNEZ, M. J. & CRUZ, A. K. "¿Nuevos problemas, viejas palabras? La traducción del discurso anticomunista en América Latina: el caso del V Foro Atlántico de la Fundación Internacional para la Libertad (2008)". *Les Cahiers de Framespa*, n. 36, 2021. Disponível em <http://journals.openedition.org/framespa/10434>. Acesso em 20/8/2021.

GIORDANO, V. "¿Qué hay de nuevo en las 'nuevas derechas'?". *Nueva Sociedad*, n. 254, 2014, pp. 46-56.

GONZALES, M. H.; PAUTZ, H. & STONE, D. "Think tanks in hard times: The global financial crisis and economic advice". *Policy and Society*, 2018, pp. 125-139. Disponível em <https://doi.org/10.1080/14494035.2018.148 7181>. Acesso em 20/8/2021.

GRAMSCI, A. *Cadernos do cárcere*, vol. 1. Ed. e trad. C. N. Coutinho; L. S. Henriques; M. A. Nogueira. Rio de Janeiro, Civilização Brasileira, 1999.

GRAMSCI, A. *Cadernos do cárcere*, vol. 2. Ed. e trad. C. N. Coutinho; L. S. Henriques; M. A. Nogueira. Rio de Janeiro, Civilização Brasileira, 2000a.

____. *Cadernos do cárcere*, vol. 3. Ed. e trad. C. N. Coutinho; L. S. Henriques; M. A. Nogueira. Rio de Janeiro, Civilização Brasileira, 2000b.

____. *Cadernos do cárcere*, vol. 4. Ed. e trad. C. N. Coutinho; L. S. Henriques; M. A. Nogueira. Rio de Janeiro, Civilização Brasileira, 2000c.

____. *Cadernos do cárcere*, vol. 5. Ed. e trad. C. N. Coutinho; L. S. Henriques; M. A. Nogueira. Rio de Janeiro, Civilização Brasileira, 2002.

GÓMEZ GIL, C. *Las ONG en España. De la apariencia a la realidad*. Madrid, Catarata, 2005.

____. "ONG'S en crisis y crisis en las ONG'S: un fin de ciclo en el oenegeísmo en España". *Revista Temas para el Debate*, n. 221, 2013. pp. 23-25.

GROS, D. "Institutos liberais, neoliberalismo e políticas públicas na Nova República". Associação Nacional de Pós-Graduação e Pesquisa em Ciências Sociais, 2006.

HAAS, P. "Do regimes matter? Epistemic communities and mediterranean pollution control". *International Organization*, vol. 43. n. 3, 1989, pp. 377-403.

____. "Introduction: Epistemic communities and international policy coordination". *International Organization*, n. 46, 1992.

HAJER, M. "Coaliciones del discurso. El caso de la lluvia ácida en Gran Bretaña". *In*: FISCHER, F. & FORESTER, J. (org.). *El giro argumentativo en política y planificación*. London, University College Press, 1993, pp. 43-76.

____. *The politics of environmental discourse: Ecological modernisation and the policy process*. Oxford, Clarendon Press, 1995.

____. "Democracy in the risk Society? Learning from the new politics of mobility". *Environmental Politics*, n. 3, 1999, pp. 1-23.

HALL, P. "Policy paradigms, social learning and the State: The case of economic policymaking in Britain". *Comparative Politics*, n. 25, 1993, pp. 275-296.

HALL, S. "The Great Moving Right Show". *Marxism Today*, Jan. 1979.

____. *El largo camino de la renovación: el thatcherismo y la crisis de la izquierda*. Madrid, Lengua de Trapo, 2018.

BIBLIOGRAFIA

HARVEY, D. *A brief history of neoliberalism*. Oxford, Oxford University Press. 2005.

HAUCK, J. Think tanks: *quem são, como atuam e qual seu panorama de ação no Brasil*. Belo Horizonte, Programa de Pós-Graduação do Departamento de Ciência Política da Universidade Federal de Minas Gerais, 2015 (Dissertação de mestrado). Disponível em <http://www.bibliotecadigital.ufmg.br/dspace/handle/1843/BUBD-A8ZN9P>. Acesso em 18/8/2021.

_____. "What are 'think tanks'? Revisiting the dilemma of the definition". *Brazilian Political Science Review*, vol. 11, n. 2, São Paulo, 2017. Disponível em <http://dx.doi.org/10.1590/1981-3821201700020006>. Acesso em 18/8/2021.

_____. *Entre campos de poder:* think tanks *e opinião pública*. Pós-Graduação do Departamento de Ciência Política da Universidade Federal de Minas Gerais, 2019 (Tese de doutorado). Disponível em <https://repositorio.ufmg.br/bitstream/1843/BUBD-A8ZN9P/1/disserta__o_juliana_hauck_tts_no_brasil.pdf>. Acesso em 18/8/2021.

HAYEK, F. *The road to serfdom*. Chicago, University of Chicago Press, 1944.

_____. *Law, legislation and liberty*. London, Routledge, 1982.

HINKELAMMERT, F. "Democracia y nueva derecha en América Latina". *Revista Nueva Sociedad*, n. 98, 1988, pp. 134-142. Disponível em <http://nuso.org/revista/98/la-nueva-derecha-latinoamericana/>. Acesso em 18/8/2021.

JANELLO, K. "El Congreso por la Libertad de la Cultura de Europa a Latinoamérica: El caso chileno y la disputa por las 'ideas fuerza' de la Guerra Fría". *Izquierdas*, n. 14, 2012, pp. 14-52.

_____. "Los intelectuales de la Guerra Fría – una cartografía latinoamericana (1953-1962)". *Políticas de la Memoria*, n. 14, 2014, pp. 83-104.

JARA BARRERA, M. "El origen del Centro de Estudios Públicos: importando el liberalismo para una transición ideológica, 1980-1982". *Historia 369*, vol. 9, n. 1, 2019, pp. 225-253.

JESSOP, B. "The continuing ecological dominance of neoliberalism in the crisis". *In*: SAAD-PHILO, A. & YALMAN, G. L. (org.). *Economic transitions to neoliberalism in Middle-Income Countries: Policy dilemmas, economic crises, forms of resistance*. London, Routledge, 2010, pp. 24-38.

KATZ, C. "La nueva estratégia imperial de Estados Unidos". *In*: GANDÁSEGUI, M. (coord.). *Estados Unidos y la nueva correlación de fuerzas internacionales*. Buenos Aires, Clacso, 2016a, pp. 129-124.

___. *Neoliberalismo, neodesenvolvimentismo, socialismo*. São Paulo, Expressão Popular, 2016b.

KATZ, R. & MAIR, P. "El partido Cartel. La transformación de los modelos de partidos y de la democracia de partidos". *Zona Abierta*, n. 108-109, 2004, pp. 8-42.

KELSTRUP, J. D. *Think tanks in Europe: Explaining their development and variation in Germany, the United Kingdom, Denmark and at the EU-level*. PhD, Roskilde, Roskilde University, 2014.

KOLLMANN, S. *Vargas Llosa's fiction and the demons of politics*. Oxford, Peter Lang, 2002.

___. *A Cambridge companion to Mario Vargas Llosa*. Woodbridge, Tamesis, 2014.

LACORTE, R. "Arditi". *In*: LIGUORI, G. & VOZA, P. (org.). *Dicionário gramsciano*. São Paulo, Boitempo, 2017, pp. 81-82.

LAUER, M. "Adiós conservadurismo; bienvenido liberalismo. La nueva derecha en el Perú". *Revista Nueva Sociedad*, n. 98, 1988, pp. 134--142. Disponível em <http://nuso.org/revista/98/la-nueva-derecha-latinoamericana/>. Acesso em 18/8/2021.

LIGUORI, G. & VOZA, P. (org.). *Dicionário gramsciano*. São Paulo, Boitempo, 2017.

LONDOÑO, J. F. "Partidos políticos y *think tanks* en Colombia". *In*: MENDIZABAL, E. & SAMPLE, K. *Dime a quién escuchas... Think tanks y partidos políticos en América Latina*. Perú, Idea, 2009.

LOSURDO, D. *Contra-história do liberalismo*. Aparecida, Ideias & Letras, 2006.

LUNA, J. P. & ROVIRA KALTWASSER, C. (org.). *The resilience of the Latin American Right*. Baltimore, Johns Hopkins University Press, 2014.

MAESTRO, Á. "El régimen de la transición y el capital español en el saqueo de América Latina". *Seminario Geopolítica y Relaciones Internacionales en el siglo XXI*. La Habana, 25 a 27 de abril de 2018.

MALLÓ, O. *El cártel español. Historia crítica de la reconquista de México y América Latina (1898-2008)*. Barcelona, Akal, 2011.

BIBLIOGRAFIA

MATO, D. "Redes de *think tanks*, fundaciones, empresarios, dirigentes sociales, economistas, periodistas y otros profesionales en la promoción de ideas (neo)liberales a escala mundial". *In*: MATO, D. (org.). *Políticas de economía, ambiente y sociedad en tiempos de globalización*. Caracas, Facultad de Ciencias Económicas y Sociales, Universidad Central de Venezuela, 2005, pp. 131-153.

____. "*Think tanks*, fundaciones y profesionales en la promoción de ideas (neo)liberales en America Latina". *Cultura y Neoliberalismo*, 2007, pp. 19-42.

MCGANN, J. *The global "go-to think tanks". The leading public policy research organizations in the world*. Filadelfia, Think Tanks and Civil Societies Programs, 2015. Disponível em <www.gotothinktank.com/thinktank>. Acesso em 18/8/2021.

MCGANN, J. & WEAVER, K. (org.). *Think tanks and civil societies: catalysts for ideas and action*. New Brunswick/London, Transactions Publishers, 2002.

MERCADO, A. "*Think tanks*, democracia y estrategias de la democracia venezolana". In: *Intelectuales, democracia y derechas,* Buenos Aires, Clacso, 2020, pp. 161-178.

MEDVETZ, T. "The strength of weekly ties: Relations of material and symbolic exchange in the conservative movement". *Politics & Society*, n. 34, 2006, pp. 343-368.

____. *Think tanks as an emergent field*. New York, Social Research Council, 2008.

____. "Public policy is like having a vaudeville act: languages of duty and difference among think tank-afilliated policy experts". *Qualitative Sociology*, n. 33, 2010, pp. 549-562. Disponível em <https://link.springer.com/article/10.1007/s11133-010-9166-9>. Acesso em 18/8/2021.

____. *Think tanks in America*. Chicago, University of Chicago Press, 2012.

MIGNOLO, W. *Historias locales/diseños globales. Colonialidad, conocimientos subalternos y pensamiento fronterizo*. Madrid, Akal, 2003.

MIROWSKI, P. "The neoliberal ersatz Nobel Prize". *In*: MIROWSKI, P.; PLEHWE, D. & SLOBODIAN, Q. *Nine lives of neoliberalism*. London/New York, Verso Book, 2020, pp. 219-226.

MIROWSKI, P. & PLEHWE, D. (ed.). *The road to Mont Pèlerin. The making of the neoliberal thought collective.* Cambridge, Harvard University Press, 2009.

MISES, L. *La acción humana.* 10. ed. Madrid, Unión Editorial, 2011.

MONCADA, S. "Derecha intelectual y grupos empresários". *Revista Nueva Sociedad,* n. 98, 1988, pp. 116-122. Disponível em <http://nuso.org/revista/98/la-nueva-derecha-latinoamericana/>. Acesso em 18/8/2021.

MORAES, R. C. *Neoliberalismo: De onde vem, para onde vai?.* São Paulo, Senac, 2001.

____. "A organização das células neoconservadoras de agitprop". *In*: VELASCO E CRUZ, S.; CRUZ, A. & CODAS, G. (org.). *Direita, volver!: o retorno da direita e o ciclo político brasileiro.* São Paulo, Fundação Perseu Abramo, 2015, pp. 231-246.

MORRESI, S. "Neoliberales antes del neoliberalismo". *In*: SOPRANO, G. & FREDERIC, S. (org.). *Construcción de escalas en el estudio de la política.* Buenos Aires/Los Polvorines, Prometeo/UNGS, 2007, pp. 321-350.

____. *La nueva derecha Argentina: La democracia sin política.* Buenos Aires, Biblioteca Nacional/UNGS, 2008.

MOTTA, R. *Em guarda contra o "perigo vermelho": o anticomunismo no Brasil (1917-1964).* São Paulo, Universidade de São Paulo, 2000 (Tese de doutorado).

MUSSI, D. & BIANCHI, A. "Os inimigos de Gramsci". *Revista Jacobin Brasil: Marx & Companhia,* 2019. Disponível em <https://jacobin.com.br/2020/04/osinimigos-de-gramsci/>. Acesso em 15/8/ 2021.

NIKOLAJCZUK, M. & PREGO, F. "Las ciencias sociales frente al avance de las 'nuevas' derechas en América Latina en el siglo XXI". *Leviathan | Cuadernos de Investigación Política,* n. 14, 2017, pp. 1-25.

____. "¿Nuevos actores en las 'nuevas' derechas del siglo XXI en América Latina? Los casos del macrismo en Argentina (2015) y el bolsonarismo en Brasil (2018)". *In*: FALERO, A.; QUEVEDO, C. & SOLER, L. *Intelectuales, democracia y derechas.* Buenos Aires, Clacso, 2020, pp. 221-237.

NYE, J. *The paradox of american power.* Oxford, Oxford University Press, 2002.

ONG, A. "Neoliberalism as a mobile technology". *Transactions of the Institute of British Geographers,* n. 32, 2007, pp. 3-8. Disponível em <http://dx.doi.org/10.1111/j.1475-5661.2007.00234.x>. Acesso em 18/8/2021.

BIBLIOGRAFIA

ONOFRE, G. *O papel de intelectuais na propagação do liberalismo econômico na segunda metade do século XX*. Niterói, Universidade Federal Fluminense, 2018 (Tese de doutorado).

PANIZZA, F. "La marea rosa". *Análisis de Conjuntara OPSA*, n. 8, 2006.

PAUTZ, H. "Scottish think-tanks and policy networks". *Scottish Affairs*, n. 58, 2007, pp. 57-77.

____. *Think-tanks and public policy in the UK and Germany. A case study of the development of social policy discourses of the Labour Party and SPD between 1992 and 2005*. Glasglow, Glasgow Caledonian University, 2008 (Tese de doutorado).

____. "Revisiting the think-tank phenomenon". *Public Policy and Administration*, n. 26, 2011, pp. 419-435.

____. "Managing the crisis? Think-tanks and the British response to global financial crisis and Great Recession". *Critical Policy Studies*, n. 11, 2017, pp. 191-210.

____. "Think tanks, Tories and the austerity discourse coalition". *Policy and Society*, n. 37, 2018, pp. 155-169.

PELFINI, A. "Del cosmopolitismo 'atlántico' al cosmopolitismo minimalista. La subjetivación de América Latina en una Modernidad Plural". *Devenires, Revista de Filosofía y Filosofía de la Cultura*, n. 28, 2013, pp. 13-38.

PINILLA, J. P. "*Think Tanks*, saber experto y formación de agenda política en el Chile actual". *Polis, Revista de la Universidad Bolivariana*, vol. 11, n. 32, 2012, pp. 119-140.

PIÑERO, M. "Cartas de Santa Fe: enseñanzas y estrategias para la construcción del neoliberalismo en América Latina". *Revista de Estudios Internacionales*, vol. 2, n. 1, 2020.

PLEHWE, D. "Introduction". *In*: MIROWSKI, P. & PLEHWE, D. (ed.). *The road to Mont Pèlerin. The making of the neoliberal thought collective*. Cambridge, Harvard University Press, 2009.

____. "Transnational discourse coalitions and monetary policy: Argentina and the limited powers of the Washington Consensus". *Critical Policy Studies*, n. 5, 2011, pp. 127-148.

PLEHWE, D. "Think tanks in America". *Critical Policy Studies*, vol. 4, n. 7, 2013, pp. 471-474.

PLEHWE, D. "Coaliciones discursivas transnacionales y política monetaria. Argentina y los poderes limitados del Consenso de Washington". *Anuario de Estudios Políticos Latinoamericanos*, n. 2. Bogotá, Universidad Nacional de Colombia, 2015, pp. 125-166.

PLEHWE, D.; NEUNHÖFFER, G. & WALPEN, B. (ed.). *Neoliberal hegemony. A global critique*. London, Routledge, 2006.

PLEHWE, D. & WALPEN, B. "Between network and complex organization: The making of neoliberal knowledge and hegemony". *In*: PLEHWE, D.; WALPEN, B. & NEUNHÖFFER (ed.). *Neoliberal hegemony: A global critique*. London, Routledge, 2006, pp. 27-50.

PONSA, F. *Evolució històrica i models de* think tanks *a Catalunya. El cas de les fundacions dels partits polítics*. Barcelona, Universitat Pompeu Fabra, 2015 (Tese de doutorado). Disponível em <http://hdl.handle.net/10803/132695>. Acesso em 18/8/2021.

PONSA, F. & GONZÁLEZ-CAPITEL, J. *Radiografía de los* think tanks *en España*. Madrid, Funciva, 2015.

PRESTIPINO, G. "Tradução". *In*: LIGUORI, G. & VOZA, P. (org.). *Dicionário gramsciano*. São Paulo, Boitempo, 2017, pp. 1.537-1.542.

PUELLO-SOCARRÁS, J. "Gramática del neoliberalismo: Genealogía y claves para su desciframiento". *Economía, Gestión y Desarrollo*, n. 5, 2007, p. 177-204.

____. "Del homo oeconomicus al homo redemptori: Emprendimiento y Nuevo Neo-liberalismo". *Revista Otra Economía*, vol. 4, n. 6, 2010, pp. 20-55.

____. "Ocho tesis sobre el neoliberalismo". *In*: RAMÍREZ, H. (org.). *O neoliberalismo sul-americano em clave transnacional: enraizamento, apogeu e crise*. São Leopoldo, Oikos/Editora Unisinos, 2013, pp. 13-57.

QUINTANA, C. "El referéndum de 2003 en Colombia. Sectores en pugna y movilización política ante un intento de reforma del Estado". XXVII Congresso da Associação Latino-Americana de Sociologia. VIII Jornadas de Sociologia de la Universidad de Buenos Aires. Buenos Aires, Asociación Latinoamericana de Sociologia, 2009.

RAMÍREZ, H. *Os institutos de estudos econômicos de organizações empresariais e sua relação com o Estado em perspectiva comparada: Argentina e Brasil,*

BIBLIOGRAFIA

1961-1996. Porto Alegre, Universidade Federal de Rio Grande do Sul, 2005 (Tese de doutorado).

RAMÍREZ, H. *Corporaciones en el poder. Institutos económicos y acción política en Brasil y Argentina: IPES, FIEL y Fundación mediterránea.* Buenos Aires, Lenguaje Claro, 2011.

____. *O neoliberalismo sul-americano em clave transnacional: enraizamento, apogeu e crise.* São Leopoldo, Oikos/Editora Unisinos, 2013.

RAMOS, L. "Ordem e poder na economia política global: a contribuição neogramsciana". *Contexto Internacional*, vol. 34, n. 1, 2012.

RECUERO, R. "Contribuições da análise de redes sociais para o estudo das redes sociais na internet: o caso da *hashtag* #Tamojuntodilma e #CalaabocaDilma". *Revista Fronteiras: Estudos Midiáticos*, n. 16, 2014, pp. 60-77. Disponível em <http://www.raquelrecuero.com/fronteirasrecuero2014.pdf>. Acesso em 18/8/2021.

REGADAS LUIZ, J. "*Think tanks* nos Estados Unidos e teoria crítica do Estado". *Revista Espacio Abierto*, vol. 24, n. 2, 2015, pp. 275-296.

RIBEIRO, M. V. *A história da confederação anticomunista latino-americana durante as ditaduras de segurança nacional (1972-1979).* Marechal Cândido Rondon, Universidade Estadual do Oeste do Paraná, 2018 (Tese de doutorado).

RIGOLIN DIAZ, C. & INNOCENTINI, M. "Por dentro de los 'depósitos de ideas': una agenda de investigación para los *think tanks* brasileños". *La Liinc en Revista*, vol. 8, n. 1, 2012. Disponível em <http://revista.ibict.br/liinc/index.php/liinc/article/view/460>. Acesso em 20/8/2021.

ROCHA, C. "Direitas em rede: *think tank* de direita na América Latina". *In*: VELASCO E CRUZ, S.; CRUZ, A. K. & CODAS, G. (org.). *Direita, volver! O retorno da direita e o ciclo político brasileiro.* São Paulo, Fundação Perseu Abramo, 2015, pp. 261-278.

____. "Passando o bastão: a nova geração de liberais brasileiros". *Nuevo Mundo Mundos Nuevos*, 2017. Disponível em <http://journals.openedition.org/nuevomundo/71327>. Acesso em 18/8/2021.

____. *"Menos Marx, mais Mises": uma gênese da nova direita brasileira (2006--2018).* São Paulo, Faculdade de Filosofia, Letras e Ciências Humanas da Universidade de São Paulo, 2019 (Tese de doutorado).

ROMERO, L. J. *El pensamiento político de la derecha latinoamericana.* Buenos Aires, Paidós, 1970.

ROMO, H. "Los orígenes del neoliberalismo: Del Coloquio Lippmann a la Sociedad del Mont-Pèlerin". *Economía Unam*, vol. 15, n. 43, 2018, pp. 7- 42.

ROSTICA, J. "La Confederación Anticomunista Latinoamericana: Las conexiones civiles y militares entre Guatemala y Argentina (1972--1980)". *Desafíos*, vol. 30, n. 1, 2018, pp. 309-347.

ROVIRA KALTWASSER, C. "La derecha en América Latina y su lucha contra la adversidad". *Nueva Sociedad*, n. 254, 2014, pp. 34-45.

SAFERSTEIN, E. "El espacio editorial y la construcción autoral. Enrique Krauze como figura intelectual, autor y editor". *In*: FALERO, A.; QUEVEDO, C. & SOLER, L. *Intelectuales, democracia y derechas*. Buenos Aires, Clacso, 2020, pp. 115-129.

SALAZAR PÉREZ, R. "Los avatares del Plan Colombia, Plan dignidad y el Plan Puebla Panamá Convergencia". *Revista de Ciencias Sociales*, vol. 9, n. 30, 2002. Disponível em <https://www.redalyc.org/pdf/105/10503006.pdf>. Acesso em 20/8/2021.

SALINAS FIGUEREDO, D. "Cambios en la ecuación de poder, constantes estratégicas estadounidenses y procesos políticos en América Latina". *In*: GANDÁSEGUI, M. *Estados Unidos y la nueva correlación de fuerzas internacional*. Buenos Aires, Clacso, 2016, pp. 323-348.

SILVA, T. T. *Os think tanks e sua influência na política externa dos EUA: a arte de pensar o impensável*. Rio de Janeiro, Revan, 2007.

STONE, D. *Capturing the political imagination: think tanks and the policy process*. London, Frank Cass, 1996.

____. "The new networks of knowledge: Think tanks and the transnationalization of governance". *The Social Science Research Council*, 2008.

SVAMPA, M. "Civilización o barbarie: De 'dispositivo de legitimación' a 'gran relato'". Seminario de Mayo/200 años de Historia Argentina, 2010. Disponível em <http://www.maristellasvampa.net/archivos/ensayo48.pdf>. Acesso em 18/8/2021.

TATAGIBA, L. & GALVÃO, A. "Os protestos no Brasil em tempos de crise (2011-2016)". *Opinião Pública*, vol. 25, n. 1, 2019, pp. 63-96.

THWAITES REY, M. & OUVIÑA, H. "Notas sobre la disputa hegemónica y el sentido común en el largo ciclo de impugnación al neoliberalismo en América Latina". *In*: AA.VV. *Gramsci: la teoría de la hegemonía y las transformaciones políticas recientes en América Latina.* Actas del Simposio Internacional Asunción, 27-28/8/2019. Asunción, Centro de Estudios Germinal, 2019.

TORANZO ROCA, C. "Giro a la derecha. Bolivia en el Vals regional". *Revista Nueva Sociedad,* n. 98, 1988, pp. 161-166. Disponível em <http://nuso. org/revista/98/la-nueva-derecha-latinoamericana/>. Acesso em 18/8/2021.

____. "Partidos políticos y *think tanks* en Bolivia". *In:* MENDIZABAL, E. & SAMPLE, K. (org.). *Dime a quién escuchas... Think tanks y partidos políticos en América Latina.* Perú, Idea, 2009.

VALIM, R.; MARTINS, C. & MARTINS, V. *Lawfare: uma introdução.* São Paulo, Contracorrente, 2019.

VAN DER PIJL, K. *Transnational classes and international relations.* London/ New York, Routledge, 1998.

VAN HORN, R. & MIROWSKI, P. "The rise of the Chicago School of Economics and the birth of neoliberalism". *In:* MIROWSKI, P. & PLEHWE, D. (org.). *The road to Mont Pèlerin. The Making of the neoliberal thought collective.* Cambridge, Harvard University Press, 2009.

VARGAS LLOSA, M. *Peixe na água.* Rio de Janeiro, Companhia das Letras, 1994.

____. *La utopía arcaica.* México, Fondo de Cultura Economica, 1996.

____. *Diccionario de un amante de América Latina.* Barcelona, Ediciones Paidós, 2006.

____. *La llamada de la tribu.* Madrid, Alfaguara, 2018.

VARSORI, A. "Atlantismo y europeísmo". *Ayer,* n. 77, 2010, pp. 145-174.

VELASCO E CRUZ, S.; CRUZ, A. K. & CODAS, G. (org.). *Direita, volver! O retorno da direita e o ciclo político brasileiro.* São Paulo, Fundação Perseu Abramo, 2015.

VICENTE, M. *De la refundación al ocaso: Los intelectuales liberal- -conservadores ante la última dictadura.* La Plata, Universidad Nacional de La Plata, 2015. Disponível em <https://www.memoria.fahce.unlp. edu.ar/libros/pm.406/pm.406.pdf>. Acesso em 18/8/2021.

WALPEN, B. *Die offenen Feinde und ihre Gesellschaft. Eine hegemonietheo- -retische Studie zur Mont Pèlerin Society.* Hamburg, VSA-Verlag, 2004.

WEAVER, R. K. "The changing world of think tank". *Political Science and Politics*, 1989, pp. 563-578.

ZANINI, C. *et al. Lawfare: uma introdução*. São Paulo, Contracorrente, 2019.

FONTES

AGUINIS, M. "Foro Atlántico: Nota I de IV. EE.UU. y Europa, una relación que va mucho más allá de Irak". *La Nación,* 22 de julho 2004a. Disponível em <https://www.lanacion.com.ar/el-mundo/eeuu-y-europa-una-relacion-que-va-mucho-mas-alla-de-irak-nid620694/>. Acesso em 16/1/2019.

_____. "El I Foro Atlántico / Nota III de IV. El terrorismo, el enemigo en la nueva guerra mundial". *La Nación,* 24 de julho de 2004b. Disponível em: <https://www.lanacion.com.ar/el-mundo/el-terrorismo-el-enemigo-en-la-nueva-guerra-mundial-nid621311>. Acesso em 16/1/2019.

_____. "III Foro Atlántico". Madrid, 5 de julho de 2006. Disponível em <https://web.archive.org/web/20060831130601/http://www.eldiarioexterior.com/ForoAtlantico/videos/IIIForoAtlantico.htm>. Acesso em 17/5/2020.

AGUIRRE, E. "Homenaje a Guillermo Cabrera Infante". In: IZQUIERDO JUÁREZ, P. (coord.). "Cuba: ¿de la dictadura a la democracia?". *Estudios Iberoamericanos,* n. 10. Madrid, 2009.

ALFONSO, R. "Panel II. Seminario Internacional América Latina: Desafíos y oportunidades". Lima, Universidad de Lima, 24 de março de 2014. Disponível em <https://www.youtube.com/watch?v=wHcoqNUi9no>. Acesso em 15/12/2019.

ATLAS. "Think tanks and civil society: Workshop in Argentina". *Highlights,* primavera de 1998. Disponível em <http://web.archive.org/web/20120502082809/http://atlasnetwork.org/wp-content/uploads/2009/01/1998_h-spring1.pdf>. Acesso em 15/5/2018.

ATLAS. "Mario Vargas Llosa". Disponível em <http://web.archive.org/web/20101211181505/http://atlasnetwork.org:80/blog/2010/12/mario-vargas-llosa/>. Acesso em 8/1/2021.

AZNAR, J. M. "Discurso clausura, III Foro Atlántico. Madrid, 5 de julho de 2006. Disponível em: <https://web.archive.org/web/20060831130601/http://www.eldiarioexterior.com/ForoAtlantico/videos/IIIForoAtlantico.htm>. Acesso em 17/5/2020.

BERNALDO DE QUIRÓS, L. "La amenaza neopopulista". 2002. Disponível em: <https://www.elcato.org/la-amenaza-neopopulista>. Acesso em 17/5/2020.

____. "Panel III. Seminario Internacional América Latina: Desafíos y oportunidades". Lima, Universidade de Lima, 24 de março de 2014. Disponível em <https://www.youtube.com/watch?v=MLe3byDjLnc>. Acesso em 15/12/2019.

BONGIOVANNI, G. "Presentación: un mundo con Mario". BONGIOVANNI, G. & VARGAS LLOSA, A. *Ideas en libertad. Homenaje de 80 autores a Mario Vargas Llosa.* LID Editora, 2016.

BOUCHEY, L. F. *et al.* "Documento de Santa Fe I. Las relaciones interamericanas: escudo de la seguridad del nuevo mundo y espada de la proyección del poder global de Estados Unidos". Santa Fe, 1981.

____. "Documento de Santa Fe II. Una estrategia para América Latina en la década de 1990". Santa Fe, 1989.

BUSTAMANTE BELAUNDE, L. "Panel I. Seminario Internacional América Latina: Desafíos y oportunidades". Lima, Universidade de Lima, 24 de março de 2014. Disponível em <https://www.youtube.com/watch?v=O3dtnypyH5M>. Acesso em 15/12/2019.

CABRERA INFANTE, M. "Homenaje a Guillermo Cabrera Infante". *In*: IZQUIERDO JUÁREZ, P. (coord.). "Cuba: ¿de la dictadura a la democracia?". *Estudios Iberoamericanos*, n. 10. Madrid, 2009.

CALDERÓN, F. "Panel I. Seminario Internacional América Latina: Desafíos y oportunidades". Lima, Universidade de Lima, 24 de março de 2014. Disponível em <https://www.youtube.com/watch?v=O3dtnypyH5M>. Acesso em 15/12/2019.

CASTAÑEDA, J. "Las dos izquierdas latinoamericanas". *La Nación*, 4 de janeiro 2005. Disponível em <https://www.lanacion.com.ar/opinion/las-dos-izquierdas-latinoamericanas-nid668263/>. Acesso em 4/5/2021.

FONTES

CASTAÑEDA, J. "III Foro Atlántico". Madrid, 5 de julho de 2006. Disponível em <https://web.archive.org/web/20060831130601/http://www. eldiarioexterior.com/ForoAtlantico/videos/IIIForoAtlantico.htm>. Acesso em 17/5/2020.

CHAFUÉN, A. "Atlas Economic Research Foundation early history: Thirty years ago at Atlas". S/d. Disponível em <http://www.chafuen.com/atlas-economic-research-foundation-early-history>. Acesso em 15/5/2018.

____. "Atlas workshop in Jamaica". S/d. Disponível em <http://www. chafuen.com/atlas-economic-research-foundation-early-history/atlas-workshop-in-jamaica>. Acesso em 7/7/2020.

____. "From intellectual entrepreneur to institute leader". *Atlas Year in Review*, outono de 2004, pp. 18-19. Disponível em <https://www.atlasnetwork. org/assets/uploads/annual-reports/2004yearinreview.pdf>. Acesso em 9/10/2019.

____. "Hope Amid Turmoil in Latin America?". In: *Atlas Highlights*, vol. 1, n. 6-7, verão de 2006. Disponível em <http://web.archive. org/web/20120510215733/http://atlasnetwork.org/wp-content/ uploads/2009/01/2006_h-spring.pdf>. Acesso em 29/4/2019.

____. "The talents of intellectual entrepreneurs", 7 de janeiro de 2015. Disponível em <https://www.forbes.com/sites/alejandrochafuen/2015/01/07/ the-talents-of-intellectual-entrepreneurs/#48fae36be513>. Acesso em 1/9/2020.

____. "Abriendo las puertas del mundo liberal". *In*: BONGIOVANNI, G & VARGAS LLOSA, A. *Ideas en libertad. Homenaje de 80 autores a Mario Vargas Llosa.* Madrid, LID, 2016a.

____. "Seminario Internacional Mario Vargas Llosa: Ideas, cultura y libertad". 28 de março de 2016b. Disponível em <https://www.youtube.com/ watch?v=uG0hpWZeVD4>. Acesso em 15/12/2019.

CORTES, M. A. "III Foro Atlántico". Madrid, 5 de julho de 2006. Disponível em <https://web.archive.org/web/20060831130601/http://www. eldiarioexterior.com/ForoAtlantico/videos/IIIForoAtlantico.htm>. Acesso em 17/5/2020.

ESPAÑA. Lei 50/2002 de Fundaciones. Madrid, 26 de dezembro de 2002. Disponível em <https://www.boe.es/eli/es/l/2002/12/26/50>. Acesso em 15/2/2018.

ESPAÑA. *Boletín Oficial del Estado* n. 60, 4408. Madrid, 10 março de 2004. Disponível em <https://www.boe.es/diario_boe/txt.php?id=BOE-A-2004-4409>. Acesso em 15/2/2018.

FALKOFF, M. "III Foro Atlántico". Madrid, 5 de julho de 2006. Disponível em <https://web.archive.org/web/20060831130601/http://www.eldiarioexterior.com/ForoAtlantico/videos/IIIForoAtlantico.htm>. Acesso em 17/5/2020.

FIL. "Seminario Iberoamérica: Crisis y perspectivas. El papel de las ideas en las transformaciones políticas y económicas". Madrid, 14 de outubro de 2002. Disponível em <https://web.archive.org/web/20030420215545/http://www.fundacionfil.org:80/eventos.htm>. Acesso em 15/2/2018.

____. "Conferencia Internacional: Una visión moderna para América Latina". Washington, 30 de setembro de 2003a. Disponível em: <https://web.archive.org/web/20041217141041/http://www.fundacionfil.org/eventos2.htm>. Acesso em 11/5/2020.

____. "Seminario Internacional: Las amenazas a la democracia en América Latina: Terrorismo, neopopulismo y debilidad del Estado de Derecho". Bogotá, 6 e 7 de novembro de 2003b. Disponível em <https://web.archive.org/web/20041009192944/http://www.fundacionfil.org/eventos.htm>. Acesso em 11/5/2020.

____. "Imágenes del Seminario Internacional". Bogotá, 6 e 7 de novembro de 2003c. Disponível em <https://web.archive.org/web/20060819101300/http://www.fundacionfil.org/eventosimagenes.htm>. Acesso em 7/5/2020.

____. "El Caso Venezolano". Bogotá, 2003d. Disponível em <https://web.archive.org/web/20040810135303/http:/www.fundacionfil.org/eventos.htm>. Acesso em 7/5/2020.

____. "Manifiesto sobre Cuba". 2003e. Disponível em <http://web-old.archive.org/web/20030421040313/http://www.fundacionfil.org/declaracion/cuba.html>. Acesso em 14/12/2020.

____. "III Foro Atlántico". 5 de julho de 2006. Disponível em <https://web.archive.org/web/20080212164656/http://www.fundacionfil.org/3foropasado.htm>. Acesso em 17/5/2020.

____. "La Fundación Internacional para la Libertad y un grupo de intelectuales de América Latina condenan la conducta antidemocrática del chavismo".

2009. Disponível em <http://web-old.archive.org/web/20090727173530/http://www.cedice.org.ve/detalle.asp?id=3026>. Acesso em 14/10/2020.

_____. "Alterações do Estatuto". Madrid, Registro de Fundações da Espanha, 15 de outubro de 2012.

_____. "Presentación de Cuentas Anuales y Memorias Simplificada". Madrid, Registro de Fundações da Espanha, 2014.

_____. "Presentación de Cuentas Anuales y Memorias Simplificada". Madrid, Registro de Fundações da Espanhaa, 2015.

_____. "Presentación de Cuentas Anuales y Memorias Simplificada". Madrid, Registro de Fundações da Espanha, 2016.

_____. "Que la pandemia no sea un pretexto para el autoritarismo". 20 de abril de 2020. Disponível em <https://fundacionfil.org/manifiesto-fil/>. Acesso em 15/12/2020.

FLORES, F. "III Foro Atlántico". Madrid, 5 de julho de 2006. Disponível em <https://web.archive.org/web/20060831130601/http://www.eldiarioexterior.com/ForoAtlantico/videos/IIIForoAtlantico.htm>. Acesso em 17/5/2020.

FONTAINE, A. "Panel III. Seminario Internacional América Latina: Desafíos y oportunidades". Lima, Universidade de Lima, 24 de março de 2014. Disponível em <https://www.youtube.com/watch?v=MLe3byDjLnc>. Acesso em 15/12/2019.

GARCIA DELGADO, J. L. "Panel III. Seminario Internacional América Latina: Desafíos y oportunidades". Lima, Universidade de Lima, 24 de março de 2014. Disponível em <https://www.youtube.com/watch?v=MLe3byDjLnc>. Acesso em 15/12/2019.

GHERSI, E. "III Foro Atlántico". Madrid, 5 de julho de 2006. Disponível em <https://web.archive.org/web/20060831130601/http://www.eldiarioexterior.com/ForoAtlantico/videos/IIIForoAtlantico.htm>. Acesso em 17/5/2020.

GUIJARRO, R. "III Foro Atlántico". Madrid, 5 de julho de 2006. Disponível em <https://web.archive.org/web/20060831130601/http://www.eldiarioexterior.com/ForoAtlantico/videos/IIIForoAtlantico.htm>. Acesso em 17/5/2020.

HAYEK, F. "The intellectuals and socialism". *University of Chicago Law Review*, vol. 16, 1949, pp. 417-433. Disponível em <https://chicagounbound.

uchicago.edu/cgi/viewcontent.cgi?article=2555&context=uclrev>. Acesso em 29/4/2019.

____. "Letter to Anthony Fisher". 1 de janeiro de 1980. Disponível em <http://www.margaretthatcher.org/document/117149>. Acesso em 29/4/2019.

IRIONDO, S. "No hay economía y derecho sin libertad". *In*: IZQUIERDO JUÁREZ, P. (coord.). "Cuba: ¿de la dictadura a la democracia?". *Estudios Iberoamericanos*, n. 10. Madrid, 2009.

ITURGAIZ, C. "Seminario Internacional". Bogotá, 6 e 7 de novembro de 2003. Disponível em <https://web.archive.org/web/20041012050352/http://www.fundacionfil.org/articulos/ponenciasiturgaiz.htm>. Acesso em 10/12/2020.

IZQUIERDO JUÁREZ, P. (coord.) "Cuba: ¿de la dictadura a la democracia?". *Estudios Iberoamericanos*, n. 10. Madrid, 2009.

____. "Un americano español". Cato Institute, 27 de outubro de 2010. Disponível em <https://web.archive.org/web/20201220162150/https://www.elcato.org/un-americano-espanol>. Acesso em 4/5/2021.

JOHNSON, S. "Seminario Internacional". Bogotá, 6 e 7 de novembro de 2003. Disponível em <https://web.archive.org/web/20041012050917/http://www.fundacionfil.org/articulos/ponenciasjohnson.htm>. Acesso em 7/5/2020.

KRAUZE, E. "Seminario Internacional". Bogotá, 6 e 7 de novembro de 2003. Disponível em <https://web.archive.org/web/20041212211726/http://www.fundacionfil.org/articulos/ponenciaskrauze.htm>. Acesso em 7/5/2020.

LACALLE, L. A. "Seminario Internacional Mario Vargas Llosa: Ideas, cultura y libertad". 28 de março de 2016. Disponível em <https://www.youtube.com/watch?v=uGohpWZeVD4>. Acesso em 15/12/2019.

LAMAÑA, M. B. "Compromiso con la democracia en Cuba". *In*: IZQUIERDO JUÁREZ, P. (coord.). "Cuba: ¿de la dictadura a la democracia?". *Estudios Iberoamericanos*, n. 10. Madrid, 2009.

LARRAÑAGA, J. "Panel II. Seminario Internacional América Latina: Desafíos y oportunidades". Lima, Universidade de Lima, 24 de março de 2014. Disponível em <https://www.youtube.com/watch?v=wHcoqNUi9no>. Acesso em 15/12/2019.

FONTES

LARROULET, C. "III Foro Atlántico". Madrid, 5 de julho de 2006. Disponível em <https://web.archive.org/web/20060831130601/http://www. eldiarioexterior.com/ForoAtlantico/videos/IIIForoAtlantico.htm>. Acesso em 17/5/2020.

LLORENS, H. "Cuba, una responsabilidad internacional". *In*: IZQUIERDO JUÁREZ, P. (org.). "Cuba: ¿de la dictadura a la democracia?". *Estudios Iberoamericanos*, n. 10. Madrid, 2009.

LONDOÑO HOYOS, F. "Seminario Internacional". Bogotá, 6 e 7 de novembro de 2003. Disponível em <https://web.archive.org/web/20041012053337/ http:/www.fundacionfil.org/articulos/ponenciaslond.htm>. Acesso em 7/5/2020.

LUCIER, J. P. *et al.* "Documento de Santa Fe IV. El futuro de América". Santa Fe, 2003.

MACHADO, M. C. "Panel II. Seminario Internacional América Latina: Desafíos y oportunidades". Lima, Universidade de Lima, 24 de março de 2014. Disponível em <https://www.youtube.com/ watch?v=wHcoqNUi9no>. Acesso em 15/12/2019.

MACRI, M. "Panel II. Seminario Internacional América Latina: Desafíos y oportunidades". Lima, Universidade de Lima, 24 de março de 2014. Disponível em <https://www.youtube.com/watch?v=wHcoqNUi9no>. Acesso em 15/12/2019.

MARTINS, A. "Seminario Internacional". Bogotá, 6 e 7 de novembro de 2003. Disponível em: <https://web.archive.org/web/20041012062452/http:// www.fundacionfil.org/articulos/ponenciasamerico.htm>. Acesso em 7/5/2020.

MONTANER, C. A. "Cazar a Drácula". 2002. Disponível em <http:// web.archive.org/web/20021030104313/http://www.fundacionfil.org/ fundacion/fil/dracula.html>. Acesso em 30/2/2018.

_____. "Cuba: La transición o el desastre". *In*: IZQUIERDO JUÁREZ, P. (coord.). "Cuba: ¿de la dictadura a la democracia?". *Estudios Iberoamericanos*, n. 10. Madrid, 2009.

_____. "Panel III. Seminario Internacional América Latina: Desafíos y oportunidades". Lima, Universidade de Lima, 24 de março de 2014. Disponível em <https://www.youtube.com/watch?v=MLe3byDjLnc>. Acesso em 15/12/2019.

MONTANER, C. A. "Seminario Internacional Mario Vargas Llosa: Ideas, cultura y libertad". 28 de março de 2016. Disponível em <https://www.youtube.com/watch?v=uGohpWZeVD4>. Acesso em 15/12/2019.

ORTIZ, O. "Panel II. Seminario Internacional América Latina: Desafíos y oportunidades". Lima, Universidade de Lima, 24 de março de 2014. Disponível em <https://www.youtube.com/watch?v=wHcoqNUi9no>. Acesso em 15/12/2019.

PIÑERA, S. "Panel I. Seminario Internacional América Latina: Desafíos y oportunidades". Lima, Universidade de Lima, 24 de março de 2014. Disponível em <https://www.youtube.com/watch?v=O3dtnypyH5M>. Acesso em 15/12/2019.

POSADA, M. "Seminario Internacional". Bogotá, 6 e 7 de novembro de 2003. Disponível em <https://web.archive.org/web/20041012223551/http://www.fundacionfil.org/articulos/ponenciasposada.htm>. Acesso em 7/5/2020.

QUIROGA, J. "Socialismos nuevos y viejos del siglo XXI". *In*: IZQUIERDO JUÁREZ, P. (coord.). "Cuba: ¿de la dictadura a la democracia?". *Estudios Iberoamericanos*, n. 10. Madrid, 2009.

RAMÍREZ, M. L. "Seminario Internacional". Bogotá, 6 e 7 de novembro de 2003. Disponível em <https://web.archive.org/web/20041217141926/http://www.fundacionfil.org/articulos/ponenciasministro.htm>. Acesso em 7/5/ 2020.

RAMÍREZ, S. "Panel III. Seminario Internacional América Latina: Desafíos y oportunidades". Lima, Universidade de Lima, 24 de março de 2014. Disponível em <https://www.youtube.com/watch?v=MLe3byDjLnc>. Acesso em 15/12/2019.

RIVERO, R. "III Foro Atlántico". Madrid, 5 de julho de 2006. Disponível em <https://web.archive.org/web/20060831130601/http://www.eldiarioexterior.com/ForoAtlantico/videos/IIIForoAtlantico.htm>. Acesso em 17/5/2020.

ROJAS, M. "III Foro Atlántico". Madrid, 5 de julho de 2006. Disponível em <https://web.archive.org/web/20060831130601/http://www.eldiarioexterior.com/ForoAtlantico/videos/IIIForoAtlantico.htm>. Acesso em 17/5/2020.

FONTES

ROJAS, R. "Cultura y libertad. Un diálogo con Mario Vargas Llosa". *In:* IZQUIERDO JUÁREZ, P. (coord.). "Cuba: ¿de la dictadura a la democracia?". *Estudios Iberoamericanos,* n. 10. Madrid, 2009.

SALINAS LEÓN, R. "La Fundación Internacional para la Libertad". 2002. Disponível em <https://www.elcato.org/fundacion-internacional-para-la-libertad>. Acesso em 30/2/2018.

SANTOS, J. M. "Seminario Internacional". Bogotá, 6 e 7 de novembro de 2003. Disponível em <https://web.archive.org/web/20060819101127/http://www.fundacionfil.org/articulos/ponenciassanto.htm>. Acesso em 7/5/2020

SCHULER, F. "Panel V. Seminario Internacional América Latina: Desafíos y oportunidades". Lima, Universidade de Lima, 24 de março de 2014. Disponível em <https://www.youtube.com/watch?v=DjQ_2sSP4_4>. Acesso em 15/12/2019

SCHWARTZ, P. "III Foro Atlántico". Madrid, 5 de julho de 2006. Disponível em <https://web.archive.org/web/20060831130601/http://www.eldiarioexterior.com/ForoAtlantico/videos/IIIForoAtlantico.htm>. Acesso em 17/5/2020.

SECCO, L. "III Foro Atlántico". Madrid, 5 de julho de 2006. Disponível em <https://web.archive.org/web/20060831130601/http://www.eldiarioexterior.com/ForoAtlantico/videos/IIIForoAtlantico.htm>. Acesso em 17/5/2020.

TALVI, E. "III Foro Atlántico". Madrid, 5 de julho de 2006. Disponível em <https://web.archive.org/web/20060831130601/http://www.eldiarioexterior.com/ForoAtlantico/videos/IIIForoAtlantico.htm>. Acesso em 17/5/2020.

THATCHER, M. "Letter to Anthony Fisher (message of support for IEA)". London, 20 de fevereiro de 1980. Disponível em <http://www.margaretthatcher.org/document/117154>. Acesso em 24/3/2019.

____. "MT letter to Hayek (thoughts on the Chilean example)". London, 17 de fevereiro de 1982. Disponível em <https://www.margaretthatcher.org/document/117179>. Acesso em 24/3/2019.

THOMPSON, J. "Seminario Internacional". Bogotá, 6 e 7 de novembro de 2003. Disponível em <https://web.archive.org/web/20041012044131/

http://www.fundacionfil.org/articulos/ponenciasgeneral.htm>. Acesso em 7/5/2020.

VARGAS LLOSA, A. "Imágenes de Cuba". *In*: IZQUIERDO JUÁREZ, P. (coord.). "Cuba: ¿de la dictadura a la democracia?". *Estudios Iberoamericanos*, n. 10. Madrid, 2009.

____. "Panel II. Seminario Internacional América Latina: Desafíos y oportunidades". Lima, Universidade de Lima, 24 de março de 2014. Disponível em <https://www.youtube.com/watch?v=wHcoqNUi9n0>. Acesso em 15/12/2019.

VARGAS LLOSA, M. "El liberalismo a fin de siglo: Desafíos y oportunidades". 1998a. Disponível em <https://www.elcato.org/el-liberalismo-fin-de-siglo-desafios-y-oportunidades>. Acesso em 15/5/2018.

____. Programa de TV De Cerca. 1998b. Disponível em <https://www.youtube.com/watch?v=UQppji2hJbU>. Acesso em 10/12/2019

____. "¿Por qué fracasa América Latina?". 14 de outubro de 2002. Disponível em <https://web.archive.org/web/20030602204847/http://fundacionfil.org/articulos/americalatina.htm>. Acesso em 30/2/2018.

____. "Discurso de Bienvenida. Seminario Internacional". Bogotá, 6 e 7 de novembro de 2003a. Disponível em <https://web.archive.org/web/20041217143243/http://www.fundacionfil.org/artic/uos/ponenciasmariovargas.htm>. Acesso em 7/5/2020.

____. "Palabras de cierre. Seminario Internacional". Bogotá, 6 e 7 de novembro de 2003b. Disponível em <https://web.archive.org/web/20041012054237/http://www.fundacionfil.org/articulos/ponenciasmariovargas2.htm>. Acesso em 7/5/2020.

____. "Confesiones de un liberal". Discurso pronunciado em 4 de março de 2005. Disponível em <https://www.aei.org/research-products/speech/confessions-of-a-liberal>. Acesso em 1/3/2020.

____. "Cultura y libertad: un diálogo con Mario Vargas Llosa". *In*: IZQUIERDO JUÁREZ, P. (org.). "Cuba: ¿de la dictadura a la democracia?". *Estudios Iberoamericanos*, n. 10. Madrid, 2009.

____. Programa de TV Roda Viva, transmitido em 13 de maio de 2013. Disponível em <https://youtu.be/YUJKgDXSo-o?t=4469>. Acesso em 20/1/2020.

VARGAS LLOSA, M. "Apertura. Seminario Internacional América Latina: Desafíos y oportunidades". Lima, Universidade de Lima, 24 de março de 2014a. Disponível em <https://www.youtube.com/watch?v=O3dtnypyH5M>. Acesso em 15/12/2019.

____. "Cierre. Seminario Internacional América Latina: Desafíos y oportunidades". Lima, Universidade de Lima, 24 de março de 2014b. Disponível em <https://www.youtube.com/watch?v=HSuxJ3SUlUs>. Acesso em 15/12/2019.

____. "Seminario Internacional: Mario Vargas Llosa: Ideas, cultura y libertad". 28 de março de 2016. Disponível em <https://www.youtube.com/watch?v=uG0hpWZeVD4>. Acesso em 15/12/2019.

XUCLÁ, J. "Una alternativa democrática en Cuba". *In*: IZQUIERDO JUÁREZ, P. (coord.). "Cuba: ¿de la dictadura a la democracia?". *Estudios Iberoamericanos*, n. 10. Madrid, 2009.

YANKEE, G. "III Foro Atlántico". Madrid, 5 de julho de 2006. Disponível em <https://web.archive.org/web/20060831130601/http://www.eldiarioexterior.com/ForoAtlantico/videos/IIIForoAtlantico.htm>. Acesso em 17/5/ 2020.

ANEXOS

Tabela 1. Membros do Patronato da Fundación
Internacional para la Libertad segundo região/país, instituição
de filiação e data de criação

	Nome	Instituição de filiação	Data de criação
	Mario Vargas Llosa	Escritor (Peru)	-
	Plinio Apuleyo Mendoza	Instituto de Ciencia Política (Colômbia)	1987
	Gerardo Bongiovanni	Fundación Libertad (Argentina)	1988
	Enrique Ghersi	Centro de Investigación y Estudios Legales (Peru)	1989
	Rocío Guijarro	Centro de Divulgación del Conocimiento Económico (Venezuela)	1984
	Cristian Larroulet	Instituto Libertad y Desarrollo (Chile)	1990
América Latina	Carlos Alberto Montaner	Escritor (Cuba)	-
	Paulo Rabello de Castro	Instituto Atlântico (Brasil)	1993
	Roberto Salinas León	México Business Fórum (México)	1996
	Dora de Ampuero	Instituto Ecuatoriano de Economía Política (Equador)	1991
	Mauricio Rojas	Escritor (Chile)	-
	Arturo Fontaine	Escritor (Chile)	-
	Oscar Ortiz	Fundación Nueva Democracia (Bolívia)	2009
	Fernando Schuler	Fronteras de Pensamiento (Brasil)	2006

UM ATLÂNTICO LIBERAL

	Nome	Instituição de filiação	Data de criação
Espa-nha	Lorenzo Bernaldo de Quirós	Freemarket International Consulting	1998
	José Luis Feito	Instituto de Estudios Económicos	1979
	Pablo Izquierdo	Fundación Iberoamérica Europa	1981
	José María Marco	Fundación Iberoamérica Europa	1981
	Joaquín Trigo	Instituto de Estudios Económicos	1979
	José Luis García Delgado	Universidad Complutense de Madrid	-
Estados Unidos	Alejandro Chafuén	Atlas Economic Research Foundation	1981
	Ana Eiras	Heritage Foundation	1973
	Carlos Medina	Manhattan Institute	1978
	Ian Vázquez	Cato Institute	1977
	Jacobo Rodríguez	Cato Institute	1977
	Alvaro Vargas Llosa	Independent Institute	1986

Fonte: página *web* da FIL. Dados sistematizados a partir de capturas feitas pelo The Internet Archive Wayback Machine. Elaboração própria.

ANEXOS

Tabela 2. Entidades afiliadas à Fundación Internacional para la Libertad entre 2002 e 2016

	Entidades afiliadas entre 2002 e 2008	Entidades afiliadas entre 2014 e 2016
Entidades latino- -americanas	Centro de Divulgación de Conocimiento Económico (Venezuela)	Centro de Divulgación de Conocimiento Económico (Venezuela)
	Centro de Estudios Públicos, (Chile)	Centro de Estudios Públicos (Chile)
	Centro de Investigaciones y Estudios Legales (Peru)	Centro de Investigaciones y Estudios Legales (Peru)
	Fundación Libertad (Argentina)	Fundación Libertad (Argentina)
	Instituto Libertad y Desarrollo (Chile)	Instituto Libertad y Desarrollo (Chile)
	Instituto Ecuatoriano de Economía Política (Equador)	Instituto Ecuatoriano de Economía Política (Equador)
	Escuela Superior de Economía y Administración de Empresas (Argentina)	Escuela Superior de Economía y Administración de Empresas (Argentina)
	Fundación de Investigaciones Económicas Latinoamericanas (Argentina)	Instituto de Estudos Empresariais (Brasil)
	Instituto de Ciencia Política (Colômbia)	Instituto de Ciencia Política (Colômbia)
	Universidad Francisco Marroquín (Guatemala)	Universidad Francisco Marroquín, (Guatemala)
	Fundación Atlas (Argentina)	Fundación Libertad (Panamá)
	Fundación Carlos Pellegrini (Argentina)	Fundación Global (Argentina)
	Instituto Atlántico (Brasil)	Red Liberal de América Latina
	Fundación Libertad, Democracia y Desarrollo (Bolívia)	Fronteiras do Pensamento (Brasil)
	Instituto Liberal de Rio de Janeiro (Brasil)	Centro de Análisis para Políticas Públicas (República Dominicana)
	De Capital Importancia (México)	Fundación Nueva Democracia (Bolívia)
	Universidad Peruana de Ciencias Aplicadas (Peru)	Fundación Libertad (Uruguai)
		Fundación Libertad del Paraguay (Paraguai)
		Caminos de Libertad (México)
		México Business Fórum (México)
		Fundación para el Progreso (Chile)
		Centro Regional de Estrategias Económicas Sostenibles (República Dominicana)
		Asociación Nacional de Fomento Económico (Costa Rica)
		Centro de Investigaciones Económicas Nacionales (Guatemala)

UM ATLÂNTICO LIBERAL

	Entidades afiliadas entre 2002 e 2008	Entidades afiliadas entre 2014 e 2016
Entidades espanholas	Fundación Iberoamérica Europa Instituto de Estudios Económicos Freemarket International Consulting	Fundación Iberoamérica Europa Instituto de Estudios Económicos Instituto Juan de Mariana
Entidades estadunidenses	Atlas Economic Research Foundation Heritage Foundation Cato Institute Manhattan Institute Agencia Interamericana de Prensa Económica American Enterprise Institute Hispanic American Center for Economic Research	Atlas Economic Research Foundation Cato Institute Manhattan Institute American Enterprise Institute Independent Institute Interamerican Institute for Democracy
Entidades de outros países	Timbro Institute (Suecia)	Friedrich Naumann Foundation (Alemanha) Fraser Institute (Canadá)

Fonte: página *web* da FIL. Dados correspondentes às capturas realizadas em 30 de outubro de 2003 e 26 de março de 2016 pelo The Internet Archive Wayback Machine. Elaboração própria.

ANEXOS

Tabela 3. Membros do Conselho Acadêmico da Fundación Internacional para la Libertad, profissão, instituição de filiação, país e anos em que participam

Nome	Profissão	Instituição de filiação e/ou pais	Anos em que participa como membro do Conselho Acadêmico			
			2003	2008	2014	2016
Alberto Benegas Lynch (h)	Economista	Eseade, Argentina	X	X	X	X
Allan H. Meltzer	Economista	Universidade de Carnegie Mellon, Estados Unidos	X	X	X	X
Arnold Harberger	Economista	Universidade de Califórnia, Estados Unidos	X	X	X	X
Arturo Fernández	Economista	México	X	X	X	X
Carlos Sabino	Sociólogo	Espanha	X	X	X	X
Edgard H. Crane	Economista	Cato Institute, Estados Unidos	X	X	X	X
Edwin Feulner	Economista	Heritage Foundation, Estados Unidos	X	X	X	X
Emeterio Gómez	Economista	Cedice, Venezuela	X	X	X	X
Fernando García Cortázar	Historiador	Espanha	X	X	X	X
Gerald O'Driscoll	Economista	Heritage Foundation, Estados Unidos	X	X	X	X
Hernán Büchi	Economista	Ex-ministro de Economia, Chile	X	X	X	X
Jesús Huerta de Soto	Economista	Espanha	X	X	X	X
Lawrence J. Mone	Cientista político	Manhattan Institute, Estados Unidos	X	X	X	X
Lucia Santa Cruz	Historiadora	Chile	X	X	X	X
Pedro Schwartz	Economista	Espanha	X	X	X	X
Ramón Díaz	Economista	Uruguai	X	X	X	X

UM ATLÂNTICO LIBERAL

Nome	Profissão	Instituição de filiação e/ou pais	Anos em que participa como membro do Conselho Acadêmico			
			2003	2008	2014	2016
Robert J. Barro	Economista	Universidade de Harvard, Estados Unidos	X	X	X	X
Robert Lucas	Economista	Estados Unidos	X	X	X	X
Ruth Richardson -	Economista	Nova Zelândia	X	X	X	X
Stephen Goldsmith	Cientista político	Universidade de Harvard, Estados Unidos	X	X	X	X
Xavier Sala i Martí	Economista	Universidade de Colúmbia, Estados Unidos	X	X	X	X
Enrique Krauze	Historiador	México		X	X	X
Marcos Aguinis	Escritor	Argentina		X	X	X
Amando de Miguel	Sociólogo	Espanha	X	X		
Armando Ribas	Economista	Argentina	X	X		
Charles W. Calomiris	Economista	Universidade de Colúmbia, Estados Unidos	X	X		
Domingo Indurain	Filólogo	Real Academia da Língua, Espanha	X	X		
James M. Buchanan	Economista	Estados Unidos	X	X		
Manuel Ayau	Engenheiro	Universidade Francisco Marroquín, Guatemala	X	X		
Mark Falcoff	Cientista político	American Enterprise Institute, Estados Unidos	X	X		
Jean Francois Revel	Filósofo	França	X			
Carlos Rodríguez Braun	Economista	Espanha			X	X
David Gallagher	Empresário	Chile			X	X
Marcela Prieto Botero	Cientista político	Colômbia			X	X
Carlos Cáceres	Economista	Chile				X

ANEXOS

Nome	Profissão	Instituição de filiação e/ou pais	Anos em que participa como membro do Conselho Acadêmico			
			2003	2008	2014	2016
Guillermo Lousteau	Advogado	Argentina				X
Oscar Álvarez	Cientista político	Costa Rica				X
Rubén Loza	Escritor	Uruguai				X

Fonte: página *web* da FIL. Dados correspondentes às capturas realizadas em 30 de outubro de 2003, 6 de outubro de 2008, 2 de julho de 2014 e 26 de março de 2016 pelo The Internet Archive Wayback Machine. Elaboração própria.

UM ATLÂNTICO LIBERAL

Tabela 4. Membros do Conselho Empresarial da Fundación Internacional
para la Libertad, atividade, país e anos em que participam

Nome	Atividade	Anos em que participa como membro do Conselho Empresarial			
		2003	2008	2014	2016
Oscar García Mendoza	Presidente del Banco Venezolano de Crédito, Venezuela	X	X	X	X
Ricardo Salinas Pliego	Dono e presidente del Grupo Salinas, México	X	X	X	X
Rafael Alfonzo Hernández	Presidente de Alfonzo Rivas & Cía., Venezuela	X	X	X	X
Carlos Cáceres	Economista e empresário, Chile	X	X		
Carlos Espinosa de los Monteros	Presidente de Daimler Chyrsler España Holding, Espanha	X	X		
Fernando de Santibáñez	Empresário/banqueiro, Argentina	X	X		
Francisco de Narváez	Empresário, Rural S.A., TV América, Argentina	X	X		
Hugo Landivar	Presidente de LandiCorp. S.A., Bolívia	X	X		
José Antonio Guzmán	Grupo Guzmán & Larraín e presidente de AFP Habitat, Chile	X	X		
Joseph Olson	Amerisure Insurance Companies, EUA	X	X		
Juan Manuel Urgoiti	Presidente del Banco Gallego, Espanha	X	X		
Pedro Ballvé	Presidente de Campofrío, Espanha	X	X		
Pedro Mielgo	Presidente de Red Eléctrica de España, Espanha	X	X		
Pedro Pablo Kuczynski	Senior Advisor and Partner of the Rohatyn Group, ex-ministro de Economia, economista, banqueiro, Peru	X	X		
Ricardo Martí Fluxá	Presidente de ITP, Espanha	X	X		
Santiago Gangotena	Retor de la Universidade San Francisco de Quito, Equador	X	X		

ANEXOS

Nome	Atividade	Anos em que participa como membro do Conselho Empresarial			
		2003	2008	2014	2016
Alexander van Tienhoven	CEO Patrimonial Latin America Region The Citigroup Private Bank, México			X	X
Alfredo Jaeggli	Empresário, Paraguai			X	X
Carlos Alberto Haehnel	Presidente de Deloitte, Argentina			X	X
Carlos Kempff	Presidente das firmas Novagro e La Llave. Ex-ministro de Desenvolvimento Econômico, Bolívia			X	
Carlos Zuloaga	Vice-presidente de Globovisión, Venezuela			X	X
Daniel Azzini	Consultor independente, Uruguai			X	X
Eva Arias	Presidenta Executiva de Minera Poderosa, Peru			X	X
Guillermo Lasso Mendoza	Zac Acionista do Banco de Guayaquil, Equador			X	
Hugo Landivar Cuellar	Presidente do Grupo Landicorp, Bolívia			X	
Ivan Baquerizo	Presidente da Asociación de Promotores Inmobiliarios de Vivienda del Ecuador (Apive), Equador			X	X
Jorge Grunberg	Banco Financiero de Perú e Construcciones Metálicas Unión, Peru			X	
Jorge Selume	CEO Corpbanca, Chile			X	X
Juan Carlos Bachiochi Rojas	Empresário do setor industrial, petróleo, energia e agronegócio, Argentina			X	
Juan Felix Huarte Gimenez	Uriel Inversiones SA, Espanha			X	X
Manuel Tavares	Presidente do Parque Industrial Itabo, República Dominicana			X	X

UM ATLÂNTICO LIBERAL

Nome	Atividade	Anos em que participa como membro do Conselho Empresarial			
		2003	2008	2014	2016
Marcel Granier	Presidente de Radio Caracas Televisión (RCTV), Venezuela			X	X
Massimo Mazzone	Fundador de Centroamerican Consulting & Capital, presidente de Eleutera, Honduras			X	X
Miguel Posada Samper	Presidente de Leasing Bolivar, Colômbia			X	
Nicolás Ibáñez	CEO D&S, Chile			X	
Samuel A. Conde	Presidente da Zona Franca Multimodal Caucedo, República Dominicana			X	
Steve Forbes	Director Forbes Media, Estados Unidos			X	
Surse T. Pierpoint	Presidente da Zona Libre de Colón, Panamá			X	
William Ling	Dono do grupo Évor, Brasil			X	X
Andres Ignacio Pozuelo	Presidente de Alimentos Jack's, Costa Rica				X
Barney Vaughan	Sócio principal de Target Overseas Inc. e presidente da junta diretiva de Financia Capital Nicaragua, S.A., Nicarágua				X
Carlos H. Blohm	Diretor de Conindustria e vice-presidente da Cámara Venezolano-Americana de Empresas, Venezuela				X
Catalina Saieh	Vice-presidente de CorpGroup Interhold, Chile				X
Celso Marranzini	Presidente de Multivalores Puesto de Bolsa, República Dominicana				X
Dionisio Gutierrez	Copresidente de Corporación Multi-Inversiones, Guatemala				X
Edgardo Novick	Empresário, Uruguai				X
Francisco Gil Diaz	Presidente da Telefónica México, México				X
Guillermo Zuloaga	Fundador e coproprietário do canal Globovisión, Venezuela				X

ANEXOS

Nome	Atividade	Anos em que participa como membro do Conselho Empresarial			
		2003	2008	2014	2016
Ignacio Eyries	Diretor-geral de Caser Seguros, Espanha				X
Juan Villar-Mir de Fuentes	Presidente de OHL, Espanha				X
Manuel Tagle	Vice-presidente de la Bolsa de Comercio de Córdoba y presidente de Autocity, Argentina				X
Marcelino Elosua De Juan	Empresário e fundador de LID Editorial Empresarial, Espanha				X
Miguel Ángel Álvarez	Grupo Província, Argentina				X
Miguel Maxwell	Presidente de Deloitte Argentina, Paraguai e Bolívia, CEO de Deloitte Latco, Argentina				X
Miguel Vega Alvear	Presidente da Cámara Binacional de Comércio e Integración Perú-Brasil, Peru				X
Nicolas Ibanez	Empresário, ex-controlador de D&S (Walmart Chile), Drake Holding, Chile				X
Orlando Dovat	Presidente de Zonamerica, Uruguai				X
Pedro Aspe	Presidente do fundo Evercore y Diavaz Offshore, México				X
Ramiro Galindo	Grupo Galindo, Estados Unidos				X
Renato Penafiel	Gerente-geral de Grupo Security, Chile				X
Ricardo Vega Llona	Presidente de OHL Perú, Peru				X
Roberto Danino	Vice-presidente dos Directorios de Hochschild Mining plc. E de Cementos Pacasmayo, Presidente de Fosfatos del Pacífico S.A, Peru				X
Roberto Gazze	Vicentin, Argentina				X
Roberto Murray Meza	Presidente do conselho administrativo do Grupo Agrisal, El Salvador				X

UM ATLÂNTICO LIBERAL

Nome	Atividade	Anos em que participa como membro do Conselho Empresarial			
		2003	2008	2014	2016
Ruben Minski	Presidente do Grupo Procaps, Colômbia				X
Samuel Conde	Presidente de la Zona Franca Multimodal Caucedo, República Dominicana				X
Sergio Abreu	Membro fundador de Abreu & Ferres, Uruguai				X
Sergio Nardelli	CEO de Vicentin, Argentina				X
Sergio Sarmiento	Vice-Presidente Televisión Azteca, México				X

Fonte: página *web* da FIL. Dados correspondentes às capturas realizadas em 30 de outubro de 2003, 6 de outubro de 2008, 2 de julho de 2014 e 22 de outubro de 2016 pelo The Internet Archive Wayback Machine. Consideramos a atividade que realizava quando participou do Conselho Empresarial da FIL. Elaboração própria.

Título	Um Atlântico liberal: *think tanks*, Vargas Llosa e a ofensiva de direita na América Latina
Autora	María Julia Giménez
Coordenador editorial	Ricardo Lima
Secretário gráfico	Ednilson Tristão
Preparação dos originais	Matheus Camargo
Revisão	Luis Dolhnikoff
Editoração eletrônica	Ednilson Tristão
Design de capa	Estúdio Bogari
Formato	14 x 21 cm
Papel	Avena 80 g/m² – miolo Cartão supremo 250 g/m² – capa
Tipologia	Minion Pro
Número de páginas	336

ESTA OBRA FOI IMPRESSA NA GRÁFICA AS
PARA A EDITORA DA UNICAMP EM DEZEMBRO DE 2024.